Hermann Jedding:
Das schöne Möbel
Ein Handbuch für Sammler und Liebhaber

Mit einer Einführung von Peter W. Meister

Deutscher
Taschenbuch
Verlag

Dezember 1978
Deutscher Taschenbuch Verlag GmbH & Co. KG,
München
Vom Autor bearbeitete und gekürzte Ausgabe
© 1958 Keysersche Verlagsbuchhandlung GmbH,
München · ISBN 3-87405-018-1
Umschlaggestaltung: Celestino Piatti
Umschlagfoto: Museum für Kunst und Gewerbe, Hamburg
Gesamtherstellung: C. H. Beck'sche Buchdruckerei,
Nördlingen
Printed in Germany · ISBN 3-423-02853-X

Das Buch

Allen Freunden schöner alter Möbel bietet dieses Handbuch die Möglichkeit, ein antikes Möbelstück nach Stil und Herkunft selbst zu bestimmen. Der Band ist als Bildlexikon aufgebaut, in dem jeder Möbeltyp zeitlich eingeordnet und von einem erläuternden Text begleitet wird; dadurch lassen sich die vielfältigen Abwandlungen leicht verfolgen. Bei der Auswahl der Objekte wurde Wert auf das Typische gelegt; die Abbildungen geben einen Überblick über die gesamte europäische Möbelentwicklung im Lauf der Jahrhunderte, wobei möglichst datierte und lokalisierte Möbel berücksichtigt wurden. Die Einführung informiert in einem knappen, präzisen Überblick über die Geschichte des europäischen Möbels; der Registerteil enthält Erklärungen der wichtigsten Fachausdrücke und führt die Namen und Daten der bedeutendsten Schreiner und Kunsttischler auf, deren Signaturen im Anhang abgebildet sind.

Der Autor

Dr. Hermann Jedding, Jahrgang 1921, studierte Kunstgeschichte in Göttingen und promovierte 1951 mit einer Arbeit über den Barockmaler Johann Heinrich Roos. Von 1952 bis 1960 war er als Volontär und Assistent am Museum für Kunsthandwerk in Frankfurt am Main tätig. Seit 1960 arbeitet er für das Museum für Kunst und Kunsthandwerk, zuletzt im Range eines Abteilungs- und stellvertretenden Museumsdirektors. Von ihm erschienen zahlreiche Publikationen, vor allem über Möbel, Porzellan und Keramik; sein Buch ›Das schöne Möbel‹ ist ein anerkanntes Standardwerk zu diesem Thema.

Inhalt

Vorwort 7
Einführung
   Sitzmöbel, Bett und Tisch 11
     Faltstuhl 11
     Schemel 11
     Stuhl 12
     Bank, Sofa, Settee, Kanapee 13
     Bett 14
     Tisch 14
   Kastenmöbel 17
     Truhe 17
     Kommode 18
     Schrank 20

Bildlexikon
   Frühes Mittelalter Abb. 1–5 25
   Gotik Abb. 6–23 28
   Renaissance Abb. 24–58 38
   Barock Abb. 59–96 59
   Rokoko Abb. 97–165 83
   Klassizismus Abb. 166–201 116
   Empire, Biedermeier Abb. 202–218 133
   Historismus Abb. 219–238 142

Signaturen 153
Register 174
Literaturverzeichnis 217
Fotonachweis 222

Vorwort

In diesem Buch sollen einmal einzelne Typen des Möbels in ihrer charakteristischen Entwicklung durch die Jahrhunderte gezeigt werden. Es ist selbstverständlich, daß nur die großen Züge dieser Entwicklung verfolgt werden können, denn eine eingehendere Untersuchung allein eines einzigen Möbeltypus würde bereits einen stattlichen Band ergeben. Da jedoch schon eine größere Zahl von Werken vorliegt, die sich mit der stilgeschichtlichen Untersuchung der europäischen Möbel beschäftigen, schien es angebracht, einmal zu zeigen, wie sich die einzelnen Gruppen im Laufe der Jahrhunderte entwickelt haben, wie sie zum Teil untereinander in Beziehung gestanden sind und sich gegenseitig beeinflußt haben.

Unsere Darstellung der Entwicklung des Möbels durch die Jahrhunderte beschränkt sich bewußt auf die europäischen Möbel, und auch innerhalb dieses Raumes ist sie zeitlich begrenzt. Sie beginnt mit dem romanischen Mobiliar und endet bei dem des Biedermeier. Die Zeit des klassischen Altertums und der Vorgeschichte sowie der außereuropäische Raum müssen, so wichtig sie durch ihren Einfluß auf die Gestaltung der europäischen Möbel auch sind, außerhalb dieser Betrachtung bleiben.

Bevor die Entwicklung der verschiedenen Typen geschildert wird, ist es wohl richtig, ganz kurz auch auf die Bezeichnung »Möbel«, wie sie im heutigen Sprachgebrauch angewandt wird, einzugehen. Das Wort Möbel bezeichnet heute ganz allgemein den beweglichen Hausrat, der die Wohnung »wohnlich« macht, sie bereichert und zur Bequemlichkeit des Wohnenden beiträgt. Das Wort taucht im deutschen Sprachgebrauch zum ersten Mal im 15. und 16. Jahrhundert auf, allerdings als Bezeichnung für alle beweglichen Habe, und ist aus dem älteren Französisch übernommen, wo es »bien meuble« hieß. Erst im 17. Jahrhundert, als das Wort wiederum als »Modewort« aus dem Französischen übernommen wird, erfährt seine Bedeutung die Einschränkung im heutigen Sinne, d.h. nun werden die beweglichen Einrichtungsgegenstände damit bezeichnet.

Es ist nicht verwunderlich, daß erst spät ein allgemeiner Begriff für das Mobiliar gebildet wurde, denn im frühen Mittelalter, ja bis ins 15. Jahrhundert hinein, spielt, von bestimmten Typen abgesehen, das bewegliche Mobiliar eine relativ untergeordnete Rolle. Dies ändert sich erst im Laufe des 15. Jahrhunderts, und seitdem nimmt nicht nur die Zahl der erhaltenen Möbel zu, sondern auch der Formenreichtum und die Zahl der Typen. Wies das Mittelalter nur eine kleine Zahl von Möbeltypen auf, die wenig verändert durch die Jahrhunderte beibehalten wurden, so können wir seit der Spätgotik und besonders seit dem Beginn der Renaissance bemerken, daß nicht nur die überkommenen Typen nun stärker variiert werden, sondern auch ganz neue Möbeltypen auftreten, die bis dahin unbekannt waren. Der Grund für diese plötzliche Bereicherung des Mobiliars ist wohl in den veränderten Lebensbedingungen und Sitten zu suchen, die während des Mittelalters nur unwesentliche Veränderungen erfuhren. Die rasche und stürmische Entwicklung, die wir seitdem beobachten können, hat ihre Ursachen in den gewaltigen geistigen und sozialen Umschichtungen, die seit dieser Zeit eintraten. Die vermehrten und engeren Handelsbeziehungen der Länder untereinander ließen auch Veränderungen im Geschmack, der Mode und der Sitten sich rascher ausbreiten. Nicht gering ist seit dieser Zeit die Rolle, die die im Druck vervielfältigten Entwürfe für Möbel spielen; auch diese trugen wesentlich dazu bei, daß Form und Dekor der Möbel einem rascheren Wechsel folgten. Nicht umsonst beschäftigten sich seit dieser Zeit immer mehr Architekten und andere Künstler mit dem Entwurf neuer Möbel und neuer Dekore, so daß – vom einfachsten Zweckmöbel abgesehen – die Schreiner und Tischler imstande waren, Möbel herzustellen, die auf Entwürfe von bedeutenden Künstlern zurückgingen, wobei sie diese oft nach den Wünschen der Auftraggeber noch veränderten.

Der wachsende bürgerliche Reichtum, vor allem in den großen Städten und im Norden Europas, begünstigte das Entstehen größerer Werkstätten, die nicht nur Zweckmöbel, sondern auch für das bürgerliche Haus kostbarere Repräsentationsmöbel schufen. Wenn dadurch auch höfische Formen bald in das bürgerliche Mobiliar übernommen wurden, so wurde dabei doch immer noch der größere Wert auf die Zweckmäßigkeit gelegt.

Hatte man ferner im Mittelalter im wesentlichen einheimische Holzarten für die Möbel verwenden müssen, so brachte die Neuzeit auch darin einen Wandel. Durch die intensiveren Handelsbeziehungen mit den verschiedenen europäischen Ländern, aber auch mit den überseeischen Gebieten, standen nun neue, bis dahin unbekannte Holzarten zur Verfügung, die von sich aus schon das Aussehen der Möbel veränderten. Vor allem die Möglichkeit, mit verschiedenfarbigen Hölzern zu arbeiten, die hauptsächlich als Furniere und Einlegehölzer bei den Intarsien und Marketerien Verwendung fanden, trug zur Bereicherung der Möbel bei. Dazu kamen noch andere Materialien, die ebenfalls als Einlagen verwendet wurden, wie Schildpatt, Elfenbein, Perlmutter und farbige Steine. So sehen wir im Laufe der Entwicklung auch die Farbe neben der Form eine immer größere Rolle spielen.

Trotz aller Handelsverbindungen blieben aber die Möbel doch bis ins 18. Jahrhundert hinein weitgehend landschaftlich gebunden, wenn auch hier und da einzelne, meist besonders kostbare Möbel über weite Strecken verschickt wurden. Einen Einfluß auf die Produktion am Bestimmungsort aber haben solche Einzelstücke in den seltensten Fällen ausüben können. Viel stärker hat sich die Verbreitung von Vorlageblättern in Form von Büchern auf die Formgebung und den Dekor der Möbel ausgewirkt. Dennoch haben sich überall auch Sonderformen entwickelt, die aber auf die allgemeine Entwicklung wenig Einfluß hatten.

Das bäuerliche Möbel, das seit jeher konservativer war und die alten

Formen länger bewahrte als das fürstliche und das bürgerliche Möbel, hat in den Jahrhunderten nach der Renaissance mit immer größerer Verspätung Formen des städtischen Möbels übernommen, so daß bei der Datierung bäuerlicher Möbel dieser Verzögerungsfaktor in Rechnung gestellt werden muß. Die folgenden Betrachtungen können nur in großen Zügen die Entwicklung der wichtigsten Typen des europäischen Möbels verfolgen. Sie sind gedacht als Hinweis für den Benutzer des Buches, damit er an Hand der Abbildungen und der dazugehörigen Einzeltexte die Entwicklung der einzelnen Möbeltypen, ihre Abhängigkeit voneinander und die verschiedenen Varianten in ihrer zeitlichen Folge betrachten kann. Das sich dann ergebende Bild wird dartun, daß seit der Antike oder besser seit dem Mittelalter nur einige Grundtypen durch Jahrhunderte weiterbearbeitet und wenig variiert wurden.

Einführung

Sitzmöbel, Bett und Tisch

Faltstuhl

Ein bereits in der Antike und auch in *Ägypten* bekanntes Sitzmöbel, das vom frühen Mittelalter an als praktischer und leichtbeweglicher Stuhl häufig Verwendung fand, ist der Faltstuhl. Ursprünglich war der Faltstuhl (*faldistorium* – daraus das französische *fauteuil*) der Beamtensitz für den Konsul, Prätor und Quästor, weshalb er auch als liturgisches Möbel in der katholischen Kirche seinen offiziellen und repräsentativen Charakter behalten hat. Daneben gab es aber bereits in der Antike eine einfachere Form des Klappstuhls, den sogenannten Feldklappstuhl, der als zweckmäßiges und leicht transportables Möbel aus gekreuzten Kant- oder Rundhölzern in der Zeit der Spätgotik häufig vorkommt. Aus dem Faltstuhl hat sich der sogenannte Scherenstuhl entwickelt, der meist mit Rücklehne oder zumindest einem Rückbrett versehen war. Dieser Scherenstuhl, der sich gleicher Beliebtheit wie der Faltstuhl erfreute, ist von der spätgotischen Zeit bis zum 17. Jahrhundert ein häufig anzutreffendes Sitzmöbel. Im 18. Jahrhundert hat man dann die äußere Form oft noch nachgeahmt, manchmal auch nur Teile davon, um Sessel oder Stühle, besonders seit der zweiten Hälfte des Jahrhunderts, im antikischen Sinne zu gestalten.

Schemel

Das Wort für Schemel (ahd. *scamal, scamel, scamil*) bezeichnet sicher eines der ältesten europäischen Sitzmöbel. Die Bezeichnung bezog sich ursprünglich auf ein niedriges Bänkchen, auf das man beim Sitzen die Füße setzte. Im Mittelalter hatte es seinen Platz unter der Bank, weshalb man es als ein Bild der »verkehrten Welt« empfand, wenn der Schemel auf der Bank stand. Ferner dienten diese Schemel, die vor dem Bett standen, dazu, das Besteigen des hohen Bettes zu erleichtern. Als Sitzmöbel ist es später ebenfalls durch seine geringe Höhe gekennzeichnet, dem ein niederer Rang in den Sitzordnungen entsprach. Es ist ein einfacher Sitz mit drei oder vier Beinen, ohne Rücklehne, und wurde geringer geachtet als die Bank oder der Stuhl.

Dieses Möbel, das ursprünglich also nur ein Zusatzmöbel war, dann aber auch als einfachstes Sitzmöbel vor allem auf dem Lande, doch auch in den Werkstätten der Handwerker Verwendung fand, hat sich bis auf den heutigen Tag in fast unveränderter Form erhalten. Lediglich im späten 17. und im 18. Jahrhundert wurde es als Hocker zu einer beliebten Form auch des höfischen und bürgerlichen Möbels, die aber in ihrer technischen und formalen Gestaltung sich stärker an die gleichzeitigen Stuhlformen anlehnte. Eine dem Stuhl ebenfalls angenäherte Form stellen die italienischen *sgabelli* des 15. und 16. Jahrhunderts dar. Die schrägen Pfosten, die die einfache Sitzplatte tragen, sind geblieben, nur ist eine mehr oder weniger reich verzierte Rücklehne hinten in die Sitzplatte eingefügt. Dieser italienische *sgabello* fand dann in der Folgezeit auch im Norden Verbreitung und wurde im 17. und 18. Jahrhundert besonders als sogenannter Brettschemel mit oft reichgeschnitzter Rücklehne versehen.

Stuhl

Unter den Sitzmöbeln nimmt der Stuhl beziehungsweise der Sessel eine hervorragende Stellung ein. Das Wort Stuhl ist die gemeingermanische Bezeichnung für Herrensitz; aber auch das Wort Sessel für ein Sitzmöbel mit Rückenlehne ist ein germanisches Wort. Schon das Alter dieser Bezeichnungen läßt darauf schließen, daß derartige Sitzmöbel sehr früh vorhanden gewesen sein müssen. Erhalten sind aus dem frühen Mittelalter keine derartigen Möbel, lediglich Bänke, die aber Rückschlüsse auf die gleichzeitigen Stühle und Sessel erlauben. Aus Abbildungen auf Miniaturen und Reliefs sowie von der Plastik her sind uns eine Reihe mittelalterlicher Einzelsitzmöbel bekannt. Die Grundform des Lehnstuhls besteht aus vier verzapften Pfosten auf viereckigem Grundriß. Die rückwärtigen Pfosten und auch die Armlehnen konnten durch verziertes Füllwerk verbunden werden, was zu den verschiedenen Variationen Anlaß gab. Neben der Form mit viereckigem Grundriß findet man aber auch noch den sogenannten Rundsitz, bei dem die Rückseite des Sitzbrettes und auch die Lehne gerundet sind. Außer dem Pfostensitz gab es noch den sogenannten Kastensitz, bei dem keine Pfosten, sondern Bretter zu einem Kubus gefügt waren. Ähnlich in der Konstruktion wie der Pfostenstuhl oder die Bank war das Bett.

Seit der Renaissance können wir beobachten, wie die einfache Zweckform des Stuhles durch reich verzierte Füllbretter zwischen den Pfosten bereichert wird. Besonders in *Italien* hat man zahlreiche Varianten ausgebildet, die für alle anderen Länder vorbildlich wurden. In *Frankreich* ist der gotische Kastensitz mit hoher Rückenlehne noch bis in die Renaissance im Gebrauch geblieben, nur der Dekor hat sich geändert. Im späten 16. Jahrhundert werden dann die Stühle und Sessel leichter, man betont stärker die Pfostenkonstruktion und verändert die Formen des Sitzbrettes. Kombinationsmöbel wie z. B. der Tischsessel kommen besonders in *Deutschland* auf. Für den *Norden* gilt allgemein, daß man sich ursprünglich an die italienischen Formen anlehnte, dann aber im Laufe der Zeit und im Zuge der Entwicklung dazu überging, die Stühle und Sessel feiner und zierlicher zu gestalten.

Die Barockzeit bringt neben dem veränderten Dekor eine größere Zahl von Variationen, besonders der Füße und Armlehnen. Daneben kommen im Spätbarock neue Sesseltypen auf, die vor allem der Repräsentation und der Bequemlichkeit dienen. Neben dem verzierten Pfostenwerk spielen von da an die farbigen und kostbaren Bezüge eine große Rolle.

Das gleiche Bild bietet das 18. Jahrhundert, wobei allerdings die Durchformung der Sitzmöbel, die Auflösung der konstruktiven Teile, der Pfosten und Lehnen in ornamentale Schwünge auch diese Möbel zu Teilen des Gesamtkunstwerks macht. Eine abweichende Entwicklung haben die Sitzmöbel in *England* erfahren, wo besonders um die Mitte des 18. Jahrhunderts ein ostasiatischer Einfluß sich geltend macht.

Außerdem haben die gedruckten Vorlagewerke der bedeutenden englischen Möbelkünstler Chippendale, Adam und Hepplewhite vor allem zu einer starken Vereinheitlichung geführt. Ihr Einfluß erfaßte auch den ganzen Norden des Festlandes.

In *Frankreich,* aber auch in *Deutschland,* brachte der Stilwandel im letzten Drittel des 18. Jahrhunderts auch bei den Sitzmöbeln einfachere und geschlossenere Formen des Umrisses.

Im Klassizismus wurden gerade bei den Sitzmöbeln antike Formen bewußt aufgenommen und nachgeahmt. Im Biedermeier dagegen hat man sich von diesem antikisierenden Stil wieder abgewandt und im wesentlichen einfache und zweckmäßige Formen bevorzugt.

Bank, Sofa, Settee, Kanapee

Die Bank, eines der ältesten Sitzmöbel für mehrere Personen, ist in der einfachsten Form ein multiplizierter Schemel mit vier oder mehr Stützen. Schon früh – spätestens in romanischer Zeit – hat man begonnen, dieses einfache Reihen-Sitzmöbel repräsentativer und bequemer zu gestalten, indem man ihm Rücklehne und Seitenlehnen zufügte, die dann ornamental ausgeschmückt wurden. Als praktisches Mobiliar hat sich die Bank durch alle Jahrhunderte im Gebrauch bewährt und gehalten. In der Renaissance, vor allem in *Italien,* ist sie eine merkwürdige Verbindung mit der Truhe eingegangen, was zu Formen Anlaß gab, die nicht weit vom späteren Sofa entfernt sind. Sofa und Kanapee sind aber eigentlich Schöpfungen der zweiten Hälfte des 17. Jahrhunderts. Das Wort Kanapee taucht zum ersten Mal 1663 auf, wird aber bereits gegen 1700 durch die Bezeichnung Sofa verdrängt, wobei zwischen Kanapee und Sofa offenbar keinerlei Unterschied gemacht wurde. Die frühesten Formen des Sofas erinnern vor allem durch die schräggestellten Seitenlehnen an das englische *daybed,* das eine oder zwei schräge Seitenlehnen hat, aber keine

Rückenlehne. Wahrscheinlich aber ist die Entwicklung unseres der Bequemlichkeit dienenden Sitzmöbels nicht nur als dem *daybed*-Typus abzuleiten. Ein verbreiterter Fauteuil mit Seitenlehnen ergibt ebenfalls ein Kanapee. Jedenfalls hat von der zweiten Hälfte des 17. Jahrhunderts an dieses Möbel, das im Verein mit Sesseln und Stühlen zur klassischen Einrichtung der Salons gehörte, sich durch alle Stilepochen seinen Platz bewahrt. In *England,* dessen gesamtes Mobiliar sich seit dem Ende des 17. Jahrhunderts durch einen Zug zur Einfachheit und Schlichtheit auszeichnet, hat das Settee die Stelle des kontinentalen Sofas oder Kanapees eingenommen. Das Settee entstand durch die Addition von zwei oder mehr Sesseln, wobei die Rücklehne in der Richtung mehrerer Stuhl- oder Sessel-Rücklehnen diesen additiven Charakter besonders deutlich macht. Die Bezeichnung *settee* ist auf diese rein englische Form beschränkt. Andere Formen werden in den englischen Möbelwerken des 18. Jahrhunderts bereits als »continental« empfunden.

Bett

Zur Gruppe der Pfostenmöbel zählt auch das Bett. Schon seit dem frühen Mittelalter sind uns Betten aus zahlreichen Wiedergaben in Reliefs oder in der Malerei bekannt. Dieser Grundtypus wurde bis ins 18. Jahrhundert beibehalten, nur die ornamentalen Teile änderten sich jeweils nach dem Zeitgeschmack. Auch der sogenannte Betthimmel ist schon bei den frühen Formen nachweisbar. Während der Barockzeit spielt das Bett im höfischen Zeremoniell eine besondere Rolle, wodurch der prunkvollen Ausgestaltung dieses Möbels ein ganz besonderes Augenmerk gewidmet wurde. Erst gegen Ende des 18. Jahrhunderts, besonders seit der Französischen Revolution, wird das Bett einfacher in der Form und verliert seine zeremonielle Bedeutung. Der Klassizismus bemüht sich, die Form des Bettes zumindest in den Einzelheiten an antike Bronzebetten anzulehnen. Während des Empire spielen die Betten in den fürstlichen Räumen die gleiche Rolle wie zur Zeit des Absolutismus und bilden einen prunkvollen Höhepunkt. Erst mit dem Biedermeier setzt sich die schlichte Gebrauchsform aus Pfosten mit geraden oder abgerundeten Schmalwänden durch.

Tisch

Das Wort Tisch, von *discus,* bezeichnet ursprünglich eine Platte auf einem Fuß oder mehreren Füßen, die als Speiseplatte diente. Mittelalterliche Tische sind uns nicht erhalten, doch wissen wir aus literarischen Quellen und bildlichen Darstellungen, daß Prunktische existiert haben. In den meisten Fällen hatte man aber einfache Holzplatten, die auf Böcke oder Schragen gelegt und von großen Tischtüchern bedeckt wurden, die auch das Untergestell verhüllten. Erst in gotischer Zeit entwickelte man verschiedene Arten des Tisches, d.h. verschiedene Arten der Gestaltung und Verzierung der Schragen und Zargen. Namentlich im *Süden* hat man eine ganze Reihe von Variationen erfunden, während der *Norden* konservativer blieb und offenbar länger an der mittelalterlichen Form des einfachen Gestells mit abhebbarer Platte festhielt. In *Italien* war diese Art des »provisorischen Tisches« länger noch üblich als im *Norden*. Erst im Laufe des 15. Jahrhunderts kam dort der feste Tisch in Gebrauch. Von da an wird dieses Möbel ebenso wie alle anderen Möbel zu einer Kunstform im Sinne der Renaissance ausgebildet. Der sogenannte Wangentisch war die beliebteste Form, und die Wangen sind auch die Träger der Formentwicklung, an denen wir am besten sehen, wie sie, immer stärker plastisch durchgebildet, allmählich zu selbständigen Stützen werden. Von diesem Prozeß wurde auch die verbindende Querleiste erfaßt, die ebenfalls zum plastischen Ornament wird. Im *Norden* wurde in manchen Fällen die Zarge so verbreitert, daß sie einen Kasten bildete, von dem die Platte durch Wegschieben oder Hochklappen entfernt werden konnte. So entstanden die sogenannten Zahltische. Die geläufige Form der Beine blieb aber schräg gestellte oder sich überkreuzende Bretter sowie durch einen Steg verbundene Wangen. Der einbeinige Tisch ist seltener, kommt aber in einigen Fällen, meist sehr kunstvoll gebildet, vor.

Der Tisch auf vier Beinen, der Pfostentisch, ist erst im 16. Jahrhundert beliebter geworden. Die Umgestaltung der tragenden Pfosten in Säulen oder balusterförmige Träger, die oben durch die Zarge verbunden sind und unten durch Querverstrebungen gefestigt werden, ist überall zu beobachten. In *Frankreich* sind die Säulenbeine häufiger, während man in *Italien* die beliebteren Balusterbeine bevorzugte. Neben dem Wangen- und Pfostentisch gab es noch den Kastentisch, bei dem der Kasten die zentrale Stütze bildet.

Mit der erstarkenden bürgerlichen Kultur, vor allem im Norden, wird dem Tisch auch eine größere Bedeutung zugemessen. So entstehen in *Holland* zu Beginn des 17. Jahrhunderts die großen eichenen Eßzimmertische, meist mit ausziehbarer Platte und auf kräftigen Balusterbeinen ruhend. Diese Form blieb in der Folgezeit nicht nur auf Holland beschränkt, sondern breitete sich im ganzen angrenzenden Raum aus. Wie alle Möbelformen werden auch die Tische im späteren Barock dem neuen Geschmack entsprechend umgestaltet. Beine, Zarge und Stege werden weit über ihren konstruktiven Zweck hinaus zu ornamentaler Plastik und im weiteren Verlauf der Entwicklung zum plastischen Ornament. Die Einbeziehung der Stützen in die Schweifung und Ornamentierung der Zarge charakterisiert dann die Tischformen des 18. Jahrhunderts. Eigene Formen, wie der Schreibtisch, das Bureauplat und der Konsoltisch, sind Schöpfungen aus der ersten Hälfte und der Mitte des Dixhuitième.

Die weitere Entwicklung der Tischformen verläuft analog der der übrigen Möbelformen. Nach einer gewissen Beruhigung während des letzten

Drittels des 18. Jahrhunderts greift man aber gerade beim Tisch auf die antikischen Formen zurück, wobei die runde Tischform von da an besonders beliebt wurde. Diese Form des Rundtisches hat sich auch über die klassizistische Epoche hinaus bis weit ins 19. Jahrhundert hinein gehalten.

Kastenmöbel

Truhe

Die Truhe (ahd. *truha*) gehört sicher zu den ältesten Kastenmöbeln, zumal die einfache Kistenform sie zur Aufnahme der verschiedenartigsten Dinge geeignet machte. Ursprünglich ein aus Brettern gefügter Kasten mit Deckel, hat sie im Laufe der Zeit eine Reihe von Wandlungen erfahren. Schon im Altertum wurde diesem Aufbewahrungsmöbel eine Form gegeben, die es von dem einfachen Kasten unterschied. Die tragende Funktion der Eckhölzer wurde betont, ebenso die oberen Abschlußleisten, auf denen der Deckel ruht. Die zwischen den tragenden Teilen des Möbels befindlichen Flächen wurden durch Füllbretter geschlossen. Die künstlerische Durchformung hat vor allem in romanischer Zeit den tektonischen Aufbau noch stärker betont und die tragenden Eckbretter z. T. architektonisch umgebildet, was sich deutlich durch die Verwendung von Säulen und Rundbogen kundtut. Die nichttragenden Füllbretter wurden mit Blendarkaden verziert, wie einige erhaltene romanische Truhen zeigen. Die architektonische Gliederung ist aber nur auf die Schauseite beschränkt, während die Seitenwände lediglich durch verstärkende Leisten aufgeteilt sind. Auch die hinteren Stollenbretter sind meist ungegliedert. Eine andere Form, die sich möglicherweise aus der antiken Hausform mit seitlichen Dreiecksgiebeln ableiten läßt, ist weniger häufig und nur in späteren Exemplaren aus *England, Norwegen, Siebenbürgen* und *Graubünden* bekannt.

Ein Wandel in der Dekoration setzte mit der Gotik ein, der zunächst den tektonischen Aufbau wenig angriff. Die Vorderseite der Truhe wurde nun ohne Rücksicht auf tragende und nichttragende Teile mit einem Muster aus verschlungenen Kreisen, die mit Tierfiguren gefüllt sind, überzogen. Später treten an ihre Stelle Spitzbogenarkaden mit Maßwerk. Zuerst trat letzterer Typ in *Frankreich* auf; von dort verbreitete er sich bald auch nach *Deutschland*. Ein weiteres Motiv, das besonders in frühgotischer Zeit zur Verzierung der Truhen verwendet wurde, sind Eisenbandbeschläge. Ursprünglich dienten diese Bänder lediglich zur Festigung und Sicherung der Truhe, in gotischer Zeit jedoch wurden sie zu einem ausgesprochenen Zierelement.

In *Italien* hat die Truhenform erst seit der Frührenaissance eine neue und reichere Ausgestaltung erfahren, wenn auch in *Norditalien* noch ein starker nordischer Einfluß bis nach 1500 zu spüren ist. Man bildet jetzt eine Truhe, bei der Vorder- und Seitenwände gleichmäßig plastisch durchgebildet sind. Die Stollenbretter entfallen, und an ihre Stelle tritt ein fest auf dem Boden ruhender Sockelteil, der nicht durchbrochen ist und unter dem eigentlichen Truhenkasten sitzt. Dadurch wirkt die italienische Truhe nun fest mit dem Boden verbunden. Die im Anfang noch flachen oder nur leicht gewölbten Wände wurden bemalt oder mit einem Reliefdekor aus vergoldetem Stuck und Carta pesta überzogen. Im späteren 15. Jahrhundert verläuft die Entwicklung so, daß die plastischen Teile sich auf die Ecken beschränken und auf dem Mittelfeld Raum für die Malerei oder die Stuckreliefs lassen. Die plastische Durchbildung erfaßt nun auch den Deckel, der nicht mehr flach gewölbt ist oder als Pultdeckel gebildet wurde, sondern durch die Profilierung der Randzonen stufenförmig gebildet wird und sich über den Truhenkörper erhebt. Diese Form der Truhe wurde allmählich auch für die anderen Länder vorbildlich, wenn sich auch teils, vor allem im *Norden,* einfachere und altertümlichere Formen noch lange gehalten haben. Vor allem haben sich die reinen Zweckformen, wie zum Beispiel die Koffertruhen mit den seitlichen Griffen und dem flachen oder leicht gewölbten Deckel, besonders dort lange gehalten, wo die Truhe nicht als repräsentatives Möbel gebraucht wurde.

Aus der Truhe, die auch als Sitzmöbel Verwendung fand, hat sich schon in gotischer Zeit die Truhenbank mit offener Rücklehne, seitlichen Armlehnen oder geschlossener Rückwand von verschiedener Höhe entwickelt. Der letztere Typus ist als Cassapanca besonders in *Italien* ausgebildet worden und hat die Form des Truhenkastens dahin gehend beeinflußt, daß der untere Teil des Kastens stärker eingezogen wurde, damit beim Sitzen die Füße nicht gegen die Truhenwand stießen.

Eine Sonderform der Truhe, die sogenannte Schranktruhe mit zwei Türen an der Vorderfront und aufklappbarem Deckel, leitet über zur Kredenz, bei der allerdings die Deckplatte fest mit dem Möbelkörper verbunden ist, da sie gleichzeitig als Anrichteplatte diente. Die Ausbildung des Kastens ist jedoch durchaus von der Truhe herzuleiten. Hinter den Türen liegen bei der eigentlichen Kredenz Borde und Schubladen, da dieses Möbel als Aufbewahrungsschrank für Tafelgerät dienen sollte. Gegen Ende des 16. Jahrhunderts ist dann die Form der reinen Schubladenkredenz ohne abschließende Türen in Italien fertig ausgebildet. In den nördlichen Ländern war die Entwicklung der Kredenz von anderen Einflüssen abhängig, dort kann man sie viel eher aus dem gotischen Stollenschrank ableiten.

Kommode

Die Kommode, ein Schubladenschrank, ist bereits im Altertum als Armarium bekannt. Ob dieses Möbel von der Truhe oder vom Kabinett abzuleiten ist, kann nicht eindeutig entschieden werden, da gerade bei den Frühformen beide Möglichkeiten offen sind. In *Italien* ist zum Beispiel am Ende des 17. Jahrhunderts die Schubladenkredenz ein häufiges Möbel, doch sind statt der Flügeltüren Schubladen eingesetzt. In *England* ist zumindest literarisch im Jahre 1599 der *chest of drawers* belegt. Jedenfalls war dann im 17. Jahrhundert dieser Typus als Schubladenkredenz fast überall bekannt. Die endgültige Form hat die Kommode aber erst gegen Ende des 17. Jahrhunderts erhalten. Über ihre Entwicklung geben die Zeichnungen und Vorlagenstiche der französischen Künstler wie Boulle und Bérain einen ziemlich klaren Überblick. Der Spätbarock bevorzugt die altertümliche Form des Kastenmöbels mit Schubladen auf kurzen, geschweiften Füßen, wobei die Vorderwand durch das Tablier in der Mitte fast bis auf den Fußboden herabgeführt wird. Mit Beginn des 18. Jahrhunderts ging man zu einer Schweifung der Vorderseite, dann aber auch der Seiten über, bis schließlich von den geschweiften Stützen aus der gesamte Körper des Möbels umgeformt wird.

Im 18. Jahrhundert wurde die Kommode eines der beliebtesten Möbel und gleichzeitig ein Träger des neuen Stilempfindens. Der Wandel wird besonders deutlich, wenn man verfolgt, wie sich der Körper vom Boden löst und die Stützen immer leichter, stärker geschweift und unter Umständen von Spannung erfüllt werden. Zu beachten ist auch, daß die Kommode jetzt zu Garnituren gehört, die aus zwei Kommoden und zwei Eckschränkchen – Encoignuren – bestehen und häufig in ihrer Form und in ihrem Dekor in die Wandvertäfelung einbezogen sind, so daß Möbel und Wand zu einem »Gesamtkunstwerk« der Innenarchitektur verschmelzen.

Formal unterscheiden sich die deutschen Kommoden von dem französischen Typus vor allem dadurch, daß sie auch während des 18. Jahrhunderts die Kastenform beibehalten, während in *Frankreich* diese Form aufgelöst wird. In *Deutschland* dagegen variiert man die Form des Kommodenkörpers durch Abschrägung der Ecken und Schweifung. Da aber gerade das Rokoko sich in Deutschland zu einem selbständigen und lebendigen Stil entwickelte, ist es nicht verwunderlich, daß an den verschiedenen Zentren sich eigene Formen ausbilden. Jetzt kommt auch der Norden Deutschlands vornehmlich zu Wort; die wichtigsten Zentren sind *Kassel*, *Potsdam* und *Dresden*. Hier wirken bedeutende Architekten und Kunsthandwerker, die eigene Formen erfinden, so daß man von Potsdamer oder Dresdener Kommoden spricht. Daneben spielt der *Aachen-Lütticher* Bezirk eine ebenfalls bedeutende Rolle. Im ganzen Norden wie auch in *Holland* war in dieser Zeit eine Verbindung von Kommode und Aufsatz sehr beliebt, die sogenannte Vitrine, die zahlreiche Varianten hervorgebracht hat. In denselben Gebieten sind die Schreibkommoden mit und ohne Aufsatz und ebenso die Eckkommoden entstanden. Auch in *England* war zu dieser Zeit die Kommode das wichtigste Kastenmöbel. Es ist bezeichnend, daß das französische Wort *commode* in England für den französischen Typus allein gebräuchlich ist, während für den englischen Typus die alte Bezeichnung *chest of drawers* weiter verwendet wurde. Um 1680 war diese Form bereits sehr verbreitet. Durch das Aufeinandersetzen zweier *chest of drawers,* wobei der obere etwas schmaler gehalten wurde, entstand der Schubladenschrank *(dubble chest).*

Eine besondere Abart der Kommode ist das Bureau, ein Schreibpult mit Schubladen im Inneren und einem Klappdeckel, der nach dem Herunterklappen als Schreibfläche dient. Dieses Pult konnte auf eine Kommode oder einen Tisch aufgesetzt werden. Eine Erweiterung erfuhr das Bureau durch einen Aufsatz, wodurch es dem deutschen Schreibschrank entsprach. Als Bureau-Cabinet gehört dieser Typus im ganzen 18. Jahrhundert zu den beliebtesten englischen Möbeln. Ein weiteres englisches Möbel ist das *side board*, ein Speisezimmermöbel, das zugleich als Anrichte und Buffet dient. Es ist ursprünglich eine Verbindung von Tisch und zwei Sockeln, wobei der Tisch später im unteren Teil geschlossen wurde und Borde sowie Schubladen bekam.

In *Frankreich* wurde gegen Ende des 18. Jahrhunderts die Kommode wieder auf die einfachere, auf niedrigen Füßen stehende Kastenform zurückgeführt. Diese Form wird dann für die ganze Folgezeit verbindlich, lediglich der Dekor wurde im Zeitgeschmack abgewandelt.

Schrank

Das Schrankmöbel war bereits in der alten Welt in verschiedenen Formen ausgebildet und hat sich bis in die spätantike Zeit hinein gehalten. Im *Norden* aber finden wir diesen Typus nicht, und im frühen Mittelalter scheint es nur einfache Wandnischen mit Borden und vielleicht einem Gitter davor gegeben zu haben. Aus romanischer Zeit sind nur kirchliche Schränke erhalten, die in ihrer ganzen Bauart gegenüber den antiken Schränken einen Rückschritt darstellen. Daß man die antike Tradition im Mittelalter nicht ohne weiteres fortsetzte, hatte verschiedene Gründe. Wie bei den meisten Möbeln wurde ihre Form durch den Gebrauchszweck bestimmt. Da man aber die Kleidung zusammengelegt in den Truhen aufbewahrte, waren größere Schränke – jedenfalls im Hause – nicht nötig. Lediglich die kostbaren kirchlichen Gewänder erforderten Schränke. Die wenigen erhaltenen romanischen Sakristeischränke sind aus kräftigen Bohlen und dicken Balken gebaut, wobei die Balken das konstruktive Element darstellen, zwischen die dicke Bohlen gefügt sind. Die Schrankflächen sind ungegliedert, aber oft bemalt. Die Schwere dieser Schränke dürfte weniger auf technisches Unvermögen zurückzuführen sein, sondern eher darauf, daß diese Sakristeischränke dazu bestimmt waren, Kostbarkeiten aufzunehmen, die man gegen alle Unbilden möglichst gut schützen wollte. In spätromanischer Zeit findet sich, vor allem im *Norden,* häufiger die Hausform, d.h. ein Schrank mit Giebeldach, manchmal aber auch mit kunstvolleren und komplizierteren Architekturformen. Diese Form des Kirchenmöbels hat sich dann bis ins 14. Jahrhundert erhalten. Erst seit dem 15. Jahrhundert können wir einen grundlegenden Wandel in der Entwicklung der Möbel allgemein, auch beim Schrank, feststellen.

Diese Veränderungen haben verschiedene Ursachen. Einmal nimmt im spätmittelalterlichen Raum das freistehende Möbel einen größeren Platz ein, als es dies bis zu dieser Zeit tat. Das vor allem in den Niederlanden und in den großen oberdeutschen Städten zu Reichtum gelangte Bürgertum verlangte nach mehr und repräsentativeren Möbeln. Für das Bürgerhaus der Spätgotik wurde der Schrank das kennzeichnende Möbel, das nun seinerseits eine reiche Ausgestaltung erfuhr. Ursprünglich war es zweitürig, mit plastischer Füllung in glattem Rahmen, die im *Norden* meist aus der Wiederholung eines Musters bestand, während im *Süden* reichere Flachschnitzerei die Felder füllte. Wenig später treten die in zwei Geschosse geteilten Schränke auf, wobei das Zwischengeschoß oft Schubladen enthielt. Dieser Typus wird dann in immer zahlreicheren Varianten weitergeführt. Konstruktive Teile hob man gern durch reiches Schnitzwerk stärker hervor. Auch die Sockelzone wird weiterentwickelt. Während die früheren Schränke auf einfachen Pfosten oder Seitenbrettern standen, werden diese tragenden Teile nun zu Trägern reichen Schnitzwerks, ebenso wie die untere Zarge des Schrankes.

Eine Sonderform, die sich besonders im *Westen* und *Norden* entwickelte, ist der Stollenschrank. Seine ursprüngliche Benennung war *dressoir,* woraus hervorgeht, daß er als Anrichteschrank gedacht war; unter der deutschen Form Trisur oder Tritzoir finden wir ihn schon 1492 im *Rheinland*. Seine eigentliche Heimat scheint aber *Flandern* zu sein, von wo er sich rasch nach *Frankreich* und dem Rheinland verbreitete. Dieser Schranktypus hat dann besonders im 16. Jahrhundert seine reichste Entwicklung erfahren. Der Stollenschrank wurde zu einem Prunkmöbel, dessen Ausgestaltung z. B. in Frankreich durch höfische Vorschriften geregelt wurde. Die bedeutendsten Künstler schufen Entwürfe für Stollenschränke, reicher figürlicher und Reliefschmuck bedeckte Türen und Stollen. Die Verbreitung des *dressoir* ließ eine Art von Kredenz entstehen, wie sie unter dem Namen *Buffet* im 16. Jahrhundert bekannt wurde.

Eine weitere Form des Schrankes, die sich aus dem Stollenschrank ableiten läßt, ist der Kabinettschrank, ein zweitüriger Kasten auf vier schlanken Beinen, hinter dessen Türen sich ganz unterschiedliche Einteilungen befinden konnten.

Neben den Sonderformen des Stollen- und Kabinettschrankes haben sich seit Beginn der Renaissance noch eine Reihe anderer Schrankformen entwickelt, die zum Teil nur eine lokale Verbreitung fanden, wie z. B. der Waschschrank in *Süddeutschland*. Daneben haben die von Süden und Westen nach Deutschland eindringenden italienischen und französischen Einflüsse Anlaß zu weiteren Variationen gegeben.

In Süddeutschland haben die Künstler in *Nürnberg, Augsburg* und *Ulm* auf die künstlerische Ausgestaltung und den Schmuck vor allem der Schrankfassaden bedeutenden Einfluß genommen. Die Zahl der Vorlagestiche nahm ständig zu und beeinflußte weithin Form und Aussehen der Schränke. Die Verwendung verschiedener Hölzer, Furniere und anderer

Einlagen bewirkte eine farbige und manchmal bildmäßige Veränderung der Außenflächen. Die Kunsttischler, deren Zahl immer mehr zunahm, erfanden reichere Formen, in die rein plastische, malerische oder architektonische Elemente einbezogen werden. Oft waren die Entwerfer Tischler und Bildhauer oder Tischler und Architekt in einer Person. Die sogenannten Fassadenschränke, wie sie besonders für *Ulm* im 16. Jahrhundert charakteristisch sind, waren sehr beliebt. Der *Norden Deutschlands,* ebenso wie *Holland,* war konservativer und blieb im Aufbau des Schrankes länger der spätgotischen Tradition verhaftet. Lediglich der Reliefschrank verrät den Einfluß der Renaissance.

Im weiteren Verlauf der Entwicklung des Schrankes können wir einen stetigeren, wenn auch lokal oft sehr verschiedenen, Ablauf feststellen. Im 17. Jahrhundert finden wir vor allem zwei Typen vertreten, den viertürigen Schrank mit einem Zwischengeschoß sowie den zweitürigen Schrank. Beide Typen wurden bis ins 18. Jahrhundert beibehalten und veränderten sich nur noch durch den sich dem wechselnden Zeitgeschmack anpassenden Dekor. In *Süddeutschland* wurden die lokalen Typen *(Ulm, Augsburg, Frankfurt)* weitergeführt, während im *Norden* der holländische Einfluß sich stärker bemerkbar machte. In *Frankreich* nahm im 17. Jahrhundert die Entwicklung der Möbel einen wesentlich einheitlicheren Verlauf, da seit Beginn des Jahrhunderts die Zentralisierung der politischen Macht mit einer Zentralisierung der künstlerischen Bestrebungen einherging. 1667 wird durch Colbert die »manufacture royale des meubles de la couronne« begründet. Eine derartige Zusammenfassung von Künstlern und Kunsthandwerkern unter einheitlicher Leitung mußte auch zu einem einheitlichen Stil führen, der auch die lokalen und provinziellen Arbeiten beeinflußte.

Das 18. Jahrhundert machte den Schrank zu einem Teil der Gesamtausstattung des Raumes, wenn auch gerade im Rokoko die reichen Wandvertäfelungen kaum Platz für ein so großes Möbel wie die bisherigen Schränke boten. Daher hat das 18. Jahrhundert eine Reihe kleinerer Schranktypen ausgebildet, die in ihrer äußeren Gestaltung sich leichter in den Gesamtraum einfügten. Erst gegen Ende des 18. Jahrhunderts und im 19. Jahrhundert wurden wieder große Schränke geschaffen, die sich in ihrer klaren Gliederung und dem sparsamen Dekor dem Zeitgeschmack anpaßten.

Bildlexikon

Die nachfolgend abgebildeten Möbel sind zeitlich und nach Typen geordnet.

In den folgenden Bildtexten verstehen sich die Maßangaben, falls nicht anders vermerkt, immer in der Reihenfolge: Höhe x Breite x Tiefe. Fachausdrücke und kurze Biographien der genannten Meister sind im Register am Ende des Buches zu finden.

Frühes Mittelalter

1 FALTSTUHL. *Salzburg, 1242. – 56 x 63 x 46 – Salzburg, Kloster Nonnberg*. Der bedeutendste der erhaltenen frühmittelalterlichen Faltstühle wird noch am Ort seiner Entstehung aufbewahrt. Er wurde für die Äbtissin Gertrud II. angefertigt, nachdem ihr der Erzbischof 1242 das Recht, Pastorale und Faldistorium zu gebrauchen, im Rom erwirkt hatte. In die rot gefaßten und mit goldfarbenen schablonierten Rosetten dekorierten Kreuzhölzer aus Ahorn sind zahlreiche ornamentale und figurale Reliefs aus Walroßzahn eingelassen. Die Füße enden in Löwenpranken aus Bronze, Löwenköpfe aus Walroßzahn bilden die Knäufe. Den Ledersitz zieren eingepreßte Bandmotive.

2 RUNDPFOSTENSTUHL *aus der Kirche in Baldishol (Norwegen), 13. Jh. – 98 x 65 x 50,5 – Oslo, Kunstindustrimuseet*. Wie allgemein verbreitet und einander ähnlich die Motive an den gedrechselten Möbeln des Mittelalters waren, bezeugt dieser norwegische Stuhl aus Birkenholz. Die wuchtig rundgedrechselten Holzstützen, die an Perlbänder erinnernden Füllungen der Lehnen und die Balusterreihen unter dem Sitz unterscheiden sich nur in Details von dem Aufbau der imposanten Chorbänke in der Klosterkirche Alpirsbach im Schwarzwald (12./13. Jh.).

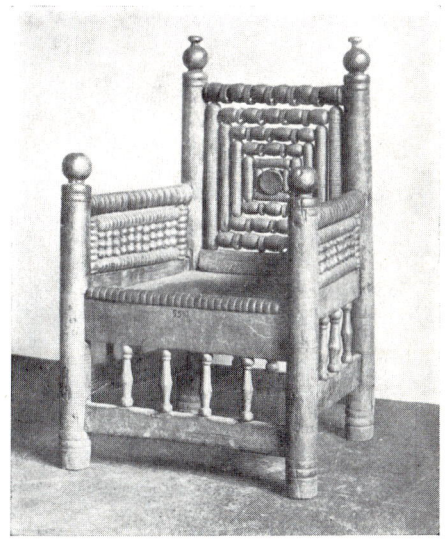

3 TRUHE *aus Bleckede. Lüneburg, 14. Jh. – 81 x 159 x 79 – Lüneburg, Museum.*
Mit ihren Tierfiguren in Kreisen erinnert die Lüneburger Eichentruhe noch deutlich an ihre romanischen Vorläufer in Niedersachsen. Doch durch ihre verschraubten Bewegungen und die Einordnung in Wimperge sind diese Fabeltiere urtümliche Wesen der frühen Gotik. Die Stollen – an den Fußteilen gering ergänzt – werden durch den reichen Fialenschmuck fühlbar gegen das Frontbrett gesetzt, ohne die Einheit der Wand zu sprengen. Reste der ursprünglichen roten Bemalung zeugen von der einstigen Farbigkeit. Durch zwei eingetiefte, von Kreuzen durchdrungene Vierpässe ist auch der Deckel geschmückt, während die Schmalseiten mit einer einfachen Querlatte verstärkt sind.

4 TRUHE. *Frankreich, 13. Jh. – Paris, Musée des Arts décoratifs.* Beiderseits von gleichmäßigen Spiralbändern flankierte Eisenrippen umgreifen den Eichenkasten, an den Ecken horizontal, vorn und an den Seiten vertikal geführt. Mit kräftigen, eckig geschmiedeten Nägeln sind sie ebenso wie ihre knospenartig flach geschlagenen Enden auf den Eichenbohlen befestigt. Die Gegensätzlichkeit der spiralförmigen Drehungen und ihre stereotype Wiederholung geben der Oberfläche das fluktuierende lebendige Aussehen.

5 GIEBELSCHRANK. *Sachsen, um 1300. – 200 x 63 – Halberstadt, Dommuseum.*
Der aus Eichenbohlen stumpf gefugte Schrank steht auf seinen Seitenbrettern, denen kufenartige Füße untergeschoben sind. Ein spitzbogig ausgeschnittenes Fußbrett schließt die Vorderfront ab. Eisenbänder umfassen den Kasten und halten zugleich die beiden Türen. Die reichere Schnitzerei ist dem Giebel vorbehalten.

Gotik

6 SCHRANK *mit den Wappen von Gieng und Lupin, bezeichnet von Jörg Syrlin d. Ä., Ulm, 1465. – 230 x 192 x 62 – Ulm, Museum der Stadt.* Unter den geschnitzten gotischen süddeutschen Möbeln trägt der Schrank des berühmten Ulmer Bildhauers das früheste Datum. Alle Wirkung hat Syrlin, wie es bis ins 16. Jh. immer wiederholt wird, auf den Kontrast der breiten mit Riegelahorn furnierten Flächen zu den vielfach variierten, plastischen, im Giebel in ein zartes durchbrochenes Maßwerk aufgelösten Schnitzereien im weichen Lindenholz des Rahmens gestellt. Schmale Zierleisten aus Ahorn, Zeder und Eiche umrahmen die inneren Türfelder.

7 SCHRANK. *Tirol, um 1500. – 195 x 167 x 73 – Frankfurt a. M., Museum für Kunsthandwerk.* In seinen schlichten Formen besitzt der zweitürige Tiroler Zirbelholzschrank mit den durch Flachschnitt verzierten Giebel- und Sockelzonen die unaufdringliche Schönheit des spätmittelalterlichen Möbels. Auffallend ist die geometrische Intarsie aus hellen und dunklen Hölzern an den seitlichen Lisenen und den Profilleisten der Türen. Sie gibt der farbigen Fassung des Stückes, von der sich Spuren von Rot und Grün am Zinnenkranz erhalten haben, einen besonderen Akzent.

8 SCHRANK. *Nordwestdeutschland, Anfang 16. Jh. – 166 x 88 x 57 – Frankfurt a. M., Museum für Kunsthandwerk.* Die romanische Konstruktion ist selbst bei Schränken noch im 16. Jh. angewandt worden. Den durchgehenden Stollenbrettern sind kufenartige Füße unterschoben, die vorn die Gestalt von liegenden Löwen annehmen. Nur an der Vorderfront benutzte man die in der Spätgotik üblichen Füllungen mit Faltwerk, ein Motiv, das an der Schauseite der Schublade wieder aufgenommen wird. Als Türen sind jedoch wieder dicke, mit schmalen Profilen versehene Eichenbretter eingesetzt (obere Tür mit Eisenbeschlag in neuerer Zeit ergänzt).

9 SCHRANK. *Rheinland, um 1500. – 169 x 186 x 61 – Köln, Kunstgewerbemuseum.*
Das Einsetzen von Füllbrettern in die mehrfach unterteilten Türrahmen war im 15. Jh. am Niederrhein und in Norddeutschland allgemein üblich. Die lange Front gleichmäßigen Faltwerks aus mattem Eichenholz bietet Licht und Schatten reiche Spielmöglichkeit und ruft den Eindruck ständiger Bewegung hervor.

10 HALBHOHER SCHRANK. *Brügge, um 1500. – 112 x 144 x 60 – Brügge, St. Janshospitaal.* Gegen Ende des 15. Jhs. werden die Möbeltypen nicht nur vielfältiger und variationsreicher, sondern auch praktischer auf ihren Verwendungszweck hin ausgerichtet. In diesem halbhohen Eichenholzschrank – dem verselbständigten Unterbau eines doppelgeschossigen Kastens – wurden wahrscheinlich Wäsche und Leinen aufbewahrt. Wie das Faltwerk unterliegen auch die X-Füllungen stets neuen Veränderungen und Zutaten.

11 SCHENKSCHIVE. *Lüneburg, um 1500. – Höhe: 268 – Hamburg, Museum für Kunst und Gewerbe.* Bei dem ursprünglich zur Hälfte in die Wand eingebauten Eichenholzschrank wird das Mittelgeschoß durch Herabklappen der von Eisenstäben gestützten Tafel, der »Schenkscheibe«, geöffnet, um hier Silber und Geschirr abzustellen. Diese Schrankart bildete in der Spätgotik den repräsentativen Typ der nordelbingischen Kunstmöbel, bei denen sich zur gleichen Zeit auch die Verwendung von Füllungen durchsetzt. An der Klapptür wurde das X-Motiv eigenwillig abgewandelt.

12 SCHRANK. *Lüneburg, um 1500. – 250 x 205 x 51 – Hamburg, Museum für Kunst und Gewerbe.* Bei der Vorliebe für plastischen Schmuck am Möbel wird in Norddeutschland selbst das Faltwerk häufig räumlich vorgetrieben, so daß es, wie bei diesem Lüneburger Eichenholzschrank, die Form von Pergamentrollen erhält. Durch den mit blauen und roten Folien unterlegten Eisenbeschlag an Türangel, Schloß und Griff erhöhte man die Wirkung derart, daß trotz der gleichmäßigen Felderaufteilung eine bewegte Fläche entstand.

13 SCHRANK. *England, um 1500. – 164 x 126 x 61 – London, Victoria and Albert Museum.* In England entstanden bereits im Mittelalter Möbeltypen, die auf die Wohnbedürfnisse besonders zugeschnitten waren. So wurden in diesem eichenen »livery cupboard«, dessen offene Füllungen eine gute Durchlüftung bewirkten, Speisen und Getränke für die Nacht aufbewahrt. Reste von Zinnober lassen auf eine ursprünglich farbige Fassung schließen. Wegen seines Fassadenschmucks (Initiale A und Straußfedern?) hatte man bislang angenommen, daß der Schrank aus dem Besitz Prinz Arthurs, des ältesten Sohnes König Heinrichs VII., stamme.

14 DRESSOIR. *Frankreich, Ende 15. Jh. – Paris, Musée des Arts décoratifs.* Mit ihrer rechteckigen Grundform, zu der die von gleichartigem Maßwerk dicht überzogenen Füllungen wirkungsvoll kontrastieren, den flachen Bogenöffnungen und der geschlossenen Rückwand gehört diese Eichenkredenz zu den schlichteren französischen Stollenschränken. In höfischem Adelsbesitz hatten derartige Möbel häufig einen stufenförmigen Aufsatz mit hoher Rückwand oder gar mit Baldachin. In den Fialen und Ornamenten wird auch hier die Orientierung an der Architektur deutlich.

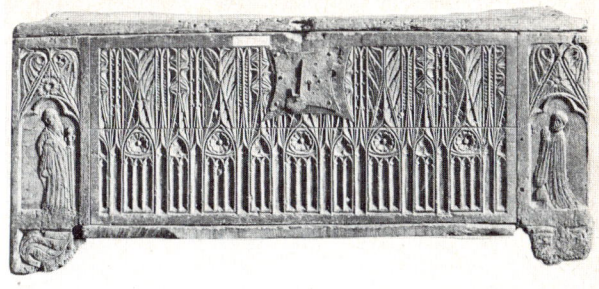

15 TRUHE *aus Osnabrück. Westfalen, um 1400. – 65 x 147 x 55 – Köln, Kunstgewerbemuseum.* Niedersächsische und westliche Einflüsse treffen in diesem Werk eines westfälischen Schnitzers zusammen. Die harmonische Aufteilung der Fläche, welche die tragenden und füllenden Bretter sicher charakterisiert, ist dem Lüneburger Typus verhaftet, Maßwerk und stilisierte Pflanzen sind jedoch von feinerer, eleganterer Zeichnung. Auch der Apostel Paulus und die Stifterfigur in den flachen Nischen weisen niederrheinische Züge auf.

16 TRUHE. *Süddeutschland, gegen 1500. – 97 x 159 x 63 – München, Bayerisches Nationalmuseum.* In Süddeutschland steht der Truhenkasten auf einem mit Flachschnitt ornamentierten Sockel, in den mitunter, wie bei diesem Möbel aus Tannenholz, schmale Schubladen eingefügt sind. Der Rahmen des Aufbaus ist wieder durch Ornament betont, die Felder bleiben häufig ohne Schmuck oder sind durch eine in der Technik unterschiedliche Zierform (hier durch eine tiefgeschnittene Zeichnung) vom Gestell unterschieden.

17 TRUHE. *Westfalen, 15. Jh. – 90 x 212 x 53 – Frankfurt a. M., Museum für Kunsthandwerk.* Besonders am Niederrhein und in Westfalen (Düren und Dortmund) lebte der romanische Truhentyp aus Eichenbohlen in Zimmermannskonstruktion bis ins 15. und 16. Jh. weiter. Diese Tradition ist so nachhaltig, daß selbst in der zweiten Hälfte des 15. Jhs., als diese Truhe entstand, in den Eisenbeschlägen frühgotische Schmuckformen fortleben, die Schmalseiten dreipassig ausgeschnitten sind und die Stollenverzierung sogar spätromanisch anmutet.

18 TRUHENBANK *aus Graubünden, 2. Hälfte 15. Jh. – 90,5 x 107 x 45 – Zürich, Schweizerisches Landesmuseum.* Bei dieser Nadelholztruhe ist die Rückenlehne drehbar an den seitlichen Wangen befestigt und kann je nach Bedarf nach der einen oder anderen Seite geklappt werden. Der für Nadelholzmöbel typische Flachschnitt bleibt auf den Truhenrahmen und die Lehne beschränkt, ist aber lebendig variiert und verrät durch die in das laufende Blattwerk der Fußleiste eingeschnittenen Gesichter sogar humorvolle Züge.

19 SCHERENSTUHL. *Tirol, Anfang 16. Jh. – 81,5 x 44,5 x 45 – Frankfurt a. M., Museum für Kunsthandwerk.* Von Italien aus hat sich der Scherenstuhl, dessen Ahnenreihe bis in die römische Antike zurückreicht, im 15. und 16. Jh. über ganz Europa verbreitet, so daß sich die erhaltenen Beispiele heute schwer lokalisieren lassen. Diesen Buchenholzstuhl mit seinen zweimal sechs Stegen, den man flach zusammenklappen kann, verweisen Ornamentik und Kerbschnitt der Rückenlehne nach Tirol oder in die Schweiz.

20 ARMSTUHL *aus der Kirche in Naaldwijk. Nördliche Niederlande, um 1500. – 143 x 73 x 56,5 – Amsterdam, Rijksmuseum.* Die übersteigerte Form des französischen Chaire ist in den nördlichen Niederlanden gedrungener und bequemer geworden, die Rückenlehne ist verkürzt, der Sitz trapezförmig beschnitten; der Kasten kann gleichzeitig als Truhe verwendet werden. Durch das fein geschwungene Faltwerk, das auf beiden Seiten der Wangen wiederholt ist, erhält dieser Eichensitz eine schlichte Noblesse.

21 PRUNKTISCH *des Abtes Rudolf Wülflinger († 1445) aus Kloster Wettingen. – 75 x 118,5 x 53,5 – Zürich, Schweizerisches Landesmuseum.* Bei kaum einem anderen gotischen Möbel ist die Freude am Schmuck so offensichtlich wie bei diesem Nußholztisch aus Wettingen. Die Seiten des Gestells und der Zarge sind ganz mit Reliefs, Maßwerkformen und fließendem Blattwerk überzogen. Bei aufgeklappter Platte, die auf beweglichen Stützen ruht, liegt die Schreibfläche mit einem Kranz kleiner, von Laubwerk und Figuren eingefaßter Schubladen frei.

22 TISCH *von Tilman Riemenschneider, 1506 im Auftrag des Bischofs Gabriel von Eyb für das Würzburger Rathaus geschaffen. – Höhe 80, Durchmesser 144 – Würzburg, Mainfränkisches Museum.* Der berühmte Würzburger Bildhauer bindet den mächtigen Stamm, der die runde Platte aus Solnhofer Stein zu tragen hat, in ein architektonisches System. Aus dem Sechseck der Fußleiste entwickelt er gebogene Streben, die wieder von Gegenrippen, die von der mittleren, reich profilierten Basis ausgehen, aufgefangen werden. Diese Kraft vermitteln neue kantige, geschwungene Hölzer dem ebenfalls sechseckigen Rahmen, auf dem die Steinplatte ruht. – Der Tisch wurde, nachdem er bei der Zerstörung des Museums im letzten Krieg in viele Stücke auseinandergebrochen war, sorgfältig restauriert.

23 Tisch. *Tirol, um 1500. – 74 x 108 x 99 – Frankfurt a. M., Museum für Kunsthandwerk*. Der rechteckige Kastentisch aus Nadelholz, häufig mit einem Flach- oder Kerbschnittornament auf der Zarge (hier aus Fichte), war der gebräuchlichste Typus der Spätgotik. Zwei durchbrochene, auf Kufen gestellte Wangen (Buchenholz), die ein oder zwei durchgesteckte Hölzer zusammenhalten, bilden die Stützen. Die Tischplatte (Ahorn) läßt sich nach hinten hochklappen, um im Innern des Kastens kleine Schubladen oder Fächer für Schreibzeug freizugeben.

Renaissance

24 ARMOIRE À DEUX CORPS. *Frankreich, 2. Hälfte 16. Jh. – Paris, Musée des Arts décoratifs.* Der in den Proportionen ausgewogene zweitürige Schrank aus Nußbaumholz mit breitem Unterbau und schlankerem Obergeschoß gehörte in der zweiten Jahrhunderthälfte allgemein zum Bestand des vornehmen französischen Haushalts. Bei den frühen Beispielen schmückt häufig ein flaches Beschlagwerk die Türfelder, aus deren Mitte Medaillons, Köpfe oder Rosetten herauswachsen. Das Gleichgewicht zu den aufstrebenden Pilastern stellen die Gesimse dar; besonders kraftvoll ist das mittlere durchgebildet, in das, für das Auge unauffällig, zwei Schubladen eingeschnitten sind.

25 ARMOIRE À DEUX CORPS. *Frankreich, 2. Hälfte 16. Jh. – Paris, Musée des Arts décoratifs.* In dem figürlichen Schmuck der Renaissancemöbel sind nicht selten christliche, mythologische und allegorische Darstellungen vereinigt. Sie werden bei diesem Nußholzschrank einem humanistischen Thema untergeordnet: In der Ädikula des Giebels besiegt der Erzengel Michael den Satan, im Türfeld des Obergeschosses schreitet »Victoria« mit Krone und Siegeslorbeer, und in den Reliefs des Unterbaus sind die manieristisch überlängten Gestalten von Venus und Juno einander zugewandt. Neben dem Bewegungsspiel der Reliefs steigern Einlagen aus weißgeädertem schwarzen Marmor den dekorativen Reiz dieses Schrankes.

26 DRESSOIR. *Frankreich, 2. Hälfte 16. Jh. – 140 x 117 – London, Victoria and Albert Museum.* Nachdem das 16. Jh. den formalen Aufbau des gotischen Dressoirs zunächst beibehalten und nur die ornamentalen Schmuckmotive weiterentwickelt hatte, gewann dieses Lieblingsmöbel Frankreichs in der Spätzeit mehr und mehr an Volumen. Nicht zuletzt durch den üppig wuchernden Dekor, der auch bei dieser Nußholzkredenz auf Stiche Ducerceaus zurückgeht, wird der plastische Anspruch erfüllt. Figuren und Fruchtbündel, mit mächtigen Akanthusranken vereint, ersetzen die Pfeiler; alle Gesimse und Rahmen quellen über von Blatt- und Rollwerk, und selbst die Füllungen sind voll gegensätzlicher Bewegungen. Ein Drang zu barocker Fülle regt sich bereits.

27 STOLLENSCHRANK. *Köln, um 1560. – 134 x 118 – Köln, Stadtmuseum.* Im Rheinland hat sich der eichene Stollenschrank des Mittelalters bis weit ins 16. Jh. erhalten. Lediglich die Ornamente haben sich gewandelt: renaissancistisches Blattwerk an den Stützen, typisches Rankenwerk dieser Zeit in den Füllungen unterhalb des Kastens. Bemerkenswert ist die Darstellung der alttestamentlichen Samsongeschichte auf den Türen und dem Mittelfeld. Die Eisenscharniere zeigen noch das naturalistische Astwerk der Spätgotik.

28 SCHRANK *der Familie Holzschuher von Peter Flötner, Nürnberg, 1541.* – *235 x 175 x 58* – *Nürnberg, Germanisches Nationalmuseum.* Flötner ist weniger der Schöpfer neuer Möbelmodelle als vielmehr der unermüdliche Erfinder moderner Ornamente. Bei seinen Schränken behält er den gotischen doppelgeschossigen Kasten bei und verteilt wie bei diesem die Schnitzerei auf Sockel, Rahmen und die inneren Türfüllungen. Selbst die traditionelle Aufteilung von Tannenholz für den Korpus, Eiche für die Schnitzerei und Eschenfurnier für die glatten Flächen verwendet auch er. Doch verleihen die kraftvollen Reliefs dem Möbel den geschlossenen Rahmen, der den tektonischen Aufbau sichert.

29 AKTENSCHRANK, *Rathaus Buxtehude, 1544.* – *236 x 225* – *Hamburg, Museum für Kunst und Gewerbe.* Bei der Konstruktion dieses eichenen Schrankes wurde die traditionelle Form der Schenkschive als Vorbild benutzt. Das Renaissanceornament auf den Türfeldern zeigt eine Feinheit und Reife, wie sie im norddeutschen Raum zu dieser Zeit sonst kaum anzutreffen ist. Von gleicher Schönheit sind die schmalen Lisenen des Rahmens und die gestaffelten Profile der waagerechten Gesimse. Der Eisenbeschlag steigert durch die Qualität der Durchbrucharbeit den Reichtum des Möbels.

30 SCHRANK. *Köln, Ende 16. Jh. – 208 x 180 – Köln, Kunstgewerbemuseum.* Nach der Mitte des 16. Jhs. entwickelte Köln unter südlichem Einfluß eine vielfältige Intarsienkunst. Selbst die Motive, hier perspektivische Architekturbilder in farbigen Rollwerkrahmen und die Vasen mit Blumenranken, haben ihren Weg von Oberitalien über Tirol, die Schweiz und Süddeutschland bis nach Köln gefunden. Daß man meist auch den Eichenholzrahmen des viertürigen Schrankes an der Frontseite dicht mit Blütenranken intarsierte, verleiht dem Möbel die überreiche malerische Wirkung.

31 AUFBAUSCHRANK. *Köln, Ende 16. Jh. – 156 x 112 x 53 – Köln, Stadtmuseum.* Selten wurden reine Architekturintarsien für alle Füllungen eines Kölner Schrankes verwendet. Der dabei entstehende Arbeitsaufwand konnte jedoch vereinfacht werden, weil die Bildintarsien in beachtlicher Dicke hergestellt und in mehrere Platten aufgeschnitten wurden. Häufig sind zwei bildgleiche Tafeln als Pendants gewählt, die sich auf den Feldern spiegelbildlich entsprachen wie hier.

32 Fassadenschrank *mit den Wappen der Frh. von Closen-Nothaft, Franken, 1590. – Breite 224, Tiefe 80 – München, Bayerisches Nationalmuseum.* Die der Steinarchitektur entlehnte, in der zweiten Hälfte des 16. Jhs. in Süddeutschland allgemein gebräuchliche Gliederung der großen Schränke zeigt dieser Kasten besonders eindrucksvoll. Ein Schubladengeschoß bildet den Sockel, darüber folgt der zweigeschossige, durch einen Schubladengurt unterbrochene Aufbau, den das Gebälk abschließt. Die Türen sind etwas nach der Mitte gerückt und werden seitlich von Pilasterpaaren und Nischen begleitet. Die Türfelder sind wie Fensterumrahmungen behandelt und jeweils von einer reich profilierten Ädikula bekrönt. Doch außer dieser Vielfalt des Aufbaus, die sich in der Gliederung des zweiten Geschosses zu raumgreifender Kraft steigert, verlangte das Schmuckbedürfnis nach einer prunkvollen farbigen Intarsie oder Schnitzerei.

33 SCHRANK. *Nürnberg, Mitte 16. Jh. – 253,5 x 237 x 73 – Frankfurt a. M., Museum für Kunsthandwerk.* Besonders in Nürnberg bevorzugte man kanelierte Säulen oder Pilaster zur architektonischen Gliederung. Das Motiv wird bei diesem großen mit Flammesche furnierten Eichenschrank an dem mittleren Gesims, in das zwei Schubladen eingeschnitten sind, vereinfacht wiederholt und dadurch die Vertikaltendenz aufs neue betont, wie auch der Zahnschnitt am abschließenden Gebälk als eine Variation des Themas erscheint. Immer aber macht der Gegensatz von spiegelnden Furnierflächen und mattem, geschnitztem oder gehobeltem Rahmen den besonderen Reiz dieser Renaissanceschränke aus.

34 KREDENZ. *Westschweiz, 2. Hälfte 16. Jh. – 131,5 x 179 x 64,5 – Zürich, Schweizerisches Landesmuseum.* Italienische und französische Einflüsse sind in dieser aus einem sarnischen Schloß stammenden Nußholzkredenz verarbeitet. An die Pracht italienischer Renaissancemöbel erinnert vor allem die prunkvolle Breite des schwer auf seinen Stützen lagernden Kastens; französisch sind die elegante Gliederung und die Feinheit des Ornaments. Der französische Dressoir, in seiner Breite beinahe verdoppelt, ist individuell verändert und mit einem zusätzlichen Schubladengeschoß versehen. An Stelle neuer tragender Säulen wurden in der Mitte schlußsteinförmige Kapitelle eingesetzt, denen in der Bodenplatte sockelartige Verkröpfungen entsprechen. Ein solches Möbel ist als eine ureigenste Schweizer Erfindung anzusehen.

35 KREDENZ. *Toskana, 2. Hälfte 16. Jh. – 128 x 208 x 78 – Amsterdam, Rijksmuseum.* Die italienischen Möbel des späteren 16. Jhs. sind fast ausschließlich durch architektonische Elemente oder Schnitzereien gegliedert; Malereien oder Intarsien wie noch im 15. Jh. werden kaum noch angebracht. Bei dieser Nußholzkredenz tragen Löwenklauen die Ecken, deren Stütze im Aufbau glatte Säulenschäfte übernehmen, während die Versatzstücke an der Fußleiste und im Gesims die Wirkung der flachen Pilaster erhöhen. Die Türfelder bleiben schmucklos, nur der Bronzeknopf wird mit einem kraftvollen Profil umgeben. Die Einfügung von Schubladen unter der Deckplatte deutet bereits einen neuen Möbeltyp an: die Kommode. Gegen Ende des 16. Jhs. ist die reine Schubladenkredenz in Italien keine Seltenheit mehr.

36 SCHREIBKASTEN. *Süddeutschland, um 1550/60. – 54 x 109 x 39 – München, Bayerisches Nationalmuseum.* Eine Besonderheit Süddeutschlands und Tirols stellen die kleinen, leicht zu bewegenden kastenförmigen Kabinette mit zahlreichen Schubläden und Fächern dar, die wahrscheinlich zum Aufbewahren von Kostbarkeiten, vielleicht auch als Schreibtische benutzt wurden. Die Außenseite dieses Kastens aus Ahorn und Nußholz sind mit prachtvollen perspektivischen Architektur- und Ruinenbildern in farbiger Intarsie versehen, während die Schub- und Schließfächer hinter der herunterklappbaren, auch auf der Innenseite reich dekorierten vorderen Verschlußklappe mit geometrischen Mustern, Mauresken, Ranken, Vasen intarsiert sind.

36a Front der Verschlußklappe des Schreibkastens Abb. 36

37 KABINETT. *Spanien, Mitte oder 2. Hälfte 16. Jh. – 153 x 103,5 – London, Victoria and Albert Museum.* Wie lebendig die islamische Kunst in Spanien noch nachwirkte, längst nachdem die arabische Herrschaft gebrochen war, bekunden sowohl Ornamente und Material als auch die Form dieses als »vargueño« bezeichneten Kabinetts. Teppichhaft überzieht die kostbare Einlegearbeit aus Walnuß, Birke, Eibe, Buchsbaum und anderen Hölzern sowie grün getöntem und naturfarbenem Elfenbein die Frontseiten der zahlreichen Schübe im Innern und die Oberfläche des imposanten Verschlußdeckels, in dessen dekorativen Schmuck eine Darstellung der Arche Noah mit aufgenommen ist. Eine spanische Eigenart ist auch der hohe Untersatz, auf dem das Kabinett ruht.

38 HOCHZEITSTRUHE *(Cassone). Florenz, 1. Hälfte 15. Jh. – 73,5 x 179 x 58,5 – London, Victoria and Albert Museum.* Von zahlreichen Cassoni sind nur die oft von berühmtesten Künstlern geschmückten Vorderwände gesammelt worden. Dagegen ist diese florentinische kastenförmige Hochzeitstruhe vollständig erhalten, einschließlich des Untersatzes mit den Wappen von Braut und Bräutigam. Die im Flachrelief elegant herausmodellierten Figuren der Vorderseite stellen die Begegnung der von ihren Dienern und Spielleuten umgebenen Verlobten dar.

39 Hochzeitstruhe. *Siena, um 1475. – 99 x 190,5 – London, Victoria and Albert Museum.* Für den reichen architektonischen Aufbau ist diese über Stuck vergoldete Truhe eines der früheren Beispiele. Die Kastenform ist noch erhalten, die Basis jedoch profiliert und vorgezogen, an den Ecken durch Klauenfüße gestützt, der Deckel dachförmig erhöht. Die Truhenwand, seitlich durch je zwei Pilaster begrenzt, schmückt ein zweiteiliges Gemälde von Francesco di Giorgio Martini, das mit der Darstellung des prunkvollen Empfangs der Königin von Saba durch Salomon ein beliebtes Sinnbild für Hochzeitstruhen aufgreift.

40 Truhe. *Venedig, um 1550. – 87 x 170 x 58 – Frankfurt a. M., Museum für Kunsthandwerk.* Die Technik, Truhenwände mit vergoldeter Stuckmasse auszuschmücken, ist am längsten in Venedig angewandt worden. Zur Herstellung des Dekors benutzte man Hohlformen (Model), was auch das Vorkommen derselben Muster an mehreren Truhen erklärt. So besitzt das Victoria and Albert Museum in London eine gleiche, nur in den Füßen und geringen Einzelheiten des Reliefs abweichende Nußholztruhe. Auch dort ist das Mittelfeld mit einem Rahmen aus goldenen Arabesken auf blauem Grund eingefaßt.

41 CERTOSINA-TRUHE. *Oberitalien (Venedig?), um 1500. – 56 x 115,5 – London, Victoria and Albert Museum.* Eine Vorstellung von der prunkvollen Ausstattung italienischer Renaissancepaläste vermittelt diese kostbare Truhe aus Walnuß- und Rosenholz. In Oberitalien, wahrscheinlich in Venedig, um 1500 entstanden, entfaltet sie in der klaren Ausgewogenheit renaissancistischer Gliederung eine überaus reiche Elfenbeindekoration in der sogenannten Certosinatechnik, jener besonders in den oberitalienischen Kartäuserklöstern gepflegten Kunst, die hier den unmittelbaren Einfluß islamischer Ornamentik – wie die Vase mit den stilisierten Blütenzweigen in der Mitte des Innendeckels – verrät. Auf der Außenseite des Deckels ist ein Schachbrett eingelegt.

42 TRUHE *mit Wappen der Familie Gondi (?). Rom, 2. Hälfte 16. Jh. – 75 x 182 x 57 – Amsterdam, Rijksmuseum.* Truhen mit reichem figuralen Schmuck waren vor allem in Mittelitalien beliebt. In Rom wurden die Kriegsszenen an den Triumphbögen vielfach als Vorbild für diese nach Art antiker Sarkophage angebrachten Reliefs benutzt. Den Darstellungen der abgebildeten, teilweise vergoldeten Nußholztruhe, Davids Sieg über Goliath, assistieren zahlreiche Krieger in Rüstungen vor ihren Zelten. Diagonal an den Ecken stehende Propheten mit Schriftbändern, kraftvolle Klauenfüße, auf denen der Kasten lastet, das Wappenschild mit den palmtragenden Engeln in der Mitte der Truhenwand und die wuchtigen Akanthusblätter und Palmetten an Basis und Deckel unterstützen den tektonischen Aufbau.

43 TRUHE. *Toskana, um 1550. – 63 x 185 x 59 – Florenz, Museo Nazionale.* Besonders imposant wirken Renaissancemöbel mit großzügigem geometrischen Ornament wie diese prachtvolle Nußholztruhe des Florentiner Nationalmuseums. Die langen Reihen pfeifenartiger Kymafriese verstärken die mächtige Wölbung des Kastens, gegen den sich die kraftvollen Klauenfüße stemmen. Es bedarf kaum der deckenden Akanthusblätter an den Ecken, um den Aufbau zusammenzufassen.

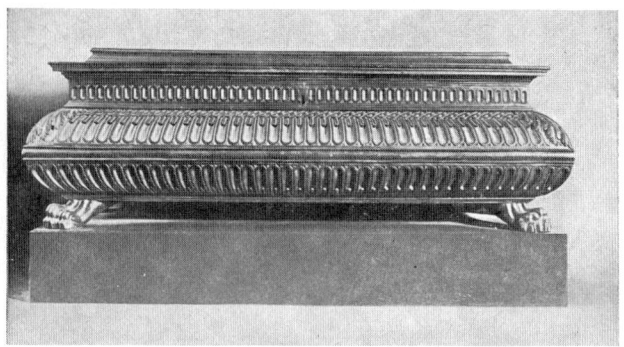

44 Truhe *aus Leck. Schleswig-Holstein, datiert 1565. – 96 x 202 x 82 – Flensburg, Städtisches Museum.* MVSICA – VENVS – GEOMETRI – ARITHMETICA sind auf dieser Eichenholztruhe in Muschelnischen durch allegorische Figuren wiedergegeben, eingefaßt durch profilierte Rahmenleisten und Eierstäbe, um Raumtiefe vorzutäuschen. Basis und Gesims schmücken Blatt- und Blütenranken, die unten in großen S-Schwüngen, oben kleinteilig geführt sind. An dieser Staffelung und Gliederung werden trotz altertümlichen Aufbaus die neuen, renaissancistischen Stilelemente deutlich.

45 Truhe *mit Allianzwappen des Sülfmeisters Georg von Töbing und der Anna Semmelbekerin. Lüneburg, 1545. – 103 x 210 x 93 – Hamburg, Museum für Kunst und Gewerbe.* Eine architektonische Gliederung ist hier kaum zu finden, wenn man nicht die Arkadenstellung als einen Ansatz dazu betrachten will. Geschickt sind einzelne Szenen der Tobias-Geschichte auf der ganzen Front der Eichentruhe verteilt. Den altertümlichen Stollen bleiben die Wappen vorbehalten, wie auch die Schmalseiten nach dem schon in romanischer Zeit angewandten System von Lattenkreuzen verstärkt werden. Das Verharren am überkommenen Mobiliar und der biblische Bildschmuck bleiben für das protestantische Niederdeutschland im ganzen 16. Jh. charakteristisch.

46 BRAUTTRUHE *der Herzogin Jacobäa Maria, Gemahlin Wilhelms IV. von Bayern. Aus Burg Trausnitz bei Landshut. Oberitalien, 1522. – 99,8 x 229 x 85 – München, Bayerisches Nationalmuseum.* Mit den Mitteln der Intarsie sind gern illusionistische Effekte versucht worden. Der Künstler hat hier die einzelnen Felder als geöffnete Fenster gebildet, durch die sich die Truhe gleichsam selbst öffnet und ihre Schätze preisgibt. Spiele und kostbare Musikinstrumente werden hinter den Butzenscheiben sichtbar. Die Wirkung ist deshalb so vollkommen, weil die Fensterrahmen den durch perspektivische Bänder besonders betonten Rand der Füllungen scheinbar durchstoßen. Der hochgewölbte Deckel verleiht der Truhe den Charakter eines Sarkophages.

47 SITZTRUHE. *Frankreich, 1. Hälfte 16. Jh. – Paris, Musée des Arts décoratifs.* Nach mittelalterlicher Tradition ist diese kastenförmige Eichentruhe aus Rahmen und Füllbrettern gefügt. Die Eckstützen wurden nach oben zu niedrigen Armlehnen verlängert, in die man kleine Kästen mit schrägem Klappdeckel einbaute. Die flache Sitzfläche ist gleichzeitig zweigeteilter Truhendeckel. Geschnitzte Rauten auf den Füllungen und Cherubsköpfe auf den Rahmenleisten bilden den einfachen Schmuck, der wie bei mittelalterlichen Truhen der Schauwand vorbehalten bleibt.

48 CASSAPANCA. *Florenz, um 1550. – 120 x 248 x 80 – Florenz, Museo Nazionale.* Bei dieser Nußholztruhe ruht der Kasten noch auf den diagonal gestellten Klauenfüßen, während die Cassapanca gewöhnlich dicht an den Boden anschloß. Als breiter Block sind die Armlehnen aufgesetzt, deren Frontseiten plastischen Schmuck zeigen. Die überhöhte Rückwand mit dem Wappenschild als Zentrum wirkt als abschließende Horizontale fast leicht. In diesem Möbel ist eine so vollkommene Harmonie von aufstrebenden und lagernden Tendenzen, von geschnitzten Partien und glatten Flächen erreicht, daß man dem Lob, die Cassapanca sei das vornehmste Möbel der italienischen Renaissance, durchaus zustimmen muß.

49 CAQUETOIRE. *Ile de France, 2. Hälfte 16. Jh. – 113 x 62 x 49 – Frankfurt a. M., Museum für Kunsthandwerk.* Unter den erhaltenen Caquetoires mit trapezförmigem Sitz ist der abgebildete wohl einer der schönsten. Der Louvre hat ein ähnliches Gegenstück, dessen Schnitzerei jedoch nicht die Qualität dieses Stuhles erreicht. Die manieristisch überlängten Proportionen, die wohlgebildeten schlanken Stützen, die leichte Bewegung der Armlehnen, deren Handauflagen als Widderköpfe geschnitzt sind, zeichnet die gleiche Feinheit aus wie die abgewogene Aufteilung der Rückenlehne.

50 FALTSTUHL. *Nördliche Niederlande, Anfang 17. Jh. – 100 x 72 x 44 – Amsterdam, Rijksmuseum.* Oft sind Schnitzereien und Dekor des Faltstuhls an verschiedenen Orten fast gleich. So kehrt die vertiefte Reliefschnitzerei an den vorderen Scheren dieses Nußholzsessels, der als niederländisches Erzeugnis gilt, an zwei als Lüneburger Arbeiten um 1600 bezeichneten Faltstühlen gleicher Größe im Lüneburger Museum und im Berliner Schloßmuseum genau wieder. Den Berliner Sessel schmücken auch die Wappen haltenden Löwen an den Rückpfosten, während seine Armlehnen zusätzlich mit geschnitzten Masken versehen sind. Es ist daher nicht ausgeschlossen, daß alle drei Exemplare aus derselben Werkstatt stammen.

51 SCHERENSESSEL. *Süddeutschland, 16. Jh. – 84 x 78 x 47 – Frankfurt a. M., Museum für Kunsthandwerk.* Aus dem bereits in der römischen Antike gebräuchlichen Klappstuhl entstand im Laufe des 15. Jhs. durch Verlängerung der Stützen der Scherenstuhl mit Lehne. Mit wenigen Handgriffen läßt sich dieser behäbige süddeutsche Buchenholzsessel flach zusammenklappen. Nachdem man das am hinteren Ende der rechten Armlehne drehbar befestigte Rückbrett zur Seite geschlagen und die Mittelachse des Sitzes leicht angehoben hat, schieben sich die zwölf kurzen Sitzhölzer nach oben zusammen, während sich die langen Scherenarme gleichzeitig oben und unten schließen.

52 STUHL. *Oberitalien, um 1600. – 100 x 53 x 47 – Frankfurt a. M., Museum für Kunsthandwerk.* Um 1600 wird die Ausschmückung des Mobiliars immer prunkvoller. Selbst bei dem einfachen Nußbaumstuhl überbietet man sich in der Häufung von Wulsten, Balustern und Profilen an den gedrechselten Hölzern, Voluten und Bogen bei den ausgeschnittenen Brettern der Rücklehne. Die beiden Stege zwischen den Vorderbeinen bewirken wieder eine stärkere Geschlossenheit des Möbels.

53 ARMSTUHL. *Deutschland, um 1600. – 142 x 60,5 x 57 – Frankfurt a. M., Museum für Kunsthandwerk.* Bei den von Oberitalien beeinflußten rechteckigen Lehnstühlen beschränkt sich der Schmuck häufig auf das zwischen den beiden Vorderbeinen angebrachte Querbrett, das bei diesem Nußbaumsitz mit einer Kartusche und begleitenden Blattranken vor gerauhtem Grund beschnitzt ist. Sparsame Schnitzereien sind außerdem an den Balusterstützen, den Ansätzen der Armlehnen und an den Rückpfostenenden angebracht. Als Schmuckmotiv werden auch die runden Messingköpfe der Nägel verwertet, die das Leder um das Holz spannen.

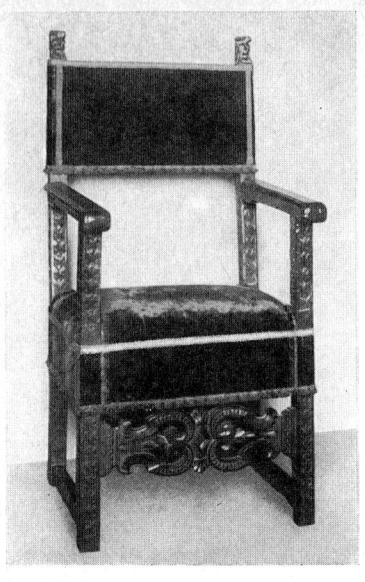

54 ARMSTUHL. *Florenz (?), 2. Hälfte 16. Jh. – 112,5 x 60 x 40 – Amsterdam, Rijksmuseum.* Der für den Schmuck der Stuhlpfosten häufig verwendete Tiefschnitt folgt bei dem Nußholzsitz des Amsterdamer Rijksmuseums sowohl in den begrenzenden Linien als auch im Blattfries streng den Geraden der Stützen. Die Rückpfosten endigen in verquollenen Masken, die Armlehnen in Voluten. Nach dem Vorbild der ursprünglichen Montierung wurde der um die Hölzer herumgezogene Samtbezug in späterer Zeit erneuert und mit Goldborten und Fransen versehen.

55 STUHL. *Lombardei (?), um 1600. – 121 x 51 x 37 – Frankfurt a. M., Museum für Kunsthandwerk.* Mit ihrem schmalen Sitz und der hohen Lehne nötigten die oberitalienischen Brettstühle dem Menschen straffe, repräsentierende Haltung auf. Reiche Schnitzerei an Querbrettern und Zarge mit Kartuschen und Voluten bildet den Rahmen für die Knöpfe und Ovale, die sich als glatte gewölbte Flächen von dem gerauhten Grund abheben. Einen Nußbaumstuhl mit gleicher Schnitzerei bewahrt das Museo Nazionale in Florenz.

56 SGABELLO. *Oberitalien, 2. Hälfte 16. Jh. – 96 x 31,5 x 43 – Frankfurt a. M., Museum für Kunsthandwerk.* Unter dem sechseckigen Sitz dieses Nußbaumschemels verbinden seitlich zwei schräg gestellte schmale Bretter den vorderen Stollen mit dem rückwärtigen. Sie erinnern zugleich daran, daß die Sgabelli ursprünglich auf vier Brettstützen ruhten, im Aufbau ähnlich den größeren Tischen. Die manieristische Verbindung von Klauenfüßen und Gesichtsmaske, eingebunden in Voluten mit Fruchtgehängen, verleiht diesen Möbeln häufig ein groteskes Aussehen.

57 PRUNKTISCH. *Spanien, 1560/70. Geschenk des Infanten von Spanien Don Carlos an Herzog Albrecht V. von Bayern. – 84 x 107 x 78 – München, Bayerisches Nationalmuseum.* In Spanien wurde der Prunk eines Möbels bereits im 16. Jh. durch die Einlage fremder Materialien gesteigert. Die Voraussetzung dazu bot der Aufbau aus Kuben mit flachen, in gerahmte Felder aufgeteilten Flächen. Alle Glieder dieses Eichentisches, zu dem das Münchner Museum noch ein gleiches Gegenstück besitzt, sind mit Mahagoni und Ebenholz furniert, von Flammleisten eingefaßt und durch Perlmuttplättchen ornamentiert. Besonders reich wurde die Tischplatte ausgelegt, auf der fein geschnittene Silbereinlagen die Ebenholzfelder mit Arabesken durchsetzen und das schimmernde Perlmutter seinen Reiz voll entfalten kann.

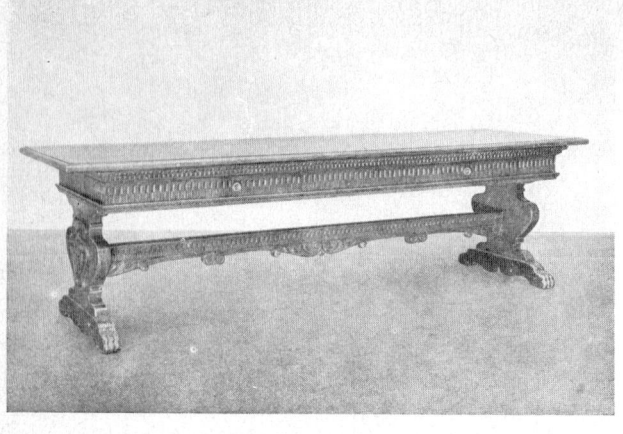

58 WANGENTISCH *mit Wappen der Piccolomini. Florenz, 2. Hälfte 16. Jh. – 88,5 x 316 x 90 – Amsterdam, Rijksmuseum.* In Italien wurde schon bei der ältesten Form des Tisches, der auf Böcke gelegten Platte, häufig das Gestell mit Schnitzereien verziert. Hier vollzog sich auch am frühesten, bereits im 15. Jh., die Umwandlung zum Wangentisch. Die durch einen Steg verbundenen »Böcke« waren jetzt quer unter die Tischplatte gesetzt. Das Schmuckbedürfnis erfaßte ebenso das Zwischenbrett wie auch die Zargen und Kanten der Deckplatte. Erst in der Spätzeit wurde die Zarge zum Kasten erweitert, der häufig zwei oder mehr Schubladen aufnahm. Fast immer wurden auch die Tische, wie dieser, aus Nußbaumholz gefertigt.

Barock

59 KREDENZ. *England, Anfang 17. Jh. – 118 x 19,5 – London, Victoria and Albert Museum.* Der »Court Cupboard« ist das verbreitete Gebrauchsmöbel der elisabethanischen Ära, das bis weit ins 17. Jh. im Haushalt als Kredenz, Anrichte und Aufstellschrank verwendet wurde. Häufiger ist es ohne den Schrankeinsatz des Obergeschosses bekannt. Die reiche plastische Gestaltung der vorderen Stützen und die Lattenform der rückwärtigen Ständer, deren Schauseiten beschnitzt sind, charakterisieren das Möbel als Wandschrank, der wie noch alle englischen Möbel dieser Zeit aus Eichenholz gearbeitet ist.

60 KABINETT. *Paris, 1. Hälfte 17. Jh. – 212 x 190 x 73 – Amsterdam, Rijksmuseum.* Kabinettschränke waren im Anfang des 17. Jhs. in allen fürstlichen Hofhaltungen zur Aufbewahrung von Kostbarkeiten begehrt. Der große rechteckige Kasten des französischen Kabinetts ruht fast immer auf einem tischartigen Untergestell mit acht Beinen, breiter Fußplatte und entsprechenden Kugelfüßen. Bei diesem Ebenholzkabinett sind die Ecken zusätzlich auf Hermen gesetzt, denen je ein Säulenpaar zugeordnet ist, so daß 14 Stützen zu zählen sind. Die Flächen sind über und über mit Flachreliefs und Ornamentschnitzereien überzogen. Die geöffneten Türflügel geben eine neue reich dekorierte Fassade mit Schubfächern frei.

61 KABINETT. *Antwerpen, 1. Hälfte 17. Jh. – 150 x 112 x 43 – Amsterdam, Rijksmuseum.* Schildpatt zur Verkleidung von Möbelflächen wurde besonders häufig in Antwerpen verwendet. Um die Farbigkeit der gefleckten Schale zu steigern, unterlegte man sie fast immer mit einer meist roten Folie. Die Gliederung des auf Eichenkern gearbeiteten Stückes unterstützt eine feine Einlage aus Elfenbeinstegen. Die unterschiedliche Größe der elf Schubfächer in der oberen und unteren Reihe ist durch die Anordnung der Schlüssellöcher kenntlich gemacht. Durch die Türen, die rückwärts mit Spiegeln verkleidet sind, wird ein prachtvolles kleines Kabinett mit Schubläden, Spiegeln und Säulchen verschlossen.

62 KABINETT. *England, 2. Hälfte 17. Jh. – 164,5 x 139 x 49 – London, Victoria and Albert Museum.* Wie selbständig die englischen Schreiner die ihnen durch holländische Emigranten vermittelte Kunst der Marketerie mit verschiedenfarbenen Hölzern weiterentwickelten, veranschaulicht dieses um 1670 geschaffene Kabinett auf den hohen, gewundenen Säulen aus Esche. An zeitgenössische Stilleben erinnern die Blumen- und Vogelmotive. Prächtig erhalten sind die Farben im Innern, dessen Furniergrund aus Olivenholz austernmuschelartig herausgeschnitten und symmetrisch angeordnet wurde.

63 KABINETT. *München, um 1660/80. – München, Residenzmuseum.* Durch die Gemahlin des Kurfürsten Ferdinand Maria (1651–1679), Henriette Adelaide, eine savoyische Prinzessin, gewann die italienische Kunst bedeutenden Einfluß auf die Münchener Arbeiten. Neben dem schwerfälligen Aufbau, den Hermkaryatiden und Atlanten wie auch den Rückständern in Form von gewundenen Doppeldelphinen geht vor allem die Pietra-dura-Technik, das Intarsienbild aus Marmormosaik, auf italienische Vorbilder zurück. Jedoch ist diese Fülle in eine strenge Gliederung gebannt.

64 KABINETTSCHRANK. *Hamburg, um 1700. – 253 x 136 x 50 – Hamburg, Museum für Kunst und Gewerbe.* In Hamburg ist die Form des »Kunstkammerschrankes«, der ein Schließfach und kleine Schubläden enthält, durch den holländischen Möbelstil beeinflußt: mächtige, säulenartige Stollen auf Kugelfüßen, große, mit Nußholz furnierte Felder, die durch tiefe Kehlungen eingefaßt werden. Erhalten ist hier auch eine üppige Schnitzerei, deren Akanthusranken die Öffnung des Untersatztisches verkleiden und die den Giebel zu einem prachtvollen Aufsatz erweitert.

65 PRUNKKABINETT. *Eger, 17. Jh. – 185 x 130 x 62 – Frankfurt a. M., Museum für Kunsthandwerk.* Das Egerer Kabinett ruht auf einem niedrigen kastenartigen Untersatz mit drei Schubladen und wird von einem hohen, flach geschnitzten Aufsatz bekrönt. Wie schon am Äußeren die farbige Reliefintarsie in dem dunklen Ebenholzrahmen die Wirkung bestimmt, so erhöht diese Egerer Spezialität erst recht den Prunk der Inneneinrichtung. Der Bibel, der Mythologie, der Allegorie und dem Gesellschaftsleben sind die Themen entnommen, die nach Kupferstichvorlagen oder Buchillustrationen eine ganze Bilderwand bilden. Geheimschubfächer verbergen sich hinter dem linken Säulenpaar neben dem mittleren Schließfach ebenso wie unter dem schmalen Gebälk darüber, das durch eine Sprungfeder gehalten wird. Wenn der hinter der mittleren Tür angebrachte mit bunten Papageien bemalte Kasten entfernt wird, gelangt man zu einer Vielzahl weiterer kleiner Schubladen, die alle eine farbige Reliefintarsie schmückt.

66 SCHREIBTISCH, *gearbeitet für Kurfürst Max Emanuel von Bayern. Paris, Anfang 18. Jh. – 82 x 131 x 74 – München, Bayerisches Nationalmuseum.* Durch ihre größere Leichtigkeit und Eleganz zeichnen sich die in Paris in Boulle-Technik für den bayerischen Hof gearbeiteten Möbel vor dem gleichartigen in München hergestellten Mobiliar aus. Die S-förmigen, diagonal angeordneten Beine, die von kleinen Kugeln noch vom Boden abgestoßen werden, lassen die Schwere des Kastens nicht empfinden. Ein feines, aus Schildpatt und Messing ausgeschnittenes Ornament charakterisiert die einzelnen Flächen, Fächer und Stege.

67 SCHRANK. *Schleswig-Holstein, 1641. – 216 x 171 x 64 – Nürnberg, Germanisches Nationalmuseum.* In Schleswig-Holstein sind geschnitzte Schränke bis weit ins 17. Jh. beliebt und haben in der Nachfolge der berühmten Schnitzer Ringelink und Gudewerdt eine hohe Qualität bewahrt. So entspricht auch dieser 1641 datierte Eichenholzschrank im Aufbau einem Ringelink-Schrank, den das Flensburger Museum bewahrt. Die irreguläre Aufteilung der »Schenkschive« (jedoch mit seitlich zu öffnender Mitteltür) ist ebenso erhalten wie die Thematik der Bilder oder die seitlichen Hermkaryatiden, welche die Geschosse tragen. Doch sind vor allem diese Einzelfiguren plastischer und bewegter, die Ornamente räumlich und realistisch, ja mitunter setzt schon jene Verknorpelung ein – hier deutlich beim Rahmenwerk der Caritas in der Mitte des oberen Geschosses –, die den Schmuck des 17. Jhs. charakterisiert.

68 SCHRANK. *Flandern, Anfang 17. Jh. – 236 x 197 x 84 – Frankfurt a. M., Museum für Kunsthandwerk.* Die Niederländer haben länger an einem einfachen Möbeltyp festgehalten als ihre Nachbarn. Der ebenso zweckmäßig wie gediegen eingerichtete Gebrauchsschrank ist viertürig, das Zwischengeschoß wird für Schubladen genutzt. Den Rahmen betonen schlichte Ornamente, welche die traditionelle Eichenholzschnitzerei fortsetzen. Ein großzügiges Kassettenmuster gliedert die Türflächen, an denen Löwenköpfe als Griffe dienen.

69 SCHRANK. *Nördliche Niederlande, 1648. – 200 x 140 x 59 – Hamburg, Museum für Kunst und Gewerbe.* Dieser holländische Eichenschrank erscheint reicher durch die Halbsäulen, die von liegenden Löwen getragen werden, und das breite, ganz mit Schnitzereien ausgefüllte Gesims, das seinen oberen Abschluß bildet. Mit dem hohen Untergeschoß und seinem flacheren Aufsatz folgt er der Form des Aufbauschrankes, ohne jedoch den oberen Kasten auch räumlich hinter die Hauptfront zurückzuschieben. Wie noch bei allen niederländischen Schränken des 17. Jhs., betont der Schmuck immer auch die tektonische Gliederung, ohne jener Üppigkeit zu verfallen, die oft das Mobiliar der südlichen Länder kennzeichnet.

70 SCHRANK. *Nördliche Niederlande, 2. Hälfte 17. Jh. – 249 x 266,5 x 98 – Amsterdam, Rijksmuseum.* Der barocke zweitürige holländische Schrank ist ganz mit Ebenholz über Eichenkern furniert; die Säulen sind gedreht, die Schnitzereien dekorativ über Gesims, Kapitelle, Schubladen und die »Kissenpolster« der Türen verteilt. Die kraftvollen Melonenfüße tragen schwer an dem massiven Kasten. In dieser Form steht der holländische »Kast« dem Hamburger »Schapp« und seinen norddeutschen Verwandten sehr nahe. Wie bei manchen dieser Schränke ist auch hier das Schloß unter dem Dekor verborgen. Erst nachdem man den Schaft der mittleren Halbsäulen seitwärts gerückt hat, gelangt man an das Schlüsselloch. Mit gleicher Raffinesse sind auch die Hohlräume der »Kissen« als Geheimfächer ausgestattet.

71 SCHRANK. *Utrecht, um 1650/60.* – *240 x 151 x 56,5* – *Hamburg, Museum für Kunst und Gewerbe.* In ihrer Einfachheit und der großzügigen Felderaufteilung liegt die Schönheit der holländischen Barockschränke. Bei diesem mit Ebenholzeinlagen geschmückten Eichenkasten sind die Türen durch große Rundbogen motiviert, die dem Schrank eine ungewöhnliche Schlankheit verleihen. Auch die schmal gehaltenen seitlichen, durch Felder unterteilten Pilaster suchen dieses Bestreben noch zu fördern. Selbst das weit vorkragende Abschlußgesims entbehrt jeder Schwere, da ein schmuckloser Zwischengurt es vom Schrankkörper trennt und drei Konsolen es zu lösen scheinen. Einen derartigen Schrank hat Pieter de Hooch in seinem Gemälde »Der Leinwandschrank« porträtiert und in einem reizvollen Innenraum dargestellt.

72 Schrank. *Hamburg, 2. Hälfte 17. Jh. – 225 x 206 – Nürnberg, Germanisches Nationalmuseum.* Von etwa 1660–1680 wurden in Hamburg die viertürigen Schränke hergestellt. Dann kamen sie schnell außer Gebrauch, da sich auch hier der zweitürige Kasten durchsetzte, in dem man gemäß der »spanischen« Mode die Kleider hängen konnte. Die altertümlichen Modelle kamen dann häufig in die Bauernhäuser des Hamburger Hinterlandes (Vierlande), woher auch dieser mit Nußbaumholz furnierte Schrank stammt. Neben einem Schubladengeschoß enthält er die beiden mit je zwei Türen versehenen Stockwerke, die durch gedrehte Säulen an den Seiten und in der Mitte architektonisch gegliedert sind. Das Abschlußgesims ist gerade, aber reich profiliert und verkröpft. Die Kehlung der Türfelder erstreckt sich von den hier gezeigten einfachen Rechteckfeldern bis zu spitzovalen, mit Schnitzereien versehenen und verkröpften Füllungen.

73 SCHRANK. *Hamburg, 1682. – Höhe 250 – Hamburg, Museum für Kunst und Gewerbe.* Der frühest datierte zweitürige Hamburger Schrank ist dieses »Schapp« von 1682. Neben den großen glatten Nußbaumflächen, die zu profilierten und verkröpften spitzovalen Füllungen auf den Türflügeln ausgearbeitet sind, die Schmalseite wie die Schubfächer gestalten und das weit vorkragende Abschlußgesims formen, beherrscht vor allem eine reiche Verzierung durch aufgeleimte Schnitzereien die Fassade. Fruchtgehänge schmücken die von Engelköpfen bekrönten Pilaster, während in den Zwickeln der Türen die vier Weltteile verkörpert werden. In der Massigkeit seiner Erscheinung ist ein solcher Schrank die Verkörperung des Selbstbewußtseins bürgerlichen Patriziats im Barock.

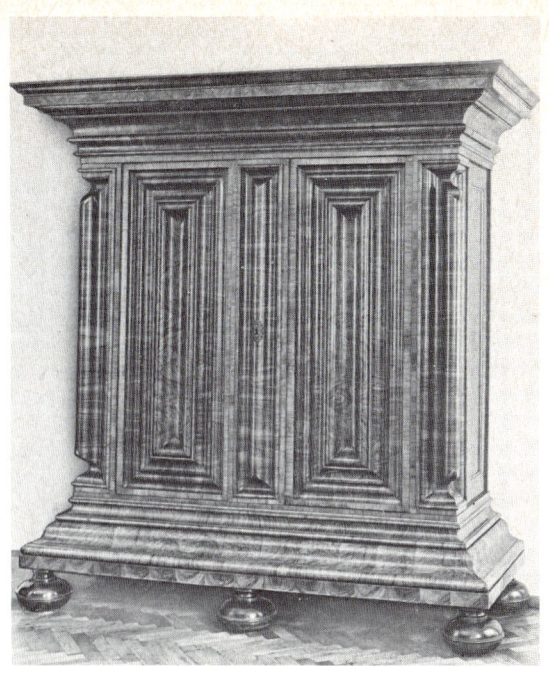

74 SCHRANK. *Frankfurt a. M., Anfang 18. Jh. – 234,5 x 215 x 84 – Frankfurt a. M., Historisches Museum.* Beim typischen Frankfurter Schrank ruht der Sockel auf fünf abgeflachten Kugelfüßen. Die beiden hohen Türen sind zwischen seitliche Ecklisenen – hier »Ecknasen« – eingespannt, denen eine Lisene in der Mitte entspricht, die architektonisch als Stütze empfunden wird, aber eine Einheit mit dem rechten Türflügel bildet. Das abschließende Gesims kragt weit vor und überragt in seiner Breite und Tiefe die anderen Glieder des Schrankes. Alle Flächen sind in breite Rundungen, Kehlen und Wulste aufgelöst, nur beim Abschlußgesims und am Sockel sind mitunter eckige Profile spürbar. Durch den Glanz des polierten Nußbaumfurniers erhält das Möbel seine spiegelnde Fassade.

75 SCHRANK. *Frankfurt a. M., um 1700. – 235,5 x 226 x 89 – Frankfurt a. M., Museum für Kunsthandwerk.* Schnitzereien sind beim Frankfurter Schrank fast ausschließlich auf die immer korinthisch gebildeten Kapitele oder Pilaster und Säulen beschränkt (eine Ausnahme bilden die Aufsätze und Gehänge der Stollenschränke), die bei diesem schönen Beispiel noch mit Engelsköpfen geschmückt sind. Für die freistehenden Säulen wurden die Ecken abgeschrägt und ein kräftiges gefeldertes Untergeschoß geschaffen, das jedoch nicht mit Schubladen ausgestattet ist, sondern den Innenraum entsprechend vertieft. An den hinteren Ecken bilden Viertelsäulen Pendants der vorderen.

76 SCHRANK. *Ulm, Ende 17. Jh. – 241 x 162 x 54 – Ulm, Museum der Stadt.* Dieser Kleiderschrank läßt die Zweitürigkeit in seiner Anlage nicht voll erkennen. Er ist damit manchen Schränken aus Nürnberg, Regensburg und Augsburg aus der zweiten Hälfte des 17. Jhs. verwandt, die den Übergang vom viertürigen zum zweitürigen Schrank charakterisieren. Durch ihre unterschiedliche Feldereinteilung sind die Türen noch in »Geschosse« gegliedert, während die gedrehten Säulen, deren Blattkonsolen im zweiten Viertel der Schrankhöhe angebracht sind, wiederum eine andere Aufteilung betonen. In alter Form ist das Schubladengeschoß erhalten, das Gesims jedoch durch einen großen durchbrochenen Akanthusaufsatz ersetzt. Auch hier, wie fast überall beim bürgerlichen Möbel in Deutschland, wurde Nußbaumholz sowohl für die Schnitzereien als auch für den furnierten Grund verwendet.

77 Fassadenschrank. *Ulm (?), Mitte 17. Jh. – 350 x 222 x 80 – Frankfurt a. M., Museum für Kunsthandwerk.* An diesem zweigeschossigen Fassadenschrank aus Nußbaumholz wurde das Knorpelwerk in besonders reichem Maße als Schmuckmotiv verwendet. Das von dem Frankfurter Schreiner Friedrich Unteutsch in seinem Säulenbuch vorgezeichnete Ohrmuschelwerk wird hier noch weit übertroffen. Im Aufbau seines Möbels bleibt der Künstler dem Renaissancetyp verhaftet, den er um den dreiteiligen hohen Aufsatz erweitert. Der auf einem mittleren Gesimsvorsprung in gotischen Minuskeln angebrachte Brandstempel »güt«, den man auch auf einigen anderen gleichartigen Schränken kennt, hat bisher nicht zur Klärung der Herkunft dieser Gruppe, die den Ulmer Schränken am nächsten steht, beigetragen.

78 KABINETTSCHRANK *aus Schloß Montargis (Orléanais), 2. Hälfte 17. Jh. – London, Victoria and Albert Museum*. Die Marketerie aus Elfenbein, Ebenholz, Palisander und verschiedenen andersfarbigen Hölzern ist an diesem französischen Kabinett besonders üppig und bewegt. Oft sind die volutenartig gerollten Akanthusblätter lappig und großzügig gezeichnet. In den Bildfeldern sind groteske und stillebenhafte Elemente vereint. Diese Kunst der Holzintarsie hatte auf den Hauptmeister des Louis XIV, André Charles Boulle, entscheidenden Einfluß, verwendete er doch gleiche Motive in seinen Frühwerken.

79 SCHRANK *von André Charles Boulle, Paris, Ende 17. Jh. – 260 x 148 x 64 – Paris, Musée du Louvre*. Sockel und Gesims dieses Ebenholzschrankes aus den Tuilerien sind durch vergoldete Bronzebeschläge besonders hervorgehoben und vermitteln dem Kasten Standfestigkeit und durch den verjüngten Aufsatz größere Leichtigkeit. Der Schmuck ist auf wenige Felder beschränkt. Betont sind die mittleren Panneaus mit ihrer feingetönten Holzmarketerie. Das Ornament auf den Schmalfeldern ist in Kupfer und Zinn auf Schildpattgrund geschnitten.

80 KOMMODE *der Bibliothèque Mazarine von André Charles Boulle, Paris, um 1700. – Versailles, Schloß.* Ganz als dekorative Plastik hat Boulle dieses repräsentative Prunkmöbel gestaltet. Die in mächtige geflügelte Hermen verwandelten Stützen sind verselbständigt und bilden den Hauptakzent. Der Möbelkörper bleibt dagegen nebensächlich. Von vier kleinen Kreiselfüßen getragen, wirkt seine sarkophagartige Form wie zwischen die Hauptträger gehängt. In zierlichen Ranken umspielen die Ornamente aus Schildpatt und Messing die Griffe und Schlösser der Schubladen.

81 KOMMODE *von André Charles Boulle, Paris, um 1700. – 86 x 145 x 60 – Paris, Musée du Louvre.* Immer hat Boulle für seine Möbel neue Formen gewählt. Diese niedrige Kommode für das Schloß in Saint Cloud hat beinahe den Charakter eines Tisches. So kann man das Schubladengeschoß als verbreiterte Zarge deuten. Wie bei allen späteren Boulle-Möbeln ist die Marketerie aus Schildpatt und Messing vor dem Ebenholz sorgfältig auf die vergoldeten Bronzen abgestimmt.

82 Tisch. *München, um 1620. – 83 x 142 x 99 – München, Residenzmuseum.* In seinem strengen, aus Flächen gefügten Aufbau erinnert dieses Möbel an jene beiden Tische, die Herzog Albrecht V. von Bayern um 1560/70 von dem spanischen Infanten Don Carlos als Geschenk erhielt (vgl. Abb. 57). Dort wurde mit Perlmutter und Silber in Ebenholz eine ähnliche Wirkung erzielt wie hier mit Stuckmarmor und Pietra-dura-Technik. Durch die Verwendung seltener Materialien versuchte die deutsche Möbelkunst der Spätrenaissance und des Frühbarock den Anschluß an südliche, besonders aber italienische Vorbilder zu erreichen. In München ist der Stuckmarmorierer Blasius Fistulator, der als Meister dieses Tisches in Betracht kommt, namentlich bekannt.

83 Schreibtisch. *Paris, Anfang 18. Jh. – 73 x 90,5 x 55,5 – Frankfurt a. M., Museum für Kunsthandwerk.* Dieses im Boulle-Stil gearbeitete Tischchen besitzt schon den leichteren Aufbau der Régence-Möbel. Die Kraft der C-Schwünge und Voluten an den Beinen wird durch kugelförmige Untersätze gemildert. Bandelwerk bildet das Hauptelement des nach Vorlagen von Bérain gestalteten Dekors aus graviertem Messing und Perlmutter sowie rot, grün und blau unterlegtem Schildpatt in Ebenholzrahmen. Wie bei spätmittelalterlichen und Renaissance-Tischen kann die Deckplatte aufgeklappt werden, um ein im Tischkasten eingebettetes niedriges Geschoß mit drei kleinen Schubladen und die mit grünem Samt ausgeschlagene Schreibplatte freizugeben, die durch die herabgeklappte Vorderzarge noch verlängert wird.

84 Bureau plat *von André Charles Boulle, Paris, Anfang 18. Jh. – 80 x 201 x 106 – Paris, Musée du Louvre.* Der flache lange Schreibtisch mit zwei oder drei Schubladen ist eine Schöpfung der Boulle-Zeit. Zum bequemeren Sitzen wurde die Mitte der Zarge zurückgesetzt. Mit kraftvollen Akzenten hat Boulle auch hier den Umriß modelliert. Die Beine sind diagonal gestellt, am Ansatz der Zarge als Volute vorgebaucht und mit Goldbronzen dekoriert. Von gleicher Bestimmtheit sind die C-Schwünge, welche die Dreiteilung der Zarge hervorheben. Wie gewöhnlich schmücken Einlagen in Messing und Schildpatt die Flächen. Die Tischplatte ist mit Leder bezogen und mit vergoldeten Bronzen eingefaßt. Der Schreibtisch soll für Colbert, den Finanzminister Ludwigs XIV., gearbeitet worden sein.

85 Tisch. *Nördliche Niederlande, 2. Hälfte 17. Jh. – 69 x 110 x 70,5 – Amsterdam, Rijksmuseum.* Der Tisch ruht auf vier kräftigen, spiralig gedrehten Säulenbeinen, die durch einen Steg in der Form eines doppelten Y verbunden sind. Tischplatte, Zarge und Steg wurden mit ausgesuchten Wurzelstücken aus Akazie furniert, über deren Fond auf der Tischplatte geometrische Sternornamente verteilt sind. Wechselnd helle und dunkle Stücke aus Atlas- und Ebenholz betonen die Kante. Eine Breitseite der Zarge wird von einer Schublade ausgefüllt.

86 KLAPPTISCH. *England, Mitte 17. Jh. – 74 x 135,5 x 118 – Frankfurt a. M., Museum für Kunsthandwerk.* Wie zahlreiche praktische Gebrauchsmöbel entstand dieser Klapptisch aus Buchenholz in England. Die Grundform des »Gate-leg-table« ist ein rechteckiger Tisch auf vier Balusterbeinen, an dessen Längsseiten zwei halbovale tischbreite Klappen angehängt sind. In das Gestell wurden außerdem zwei ausschwenkbare Balusterstützen eingesetzt, welche die Klappen bei Bedarf in waagerechter Lage unterstützten und damit die Tischplatte zu einem großen Oval ausweiteten. Durch die Vielzahl seiner schlanken Baluster und Kugelfüße sowie die schräggestellten kantigen Zwischenstege erhält das einfache Gestell einen besonderen Reiz.

87 AUSZIEHTISCH. *Nördliche Niederlande, 1. Hälfte 17. Jh. – 86 x 170 x 84 – Amsterdam, Rijksmuseum.* Der lange, auf Balusterbeinen ruhende Tisch mit dem umlaufenden Fußsteg stand in den Rathäusern und öffentlichen Gebäuden der holländischen Städte. Festliche Festons schmücken die vasenförmigen Baluster; auch der übrige Schmuck des Eichentisches ist detailliert ausgearbeitet. Am Fußsteg sind selbst die Innenkanten mit einem Flechtband ornamentiert.

88 KONSOLTISCH. *Frankreich, Anfang 18. Jh. – 79 x 94 x 53 – Frankfurt a. M., Museum für Kunsthandwerk.* Seit der Louis-XIV-Zeit ersetzt der Konsoltisch die Kredenz und wird im Laufe des Jahrhunderts für den vertäfelten Raum als Dekoration immer unentbehrlicher. Die Vergoldung des Holzes und die Verwendung figuraler Motive entsprechen dieser Bestimmung. Ein weiblicher Kopf in einer Kartusche betont die Mitte der Zarge, die von Blütenranken und Gitterwerk ornamentiert wird. Wie bei Skulpturen ist das Holz grundiert und mit Blattgold gefaßt.

89 ARMSTUHL. *Nördliche Niederlande, Mitte 17. Jh. – 117 x 55,5 x 42 – Amsterdam, Rijksmuseum.* Wie gedrehte Säulen als Verfeinerung und Schmuck an Kastenmöbeln im 17. Jh. immer häufiger werden, so verwendet man in Holland dieses Motiv gegen Mitte des Jahrhunderts auch bei Stühlen. Frankreich hatte schon in der Zeit Heinrichs IV. Sessel mit gedrehten Beinen, Sprossen und Lehnen. Durch die gelängte Drehung wirken die holländischen Stühle hochbeiniger und leichter, außerdem ist die Rückenlehne dieser Sitze höher als bei den französischen. Die Zapfstelle der Fußstege wurde schon bei den französischen Sesseln durch kantige Klötze verstärkt. Auch in Holland ist das Gestell nun aus Nußbaum.

90 STUHL. *Nördliche Niederlande, Mitte 17. Jh. – 111 x 43,5 x 37 – Amsterdam, Rijksmuseum.* Galerien von Ebenholzbalustern in der Rückenlehne, architektonisch durch Arkadenbögen motiviert, bilden bei diesem holländischen Palisanderstuhl einen den vielgliedrigen Balusterbeinen mit ihrem doppelten Sprossenkarree entsprechenden zierlichen Schmuck. Eine flache Schnitzerei vor gepunztem Grund bereichert die tektonischen Glieder. Die einander zugewandten, Wappen haltenden Löwen auf den Eckpfosten sind wie fast immer die einzigen freiplastischen Schnitzereien.

91 ARMSTUHL. *Nördliche Niederlande, 2. Hälfte 17. Jh. – 122 x 63 x 55 – Amsterdam, Rijksmuseum.* Der holländische Nußbaumstuhl mit Rohrgeflecht auf Sitz und Rückenlehne hat seine Vorbilder in der ersten Jahrhunderthälfte in Flandern und Frankreich. Bezeichnend sind der durchbrochen gebildete Steg zwischen den Vorderbeinen und die durchbrochene ovale Umrahmung der Lehne. Auch in Deutschland und England ist dieser Stuhltypus gleichzeitig heimisch geworden.

92 ARMSTUHL. *Spanien, 1. Hälfte 17. Jh. – 140 x 65 x 59,5 – Frankfurt a. M., Museum für Kunsthandwerk.* Der spanische Stuhl, der vor allem in den spanischen Niederlanden Verbreitung fand, ruht wie der holländische auf Balusterpfosten, die durch gedrechselte Stege verbunden sind und vorn mit einem geschnitzten Frontbrett zusammengehalten werden. Die Armlehnen sind bequem geschweift und vorn als Voluten gerundet. Beherrschend wirkt die hohe Rückenlehne, wie der Sitz mit Leder bezogen. Akanthusranken und Wappen bilden den imposanten Schmuck, der in das Leder gepreßt, gepunzt oder geschnitten wurde. Meistens sind die Stühle aus Nußbaum gefertigt, jedoch hat man mitunter auch noch Eichenholz, wie hier zum Beispiel, verwendet.

93 FAUTEUIL. *Frankreich, Mitte 17. Jh. – Paris, Musée des Arts décoratifs.* Der französische Lehnstuhl ist in seinen Proportionen ausgewogen, die Rückenlehne selten so hoch wie bei den gleichartigen Sitzen der Nachbarländer. Geschnitzte Balusterbeine auf gedrückten Kugelfüßen, durch Stege H-förmig verbunden, bilden das Gerüst, wie es in dieser Form in der Louis-XIII-Zeit ausgebildet worden ist. Die Armlehnen sind bequem geschweift, und auch die Stützen nehmen diese Bewegung auf; die Rücklehne neigt sich leicht nach hinten.

94 FAUTEUIL. *Frankreich, um 1700. – Paris, Musée des Arts décoratifs.* Die kantigen, reich geschnitzten und vergoldeten Balusterfüße sind das Hauptmerkmal der späten Louis-XIV-Sessel. Meistens sind sie H-förmig durch Sprossen verfestigt oder wie hier durch diagonale Volutenstege, deren Kreuzungspunkt aufgewölbte Akanthusblätter noch besonders betonen. Die ebenfalls vergoldeten Armlehnen wirken wie flach gerillte Bänder.

95 LIT DE REPOS. *Frankreich, um 1700. – Paris, Musée des Arts décoratifs.* Als Lagerstätte für eine kurze Ruhepause während des Tages schuf die Zeit Ludwigs XIV. das sogenannte »Lit de repos«, das dem englischen »Day-bed« verwandt ist. Es besteht aus einer langen rechteckigen Liege mit einer Lehne an einer der Schmalseiten. Das Lit de repos hat oft ein Rohrgeflecht oder noch häufiger Polsterung. Durch geschwungene Stege längs und quer verbunden, tragen acht kantige Balusterbeine den Rahmen.

96 DAY-BED. *England, Ende 17. Jh. – London, Victoria and Albert Museum.* Das englische Tagesbett ist aus dem Stuhl entstanden. Deutlich kann man sehen, wie die mit Rohrgeflecht bespannte Sitzfläche nach vorn verlängert und die Rücklehne etwas mehr zurückgebogen wurde. Der geschnitzte Schmuck bleibt der gleiche wie am Stuhl. Balusterbeine auf Klauenfüßen, durch gedrechselte Stege paarweise verfestigt, stützen den Rahmen. Durchbrochen geschnitzte Zierbretter schmücken die Schauseiten und erhöhen zugleich den Halt der Pfosten, da auf Längsstege verzichtet wurde. Reiche Akanthusschnitzereien lenken den Blick ebenso auf die Lehne, die durch leicht gebogene Sprossen der Rundung des Rückens bequem angeglichen ist.

Rokoko

97 SPIEGELSCHRANK *von Sang und Körblein, Braunschweig, 1751/52. – Höhe 269 – Braunschweig, Herzog-Anton-Ulrich-Museum.* Nur an den Details läßt sich die Zugehörigkeit dieses prunkvollen Spiegelschrankes zum Rokoko ablesen; die Gliederung ist schwerfällig und barock. Ein Untergeschoß mit drei Schubladen ruht auf vier mit Akanthus verzierten Voluten, zwischen denen ursprünglich eine sehr reiche rocailleförmige Schnitzerei angebracht war. Der Aufbau ist zweitürig und trägt einen eckigen profilierten Giebel. Alle Flächen wurden mit geschliffenen Spiegelplatten belegt und mit versilberten Bleifassungen befestigt. Die plastischen Glieder leuchten in vergoldeter Bronze. Der Schrank ist eines der prachtvollsten Beispiele der bedeutenden Braunschweiger Spiegelfabrik.

98 KUNSTSCHRANK *aus Schloß Salzdahlum bei Braunschweig, Anfang 18. Jh. – 244 x 127 x 42 – Hamburg, Museum für Kunst und Gewerbe.* In einer Reihe dieser Schränke verwahrten die Braunschweiger Herzöge ihre Elfenbeinsammlung. Die Schmalseiten, die abgeschrägten Ecken zwischen den Pilastern wie die Türfelder sind mit durchbrochenen vergoldeten Messinggittern versehen, die bei allen Schränken variieren. Nußbaum-, Eschen- und Palisanderfurniere gliedern die Holzteile durch bandelwerkgerahmte Felder. Ungewöhnlich schwer, wie bei den meisten Braunschweiger Möbeln bis zur Jahrhundertmitte, sind noch die Akanthusfüße gebildet.

99 SCHRANK. *Lübeck, um 1740. – Hamburg, Museum für Kunst und Gewerbe.* Zum bürgerlichen Prunkmöbel des Rokoko wurde in Deutschland der Aufsatzschrank. Sein Grundtyp ist immer gleich: eine Kommode, meist mit drei Schubladen, als Untersatz, der Aufbau ein- oder zweitürig mit Giebel. Dieser im Umriß einfache Schrank entfaltet seinen Prunk sowohl in dem Gegensatz von dunklem Nußmaserfurnier zu den vergoldeten Schnitzereien als auch in den Goldbronzebeschlägen der Schubladen und dem großen Spiegelfeld in der Tür.

100 SCHRANK. *Breslau, um 1740. – 212 x 192 x 78 – Frankfurt a. M., Museum für Kunsthandwerk.* In seinem barocken Aufbau mit den von korinthischen Kapitellen gekrönten Pilastern und den verkröpften Türfeldern mit ihren Intarsien steht dieser Schrank den Braunschweiger Arbeiten der Jahrhundertmitte nahe. Figurale Elfenbeineinlagen in hellem Nußmaserfurnier – aus Braunschweiger Werkstätten sind ähnliche bekannt – schmücken die Türfüllungen. Wie an den schräg gestellten Eckpilastern ist in der Mitte ein kleiner intarsierter Schieber eingelassen, der das Schlüsselloch verdeckt. In Breslau war dieser Schranktyp während des ganzen 18. Jhs. als Meisterstück vorgeschrieben.

101 VITRINENSCHRANK. *Lüttich, um 1750.* – *243 x 130 x 42* – *München, Kunsthandlung Fischer-Böhler.* Im Untersatz dieses eichenen Vitrinenschrankes wurde die Form der Kredenz mit zwei Türen und Schubladen unverändert beibehalten. Der verglaste Aufsatz ist etwas schmaler und dreiachsig gegliedert. Durch einen zusätzlichen Schubladengurt wird der Übergang geschickt vermittelt. Bezeichnend ist, wie die flachen Schnitzereien die Felder- und Lisenenrahmen an zwei gegenüberliegenden Stellen in Ranken, Rocaillen, Blüten und Gehängen umspielen.

102 SCHRANK. *Lüttich, um 1770.* – *Trier, Städtisches Moselmuseum.* Bei diesem Eichenschrank ist der Kontrast des eckigen Kastens zum geschnitzten Dekor besonders auffällig. Das Möbel verkörpert den gebräuchlichsten Typ mit zwei Türen und zwei Schubladen, Mittellisenen und zwei schräg gestellten Eckpilastern auf Kugelfüßen. Doch die Schnitzerei ist ungewöhnlich plastisch und aufgelockert. In der liebevollen Hingabe ans Detail und dem ganz naturalistischen Blumendekor verspürt man trotz der altertümlichen Schrankform den Hang zum gefühlvolleren Louis XVI.

103 BÜCHERSCHRANK *von Thomas Chippendale, London, um 1760. – 218,5 x 147,5 x 61,5 – London, Victoria and Albert Museum.* Chippendales Bücherschränke sind meist dreiteilig, häufiger mit vorgezogener Mitte; bei diesem »bookcase« aus Mahagoni sind jedoch die erhöhten Seitenteile leicht vorgesetzt. Die Schnitzerei besonders im Aufsatz entspricht seinen Entwürfen im gotischen Stil ebenso wie die spitzbogig hochgeführten Giebel. Wie bei allen diesen Schränken ist der Oberteil verglast, der untere mit Türen verschlossen. Die besonders fein linear und in Bogen geführten Rundstege lassen an keiner Stelle das Gefühl von Schwere aufkommen. Der Entwurf auf Tafel LXXXIX der dritten Ausgabe des ›Director‹ ähnelt diesem ausgeführten Exemplar sehr.

104 SPIEGELKABINETT. *Nördliche Niederlande, um 1750. – 237 x 179 x 63 – Amsterdam, Rijksmuseum.* Dieser besonders fein mit Nußwurzel und Rosenholz auf Eichenkern furnierte holländische Spiegelschrank ist in seinem Aufbau viel einheitlicher, als man es sonst bei holländischen Schränken dieser Zeit gewohnt ist. Die schmale Hohlkehle zwischen Aufsatz und Untergeschoß fällt kaum auf, viel stärker wirkt der von den Füßen bis zum Giebel durchgezogene Linienrhythmus in den Ecklisenen und den Schmalseiten. Einen außergewöhnlichen Schmuck der Türflügel stellen die Spiegel mit chinesischer Hinterglasmalerei dar.

105 SCHREIBSCHRANK *von Martin Schnell (?), Dresden, um 1740.* – 240 x 117 x 57 – *Frankfurt a. M., Museum für Kunsthandwerk.* Für die Ausstattung der königlichen Schlösser in Dresden und Warschau sowie die Palais des Adels hat Martin Schnell ausgezeichnete Lackmöbel hergestellt. Die Außenseiten sind rot lackiert, die Felder mit Gold-, Silber- und Brokatborten gerahmt und mit Chinoiserien in Reliefgoldlackmalerei verziert; dazwischen sind einzelne Chinesen und Figurengruppen aus getriebenem Goldblech verstreut. Reiche Goldbronzebeschläge schmücken besonders die Pultplatte, die Spiegeltür und die Schubladen. Im Innern wurde der prachtvolle Schrank türkisblau lackiert und ebenfalls mit chinesischen Goldlackmalereien ausgestattet.

106 SCHREIBSCHRANK. *England, um 1740.* – *London, Victoria and Albert Museum.* Der englische Schreibschrank, aus dem »Cabinet-on-stand« entwickelt und auf dem Kontinent, besonders in Deutschland, im 18. Jh. nachgeahmt und weit verbreitet, besteht aus einem kommodenartigen Unterbau, über dem sich die Schreibplatte und ein zweitüriger Schrank mit zahlreichen Fächern und Schubladen befinden. Ein in der Mitte offener halbrunder Giebel, auf dessen Podesten mitunter Chinavasen aufgestellt wurden, schließt das Möbel nach oben ab. Das abgebildete Exemplar, in dessen Türen auf der Außenseite Spiegel eingesetzt sind, ist vollständig mit chinesischen Landschaften und Figuren in Goldlackmalerei dekoriert.

107 SCHREIBSCHRANK. *Mainz, um 1750/60. – 226 x 132 x 65 – Frankfurt a. M., Museum für Kunsthandwerk.* Die schräggestellte, leicht geschwungene Schreibplatte läßt die drei Geschosse dieses Schrankes nicht so stark hervortreten. Sie werden zudem durch die teilweise freistehenden Bandvoluten an den Ecken, die ihre Schwünge von Stockwerk zu Stockwerk bis zum Giebel weiterzugeben scheinen, eher verbunden als getrennt. Reizvoll wird dieses Bewegungsspiel in der Marketerie der Türfelder variiert. Bezeichnend für viele Mainzer Schränke ist die an- und abschwellende, mit Schnecken und Bändern ornamentierte Mittelleiste zwischen den Türen. Sie verweist noch einmal auf die großartig gewundene Akanthusranke des Giebels, deren Gegenpol eine asymmetrische Rocaille in der Mitte der Zarge über dem Fußboden darstellt.

108 SCHREIBSCHRANK. *Franken, 1. Hälfte 18. Jh. – Würzburg, Mainfränkisches Museum.* Der bürgerliche Würzburger Schreibschrank, den meistens eine einfache noble Nußbaummarketerie verkleidet, hat den gleichen schwerfälligen Aufbau wie C. M. Matterns Prunkschränke. Der wuchtige, kommodenförmige Untersatz mit vier Schubladen ist an der Front eingebuchtet, die Ecken sind abgeschrägt. Obwohl weit hinter die schräge Schreibplatte zurückgesetzt, wirkt der hohe Aufsatz drückend. Außer den schwellenden Formen erweckt vor allem die gleichmäßige Gliederung von Aufsatz und Unterbau einen mächtigen Eindruck.

109 AUFSATZKOMMODE. *Würzburg, um 1740. – Würzburg, Mainfränkisches Museum.* Das bürgerliche Würzburger Möbel, oft Schrank, Kommode, Sekretär und Kabinett in einem, zeichnet sich meist durch seinen originellen Aufbau aus. Kaum anderswo findet man einen Möbelkörper, der so durch konkave und konvexe Schwünge, die zueinander führen und voneinander fortstreben, ausgeformt wurde. Die Oberfläche ist mit ausgesuchtem Nußholzfurnier bedeckt.

110 SEKRETÄR *von Jean François Oeben. Paris, gegen 1760. – 150 x 106 – München, Residenzmuseum.* Oebens Möbel sind im Umriß schlicht und zurückhaltend, doch von großer Feinheit und Eleganz. An diesem Sekretär hat er die Ecken gerundet und den niedrigen Aufsatz verjüngt. Sparsam wurden die Bronzen als Rahmen angebracht. Die Bekrönungsgruppe gilt als Werk von Duplessis. Wenn auch das Band- und das Gitterwerk auf der Verschlußklappe altertümlich wirken mögen, so sind doch die Blumenstücke in ihrer bezaubernden Frische und naturalistischen Wiedergabe ganz spätes Rokoko. Wie immer ist die Ausstattung mit Schüben und Geheimfächern technisch vollendet.

111 SEKRETÄR *von Abraham Roentgen, Neuwied, um 1765/70. – 154 x 100 x 44 – München, Kunsthandlung Fischer-Böhler.* Das verhältnismäßig hohe Gestell auf vier Bocksbeinen, die durch breite geschwungene Zargen verbunden sind, verwendete Roentgen seit seiner Frühzeit auch für Kommoden, Tische und Sitze. Der Schrankkasten wirkt als selbständiger Körper, der im unteren Teil leicht ausgebaucht, sonst linear begrenzt ist. Prachtvolle Blütenzweige, die mit farbigen Hölzern in die Frontfelder eingelegt sind, sowie die mit flatternden Bändern geschmückten Gehänge an den Schmalseiten weisen schon Abraham Roentgen als den feinsinnigen Intarsiator aus. Auch der Innenausstattung gab er durch erlesene Hölzer neue Akzente.

112 SCHRANK *von Charles Cressent, Paris, 1. Hälfte 18. Jh. – Paris, Musée des Arts décoratifs.* Von geradezu klassischer Einfachheit sind die Schränke Cressents: ein glatter Kubus auf niedrigem, ausgeschnittenem Sockel, das abschließende Gesims als flach gedrückter Bogen geführt. Große rechteckige Felder, an den Ecken eigenwillig nach innen gebogt, unterstützen die hohen Türflügel. Allein aus der in der Struktur ständig wechselnden Rosenholzmarketerie gewinnt das Äußere seine nuancierte Farbigkeit, die durch reizvolle Goldbronzebeschläge noch bereichert wird.

113 KOMMODE *von Charles Cressent, Paris, um 1725. – München, Residenzmuseum.* Die Marketerie Cressents ist Folie für die prunkvollen vergoldeten Bronzen, deren Bewegungsrhythmus auch auf den Möbelkörper übergreift, so daß gegenüber dem Louis XIV. eine größere Vereinheitlichung stattfindet. An den Beinen dieser prachtvollen Kommode wachsen Palmen empor, auf denen Nymphen sitzen. Aus ihren Füllhörnern erhält die Front ihren Blumenschmuck, den naturalistisch verändertes Bandelwerk zur Mitte hin fortsetzt. Daß die Unterarme der Nymphen beim Öffnen der unteren Schublade abgetrennt werden, erscheint noch als ungelöstes Problem, obwohl die Bruchstellen durch die Enden der Füllhörner überdeckt werden.

114 KOMMODE, *Joseph Baumhauer zugeschrieben, Paris, Mitte 18. Jh. – 90,2 x 179,1 x 73,7 – London, Wallace Collection.* Diese Kommode weist zwei Schubkästen vorn und je ein Schränkchen an der Seite auf; klar dringt die Konstruktion an die Außenhaut, deren subtile Furniere aus Casuarina-, Tulpen- und Purpurholz auf dem eichenen Grund diese Gliederung deutlich markieren. Zwar vereinigen sich die Schwingungen der vergoldeten Kartusche letztlich zu einer großen Komposition, doch setzt sich die Zweiteiligkeit hier nicht minder durch und findet eine besonders harmonische Lösung für die Griffe.

115 KOMMODE *(meuble d'appui) von Pierre II Migeon, Paris, um 1740/50. – Paris, Musée des Arts décoratifs.* Die Möbel Migeons fallen durch einen ruhigen, von sparsamen Goldbronzen eingefaßten Umriß auf. Hier erhielt ein Halbschrank mit zwei Türen die Form einer Kommode. Charakteristisch für seine Werkstatt ist die feine Blumenintarsie, die Migeon fast immer mit einem Rahmen aus Bandelwerk umgibt.

116 KOMMODE *(meuble d'appui)* von Nicolas Jean Marchand, Paris, 1775. – 83,8 x 97,1 x 59 – London, Wallace Collection. Die Bronzebeschläge der Vorderseite scheinen zunächst zu verbergen, daß dieses kommodenartige Schränkchen mit zwei Türen verschlossen ist. Wahrscheinlich wurde diese Form gewählt, weil es mit einer gleich aussehenden Kommode, die aber Schubkästen aufweist, von Ludwig XV. für sein Schlafgemach in Schloß Fontainebleau bestellt wurde. Beide waren zunächst mit chinesischem Lack überzogen, der wohl nach 1787 durch das Furnier aus Rosenholz ersetzt wurde.

117 KOMMODE *von Jean Demoulin mit Bronzen von Jacques Caffiéri, Paris, um 1750. – 89 x 160 – Tours, Musée des Beaux-Arts.* Mit ihren bewegten Rahmen aus vergoldeter Bronze sind die chinesischen Darstellungen auf dieser Koromandellack-Kommode ganz als Bilder behandelt worden. Die Unterteilung der Front in zwei Schübe wurde deshalb ganz unauffällig vorgenommen. Für die Eckbronzen blieb aber zuwenig Raum, als daß sie eine verbindende Funktion hätten gleichwertig übernehmen können, und zuviel, um in deren Bildgefüge aufzugehen. So fehlt diesem Möbel, das Neues wagte, die letzte Harmonie in der Gesamtwirkung, während die Details von hoher Qualität sind.

118 KOMMODE, *wahrscheinlich von Nicolaus Bauer, Bamberg, um 1760. – 157 x 110 x 65 – Bamberg, Residenz.* Durch den sich nach unten verjüngenden Kasten und die der Wölbung des Möbels folgenden, leicht einwärts gezogenen Beine bekommt die Kommode etwas Bizarres, wie man es ähnlich von italienischen Möbeln kennt. Charakteristisch ist auch die starke Muldung der mit Nußbaum sorgfältig parkettierten Flächen sowie die Rundung der vorgezogenen Ecken und die Abgrenzung der Beine und Zarge durch verstärkte Rundprofile.

119 KOMMODE *von Abraham Roentgen, Neuwied, um 1755. – 83 x 115 x 64 – Pommersfelden, Schloß.* Bei Roentgens Kommode mit schlichtem Nußmaserfurnier wird das Untergestell mit der tief herabgezogenen Zarge und den kurzen, geschweiften Geißbeinen durch eine kräftige Profilleiste von dem Schubladenkasten getrennt. Da dieser Aufbau mit einer Schwingung im Gegensinn antwortet, die an den vorderen Ecken betont wird, ist ein gegenseitiges Spannungsverhältnis gegeben, das auch in der übrigen Schweifung des Möbelkörpers zu spüren ist und Roentgens Möbel so kraftvoll erscheinen läßt.

120 KOMMODE. *Potsdam, um 1740/50. Berlin, Schloß Charlottenburg.* Unter den Möbeln der friderizianischen Zeit fällt diese Kommode durch ihre kühn ausschwingenden Beine besonders auf. Der Korpus, der vorn zwei Schübe aufnimmt, ist mit Palisanderholz furniert. Die schlanken, sorgfältig bearbeiteten Goldbronzen erinnern an Hoppenhaupts Entwürfe, doch entspricht der vollendet komponierte Gesamttyp mehr Knobelsdorffschen Möbeln, sofern ihm die Eckschränke in den Arbeitszimmern Friedrichs des Großen zu Recht zugeschrieben werden.

121 KOMMODE *nach Entwurf von François Cuvilliés d. Ä., geschnitzt von Johann Adam Pichler, München, 1761. – 88 x 167 – München, Residenzmuseum.* In dieser für die Kurfürstenzimmer geschnitzten Kommode hat sich die Extravaganz früherer Cuvilliésscher Entwürfe zu organischer Klarheit beruhigt. Bei den vergoldeten Ornamenten werden in den hängenden Girlanden bereits Anklänge an das Louis XVI spürbar, während der ganze Aufbau die einfache Konzeption Cressentscher Möbelgestaltung aufgreift, ohne allerdings die Elastizität seiner Linienführung fortzusetzen. Wie oft bei den Möbeln des 18. Jhs. sind die Schübe ohne Beziehung zu Ornament und Form eckig in den Korpus eingefügt.

122 ECKSCHRANK *von Jacques Dubois, Paris, um 1760. – 90 x 88 x 54 – Frankfurt a. M., Museum für Kunsthandwerk.* In dieser zierlichen Encoignure zeigt sich Dubois als Ebenist des Louis XV. Nach dem Duktus der eleganten Goldbronzebeschläge wurden die Rosenholzfurniere ausgewählt und strahlenförmig den Rocaillen zugeordnet. Schwerer und betonter sind die Bronzeornamente an den fünf markanten Punkten des Rahmens, dessen Funktion dadurch eine wichtige Stütze empfängt.

123 ECKSCHRANK *von Bernard van Risenburgh, Paris, um 1750. – 89 x 75 x 54 – München, Residenzmuseum.* In diesem Eckschränkchen verbindet der berühmte Pariser Ebenist zarte Blumenintarsien in einem dezenten Goldbronzerahmen. In ihrer Kombination liegt die Kunst van Risenburghs. Die Möbelform an sich beschäftigt ihn weniger; jedenfalls macht er keinen Versuch, den geradlinigen Aufbau durch Beschlag dem Linienrhythmus der Türfelder anzugleichen.

124 Bureau du Roi Louis XV. *von François Oeben und Jean Henri Riesener, Paris, 1760/69. – 145 x 182 x 92 – Paris, Musée du Louvre.* Als Oeben 1763 starb, war erst der Rahmen dieses Rollbureaus fertig. Riesener vollendete es bis 1769. Für die Bronzen wurden die Bildhauer Duplessis und Winant sowie der Ziseleur Hervieux herangezogen. Die Gliederung des mit Schmuck überladenen Prunkmöbels, dessen Rollmechanismus für Frankreich damals neu war, ist durch kräftige Goldbronzen betont, die in Form von Palmzweigen an den Stützen emporwachsen, die Schübe umranken und in den von Genien gehaltenen Lichterarmen enden. Von der feinsinnig verteilten Marketerie werden die zierlicheren Blumenbilder Oeben zugeschrieben, während die figuralen Motive die fülligere Zeichnung Rieseners verraten.

125 SCHREIBTISCH *des Kurfürsten von Trier, Johann Philipp von Walderdorf, von Abraham und David Roentgen, Neuwied, um 1765. – 148,5 x 113 x 62 – Amsterdam, Rijksmuseum.* Auch Roentgens Prunkschreibtisch wirkt massig und schwer, zumal die kürzere und gedrungenere Form noch mit einem tabernakelartigen Aufsatz belastet ist. Goldbronzebeschläge sind nur sparsam als Schuhe, Eckstücke oder als Mittelornament verwendet. Doch schmücken große Bildintarsien, die von Rahmen mit Marketerie und Einlagen in Elfenbein, Perlmutter und Ebenholz eingefaßt werden, alle Flächen. Der breite Architekturprospekt, der den Klappdeckel ganz füllt, ist Schauplatz einer Apotheose auf Johann Philipp. Die Hand David Roentgens läßt sich in den harmonischen Hirtenidyllen auf den Schmalseiten des Schreibtisches (nach Stichen von Berchem) leicht erkennen.

126 DAMENSCHREIBTISCH. *Paris, um 1740. – 99 x 131,5 x 54,5 – Frankfurt a. M., Museum für Kunsthandwerk.* Der Umriß dieses eleganten Bureau de dame ist einfach und beschränkt sich auf leichte Schweifungen. Sorgfältig ausgesuchte Wurzelholzfurniere gliedern die Marketerie, in die feine Blumen und Blütenranken mit Vögeln eingebettet sind. Ein Bronzekopf betont die Mitte der schwach gewölbten Schreibplatte. Gemäß dem Aufbau wurden die inneren Schübe, von denen die seitlichen vorgezogen sind, terrassenförmig gestaffelt.

127 SCHREIBTISCH *von David Roentgen, Neuwied, 1773. – 90 x 81 x 64 – München, Residenzmuseum.* Ein Jahr vor Roentgens erster Reise nach Paris entstand dieses Zylinderbureau für die Münchner Residenz. In seinem schlichten Äußeren spürt man bereits den Übergang zum Klassizismus: Zargen und Beine sind nur mäßig geschweift. Wenige streng symmetrisch geformte Goldbronzen genügen, um das architektonische Gefüge zu festigen. In der Marketerie wurden helle Töne bevorzugt, für die man Rosenholz, Nußmaser, Zedernholz, Buchsbaum und gefärbte Hölzer verwendete.

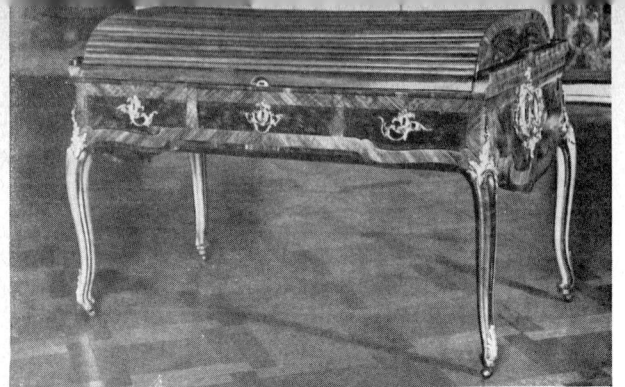

128 ZYLINDERBUREAU *des Fürstbischofs von Bamberg, Adam Friedrich von Seinsheim, gefertigt von Balthasar Herrmann, Bamberg, um 1765/70. – 97 x 142 x 73 – Bamberg, Residenz.* Man kann dieses Möbel zu den »Inkunabeln« des Zylinderbureaus zählen (Feulner). Es gibt nur wenige Vorläufer in Süddeutschland. Herrmann deckt die ganze Fläche des wie ein Bureau plat gebauten Tisches mit einem Jalousieverschluß. Das Möbel bleibt dadurch leicht und beweglich und ist durch einen Aufbau nicht einseitig orientiert. Bezeichnend für Herrmanns Stil ist die solide Marketerie in Nußbaum und Mahagoni. Auch bei Kommoden des Meisters findet man das dunkle Mahagoniband, das die Zargen unten abschließt und an den Beinen verläuft.

129 BUREAU PLAT *von Joseph Effner, München, um 1730. – Länge 170, Tiefe 79 – Nürnberg, Germanisches Nationalmuseum.* Effners Schreibtisch schließt in Form und Gliederung an französische Vorbilder an. Schon die Louis-XIV-Zeit, in der der Typ des Bureau plat entstand, hatte die Dreiteilung der Front ausgebildet. Beine und Zargen, die bei dem Boulle-Tisch des Louvre (Abb. 84) noch getrennte Glieder mit verschiedenartigen Funktionen sind, faßt Effner mit eleganten Schwüngen zusammen, wie er auch die streng rechteckige Tischplatte dem zurückgesetzten Mittelteil der Zarge entsprechend einkurvt.

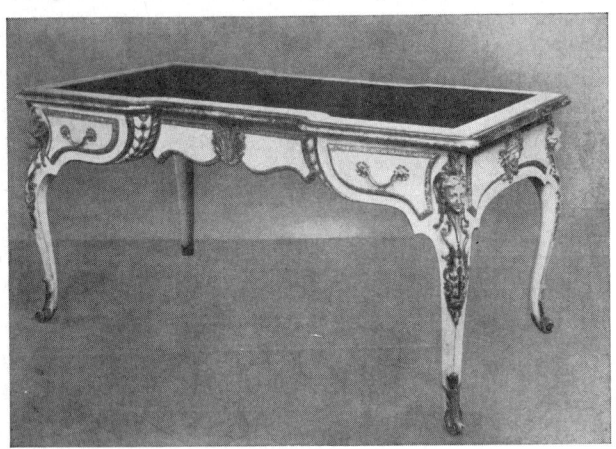

130 Bureau plat *von Louis Delaitre, Paris, 1. Hälfte 18. Jh. – 78 x 193 x 90 – Paris, Collection Kraemer.* Unter den abgebildeten Bureau plats der Régence-Zeit ist nur dieses mit Boulle-Marketerie in Messing auf Schildpatt ausgestattet, die sich jedoch durch leichtere Zeichnung von der des Louis-XIV-Meisters unterscheidet. Die von der Zarge bis zum Fuß gezogene Kontur läßt vermuten, daß dieses bezeichnete Werk wahrscheinlich nach 1738, als Delaitre die Meisterwürde zuerkannt wurde, entstanden ist.

131 Tisch *von Jean François Oeben, Paris, gegen 1760. – München, Residenzmuseum.* An den von vergoldeten Bronzebändern begleiteten, elastisch geschweiften Kurven, die Beine, Zargen und Platte einheitlich rhythmisieren, und den ausgewogenen Proportionen dieses kleinen Tisches erkennt man den bedeutenden Pariser Meister. Feine Bandintarsien, die Blumengebinde und -bouquets in ähnlichen Schwingungen umspielen, zieren wie so häufig die Platte dieses Möbels, während eine zarte Blütenmarketerie die Zargenfelder und Innenfächer schmückt. Durch einen Federmechanismus löst sich die Schublade nach vorn. Wie bei einem fast gleichen Tisch des Amsterdamer Rijksmuseums enthält sie seitliche, mit Klappdeckeln verschlossene Fächer, während sich die mit einem Lackbild dekorierte Mitte als Lesepult aufrichten läßt.

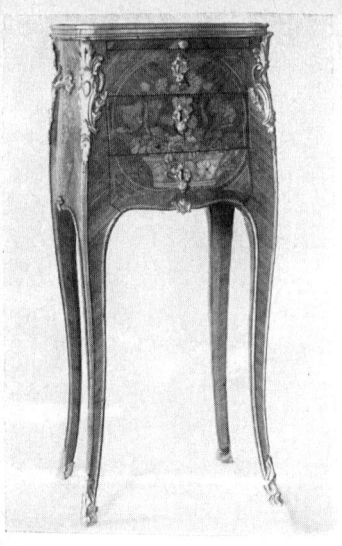

132 TABLE À OUVRAGE *von Adrien Faizelot Delorme, Paris, Mitte 18. Jh. – 70 x 29,5 x 23 – Paris, Musée du Louvre.* Ganz auf Symmetrie hat Delorme sein reizvolles Arbeitstischchen angelegt, das schlank auf leicht gespreizten Beinen steht. Um des Gleichmaßes willen täuscht er mit dem Schloßbelag über den beiden Schubladen eine dritte vor und verbindet alle durch das Intarsienbild einer Blumenvase. Hinter das Leerfeld hat er von der rechten Seite her eine Schublade geschoben, deren Goldbronzegriff er links als Gegengewicht wiederholt. Die Deckplatte aus türkischblauem Marmor ist mit einem profilierten Band aus vergoldeter Bronze eingefaßt.

133 TISCH *von den Brüdern Spindler, Bayreuth, gegen 1760. – 80 x 89 x 64 – Bayreuth, Neues Schloß.* Wie bei den anderen Bayreuther Möbeln aus der Spindler-Werkstatt imitiert auch bei diesem reizvollen Tisch die braune Fassung ein Nußbaumfurnier, während die vergoldeten Schnitzereien Beine, Stege und Zargen wie Bronzebeschläge begleiten. Trotz der unechten Mittel wurde eine Vollendung der Form erreicht, die sich nicht zuletzt in den ausgewogenen Schwingungen ausdrückt, die von den Füßen bis in die Höhe der Zargen einem einheitlichen Duktus folgen.

134 Tric-Trac-Tisch. *Berlin (?), 1. Hälfte 18. Jh. – 74 x 127 x 73,5 – München, Dr. Leo Rothe.* An zwei Zapfen in der Mitte der Längsseiten wurde der rechtekkige Tischkasten drehbar angebracht, dessen eine Seite für das Tric-Trac-Spiel vertieft ist. Ein schmales Kästchen mit Schiebedeckel, das zum Aufbewahren der Steine dient, trennt die beiden mit Intarsien ausgelegten Spielfelder. Die flache Gegenseite schmückt eine farbige Bildmarketerie. Die maßvolle Schweifung der Tischplatte, die sorgfältig gekehlten kraftvollen Zargen und die in Voluten und Geißfüßen endenden Beine erinnern an Berliner Schloßmöbel aus dem Anfang des 18. Jhs.

135 Verwandlungstisch *des Kurfürsten von Trier, Johann Philipp von Walderdorf, gefertigt von Abraham Roentgen, Neuwied, um 1765. – 81 x 104 x 52 – Frankfurt a. M., Museum für Kunsthandwerk.* Prunkvoll und reich ist der Tisch, den Roentgen in Neuwied für seinen prachtliebenden Förderer gearbeitet hat. Der Umriß wirkt – wegen der kleinteiligen, aufgerissenen Bronzen – bewegt und unruhig; die Marketerie, ein feines Rautenmuster (vorwiegend aus Nußbaum und Königsholz) mit Perlmutterblümchen, zeigt auf der Deckplatte einen reizenden Rocaillenrahmen aus Elfenbein mit einer Puttengruppe. Der Sekretär ist zusätzlich mit einem Klappult ausgestattet.

136 TEETISCH *im Chippendale-Stil. England, um 1765. – Breite 91 – Hamburg, Museum für Kunst und Gewerbe.* Nur das Gefühl für sublimste Wirkungswerte, von Chippendale zu ganz eigenen Kombinationsmöglichkeiten geführt, konnte ein derart zartgliedriges Möbel aus hellem Kubamahagoni schaffen, das so einfach im Aufbau und so raffiniert als Gesamteindruck erscheint. Nach dem Vorbild chinesischer Bambusmöbel bestehen Beine, Stege und Zarge aus gedoppelten Stäben, die durch Zierwürfel gegliedert und zusammengehalten werden; ein Gitterwerk aus sehr fein ausgesägten, ineinandergeschobenen Rechtecken umzieht die Platte.

137 TISCH *von Thomas Chippendale, London, um 1755. – 88 x 147,5 x 71,5 – London, Victoria and Albert Museum.* Chippendale konnte auf den Beifall seiner Landsleute rechnen, als er einen Teil seiner Möbelentwürfe mit gotischem Zierat versah, denn nirgendwo hat das gotische Formengut so lange nachgewirkt wie in England. Wie eigenwillig er jedoch damit umging, zeigt dieser Mahagonitisch: Paßformen mit Rosetten schmücken die Zargen, während die in Lattengestelle aufgelösten Beine Fialen und blütenähnlichen Gefäßen Raum gewähren. Trotz dieser Auflösung bleibt ein Mißverhältnis zwischen Stützen und Platte.

138 TEETISCH. *England, um 1760. – 71 x 79 – London, Victoria and Albert Museum.* Wie eine einzige große Blüte entfaltet dieser hochklappbare Teetisch aus Mahagoni sein vielfältig geschwungenes Rund, geformt aus den meisterlichen Schnitzereien mit Eichenblättern, Früchten und Blumen, in denen die Mitte des Jahrhunderts aus Frankreich übernommene Rocaille ebenso variationsreich wie selbständig verwandelt wurde. Derartige Tische mit ihren aus Ball und Klaue gebildeten Füßen waren nicht nur in England äußerst beliebt, sondern wurden ebenso in Holland und Norddeutschland vielfach nachgeahmt.

139 LESETISCH. *England, 1770. – 76 x 66 – London, Victoria and Albert Museum.* Im Jahre 1770 lieferte William France, den der erste Lord Mansfield zusammen mit Thomas Chippendale mit der Einrichtung von Kenwood beauftragt hatte, für die Bücherei diesen fahrbaren Lesetisch aus Mahagoni. Obwohl die Schnitzereien am Dreifuß und die graziös ausschwingenden Stützen noch deutliche Rokokoelemente aufweisen, gehört die schmale Zierleiste am unteren Tischrand bereits dem Louis XVI an.

140 KONSOLTISCH *im Stile Meissonniers, Frankreich, Mitte 18. Jh. – Paris, Musée du Louvre.* Der Konsoltisch mit seiner vorwiegend dekorativen Funktion war besonders geeignet, seine Struktur in Schwünge und Gegenschwünge auflösen zu lassen und so die Intentionen Meissonniers zu verwirklichen. Am deutlichsten wird diese Verwandlung hier an den Stützen, die durch zwei asymmetrische C-förmige Streben gleichsam vom Boden fortgezogen werden.

141 KONSOLTISCH *von Johann Peter Wagner, 1766 für die Würzburger Residenz gearbeitet. – 85 x 92 x 59 – Würzburg, Residenz.* Mit der abgestimmten matten und glänzenden Vergoldung der Schnitzerei dreier gleicher Konsoltische variierte Wagner die geschnitzte und gefaßte Vertäfelung eines Schloßzimmers. Auch er gehört zu der Gruppe fränkischer Bildhauer, die sich frühzeitig dem Louis XVI zuwandte. Sind auch die gekurvten Beine und die kraftvollen Rocaillen an deren Kreuzstreben völlig dem Rokoko verhaftet, so schwingen doch bereits von den Zargen die Blattgehänge als Elemente eines neuen Stils.

142 FAUTEUIL *von Jean Baptiste Gourdin, Paris, um 1750. – 95 x 72 x 60 – Amsterdam, Rijksmuseum.* Was diesem weißgefaßten Fauteuil aus Buchenholz seine Anmut gibt, sind vor allem die schmalen, vergoldeten Profile, die alle Ausformungen des Gestells einschließlich der Füße begleiten und die Blattmotive der ebenfalls vergoldeten Schnitzereien organisch mit einbeziehen.

143 BUREAUSTUHL *von Etienne Meunier, Paris, um 1750. – 88 x 66 x 58 – Amsterdam, Rijksmuseum.* Zum bequemen Sitzen vor dem Schreibtisch wurde dieser Stuhl so konstruiert, daß ein Bein sich zur vorderen Mitte vorschiebt. Die Rücklehne, zugleich als Armstützen ausgebildet, nimmt mit ihren Rocaillen aus vergoldeter Bronze den Schwung der seitlichen Beine auf. Der Buchenstuhl ist mit Rosenholz und Palisander furniert; das Rohrgeflecht wurde erneuert.

144 STUHL *von Pierre Nogaret, Lyon, Mitte 18. Jh. – Paris, Musée des Arts décoratifs.* Die Mode der Zeit bedingte den etwas breiten Sitz, der beim einfachen Chaise besonders auffällt, doch setzen auch die rückwärtigen Stützen kräftig an, während der Rahmen der Lehne leicht und geschmeidig das Rohrgeflecht umgibt.

145 BERGÈRE *von Jean Baptiste Tilliard II, Paris, Mitte 18. Jh. – Musée des Arts décoratifs.* Das weite Halbrund des Rückens läßt den ebenfalls gepolsterten Armlehnen nur wenig Raum. Sie und die elegant unterteilten kurzen Beine geben dem an sich behäbigen Möbel das Zierliche des Rokoko, wenn auch der Dekor der Beine schon Formen des Louis XVI aufgenommen hat.

146 BERGÈRE À OREILLES. *Frankreich, Mitte 18. Jh. – Paris, Musée des Arts décoratifs.* Dieser Ohrensessel des Louis XV strahlt die gleiche Geborgenheit aus wie seine modernen Nachfolger. Wurde auch außer den Profilen und den sie akzentuierenden Beschlagknöpfen auf jeglichen Schmuck verzichtet, so bekunden doch der Reichtum an Konturen und ihr harmonisches Ineinandergleiten ein reifes Stilgefühl.

147 STUHL. *Venedig, 1. Hälfte 18. Jh. – 130,8 x 60,3 x 43,1 – London, Wallace Collection.* Zwischen fein gestuften Profilen ist in den vergoldeten Kiefernholzrahmen dieses Stuhls zartes Blattwerk eingeschnitzt. Hauptschmuck sind aber die beiden Puttipaare, oben in leichter Variation der Arme die Lehne verbreiternd, unten als Teil der in Voluten endigenden vorderen Füße. Sie zeigen enge Verwandtschaft zu dem Werk des Bildhauers Antonio Corradini.

148 TABOURET. *Frankreich, Mitte 18. Jh. – Paris, Musée des Arts décoratifs.* Während des ganzen 18. Jhs. waren diese niedrigen gepolsterten Schemel ohne Rücklehne beliebt. Wer in Gegenwart des Königs auf einem solchen Tabouret Platz nehmen durfte, bestimmte das höfische Zeremoniell.

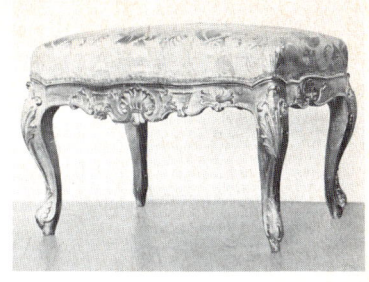

149 ARMSTUHL. *Potsdam, Mitte 18. Jh. – 107 x 76 x 60 – Frankfurt a. M., Museum für Kunsthandwerk.* An diesem friderizianischen Prunksessel, der unmittelbare Einflüsse von Nahls Wirken erkennen läßt, wurde die Asymmetrie ebenso konsequent wie geistreich in einem kühnen Miteinander von C-Schwüngen, lappigen Blattformen und naturalistischen Blüten demonstriert. Selbst die Armstützen sind in diesen Auflösungsprozeß einbezogen.

150 STUHL. *Norddeutschland (?), 1. Hälfte 18. Jh. – 122 x 45,5 x 39,5 – Frankfurt a. M., Museum für Kunsthandwerk.* Dieser Stuhl aus Buchenholz mit Rohrgeflecht kontrastiert die schmale hohe Lehne mit den kräftig ausschwingenden vorderen Stützen. Den noch etwas barockhaft-provinziellen Eindruck verstärken die balusterartig gedrehten Zwischenstege. Sehr geglückt ist der dreibogige Abschluß mit dem geschnitzten Rund über dem glatten Brett.

151 STUHL. *Aachen, 1. Hälfte 18. Jh. – Köln, Kunstgewerbemuseum.* Außer durch die Schnitzerei auf der Zarge und den Querbrettern der Rücklehne bekundet dieser Stuhl seine Aachener Herkunft durch das bandförmige profilierte Rahmenwerk, das, mit zwei glatten Stützen dem Sitz verbunden, die Rücklehne formt und dabei den mittleren Teil zwischen den Kartuschen besonders dekorativ hervorhebt.

152 ARMSTUHL. *Holland, 1. Hälfte 18. Jh. – Hamburg, Kunsthandlung F. K. A. Huelsmann.* Neben der großartig aufgeschwungenen Silhouette, die durch die Auflösung der Rücklehne entstand, verdienen vor allem die Vorderbeine Beachtung. Sie stützen sich als ganz naturalistisch ausgebildete Geißfüße auf. Ihnen schmiegt sich eine mit einem Band gehaltene Muschel an, ein Motiv, das verändert auch zu der glatten geraden Zarge überleitet.

153 STUHL. *Bayreuth, um 1755/60. – 97 x 47 x 48 – Bayreuth, Neues Schloß.* Einziger Schmuck dieses braun gefaßten Stuhles ist seine edle Form, deren meisterhaft aufeinander abgestimmte Kurvungen von vergoldeten Bändern begleitet werden, wobei das Mittelbrett der Rücklehne – typisch für das Fränkische der Bayreuther Sitzmöbel – balusterartig herausgeschnitten ist. Angesichts seiner hohen Qualität kann man ihn wohl als Werk Johann Friedrich Spindlers ansprechen.

154 WINDSOR-STUHL. *England, Anfang 18. Jh. – London, Victoria and Albert Museum.* Als praktisches Gebrauchsmöbel ist der gegen Ende des 17. Jhs. entwickelte Windsor-Stuhl zeitlos geworden. Dennoch hat jede Stilphase seiner Grundform – dem sattelförmigen Sitz aus Rüster, den federnden Stäben im Rücken, den Beinen aus Buche oder Esche und den gebogenen Armstützen aus Taxusbaum – ihre Akzente beigegeben. Hier sind die Vorderstützen dem Zeitgeschmack entsprechend als »cabriole legs« ausgebildet und durch geschwungene Stege mit den hinteren Beinen verbunden.

155 STUHL. *England, Anfang 18. Jh. – 103 x 58,5 – London, Victoria and Albert Museum.* Von den Niederlanden kam Anfang des 18. Jhs. ein neuer Stuhltyp nach England, weniger überladen, dafür eleganter, einfacher und bequemer. Einzig die vorderen Beine mit den »claw and ball«-Füßen zeigen reichere Schnitzarbeit. Bei der Rücklehne dieses Stuhles aus Walnuß scheint man bewußt einen sparsamen Schmuck verwendet zu haben, um ihre eigenartige Form, die sich wahrscheinlich von aus Ostindien importierten Vorbildern ableitet, voll zur Geltung zu bringen.

156 STUHL *von Thomas Chippendale, London, um 1755. – 96,5 x 54,5 x 45 – London, Victoria and Albert Museum.* Einem ganz schmucklosen Untergestell mit geraden Vorderbeinen ist die überaus dekorativ geschnitzte Lehne angefügt (Vorbild Tafel XIII der ersten Ausgabe des ›Director‹). Durch die Aufteilung in feine Profile erhalten die äußeren Rahmen schmiegsame Eleganz. Aus der genialen Verschmelzung von gotisierenden Maßwerkformen mit Rokokoschwüngen und -blattwerk gewann Chippendale seine neue stileigene Rücklehne im »modern taste«.

157 ARMSTUHL *im Chippendale-Stil, Holland (?), um 1760. – 103,5 x 72 x 52 – Frankfurt a. M., Museum für Kunsthandwerk.* Man entnahm Chippendales Entwürfen das äußerlich Auffälligste, sein um C-Schwünge geschlungenes »ribbon band«. Aber man fügte es in einen Rahmen, der in seiner nach unten zunehmenden Schwere zu dem etwas behäbigen Typ des übrigen Gestells gehört.

158 ARMSTUHL *von Thomas Chippendale, London, um 1760. – 96 x 68 x 62 – London, Victoria and Albert Museum.* An diesem Mahagonisessel (Tafel XIII der dritten Ausgabe des ›Director‹) zeigt sich eine fortschreitende künstlerische Entwicklung in der großzügigen Zusammenfassung der Einzelteile, besonders an den Armlehnen. Für den Ansatz der Vorderstützen vereinigte er Akanthus, Volute und Zwischenstück zu einem einzigen kühnen Blattschwung.

159 STUHL *von Thomas Chippendale, London, um 1755. – 101,5 x 57,5 x 54,5 – London, Victoria and Albert Museum.* Chinesische Motive waren bereits vor Chippendales ›Director‹ auch in England bekannt. Durch ihn wurden sie jedoch dem englischen Geschmack der Zeit mit seiner Vorliebe für das Bizarr-Exotische angepaßt. Als Füllung der Rücklehne dieses Mahagonistuhls, der einem Beispiel auf Tafel XXIV der ersten Ausgabe ähnelt, nahm er chinesisches Gitterwerk; der geschwungene Abschluß ist aber »modern taste«. Chinesisch sind auch die reich geschnitzten geraden vierkantigen Vorderbeine.

160 SETTEE. *England, 1. Hälfte 18. Jh. – London, Victoria and Albert Museum.* Als typisches Queen-Anne-Möbel präsentiert sich diese Settee aus Nußholz mit der leicht geschweiften hohen Lehne, die der Form des Rückens folgt. Die zügigen Kurvungen des glatten Rahmens unterstreichen die eigenwilligen Umrisse der Mittelbretter und ihren noblen Reliefdekor. In einfacher, kräftiger Schweifung sind die vorderen Stützen als »claw and ball foot« angesetzt, die ein geschnitztes Muschelmotiv ziert, während die hinteren Beine gerade und ohne Schmuck bleiben.

161 SOFA. *Holland (?), Mitte 18. Jh. – 129 x 180 x 60 – Frankfurt a. M., Museum für Kunsthandwerk.* Trotz seiner Schlichtheit verrät dieses mit Rindsleder bezogene Nußbaumsofa Freude am Bizarren und Kontrast. Seinen »cabriole legs« verleihen die C-Schwünge federnde Kraft; ihre Kurven wiederholen die als seitliche Voluten geformten niedrigen Armpolster, hinter denen sich, von der doppelten Reihe der Beschlagnägel wirklich assistiert, die hohe Rückwand mit ihrer eigenwilligen Silhouette gebieterisch aufrichtet.

162 SOFA *aus dem Palais Dubsky in Brünn, Wien, Mitte 18. Jh. – 86 x 196 x 66 – Wien, Österreichisches Museum für angewandte Kunst.* Wienerischer Geschmack dämpfte den italienischen Einfluß in der Anlage dieses Buchenholzsofas. Die hohen Armlehnen, die sich in sanftem Schwung zu Voluten einrollen, sind nur an dem tektonisch wichtigen Ansatz geschnitzt. Auch das sehr dekorative Schnitzwerk der Beine und des unteren Rahmens scheint gebändigt und ordnet sich um die eingelegten Porzellanmedaillons.

163 KANAPEE. *Frankreich, 1. Hälfte 18. Jh. – 103 x 187 – Paris, Musée du Louvre.* In der Kontinuität seiner vergoldeten Schnitzereien, welche die leicht geschwungenen Füße mit einbeziehen, umgibt der schmale Rahmen den Gobelinbezug wie ein kostbares Bild. Als solches will auch dieses Werk der Manufaktur von Aubusson gewertet sein. Wie ein Stempel auf dem Holz angibt, war dieses luxuriöse Möbel für das »Chambre du Roy« bestimmt.

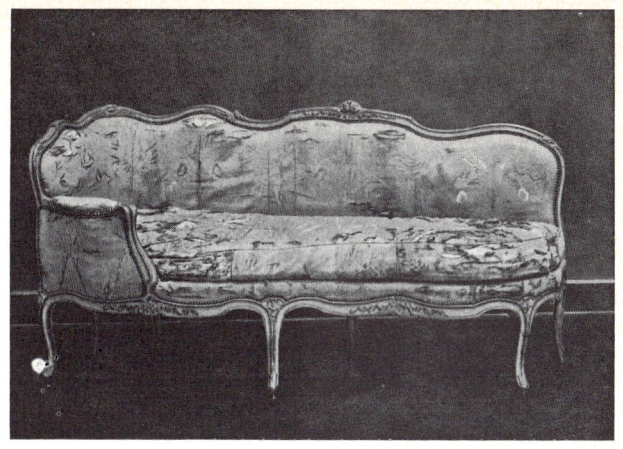

164 VEILLEUSE *von Jean Nadal, Paris, Mitte 18. Jh. – 86 x 153 x 55,5 – Amsterdam, Rijksmuseum.* Bei dieser Art von Ruhebett hat die Neigung des Rokoko zur Asymmetrie die ganze Anlage erfaßt, so daß die unregelmäßigen Kurvungen des ornamentierten Rahmens sich jeder rationalen Zuordnung entziehen. So divergiert die Rücklehne, die in sanftem Schwung zu dem einseitigen Armpolster herunterführt, völlig zu den flachen Bogen der unteren Leiste. Derartige Veilleusen wurden jedoch immer paarweise zu Seiten eines Kamins aufgestellt und lassen dadurch ihre Eigenwilligkeit wiederum sinnvoll erscheinen.

165 DUCHESSE. *Frankreich, Mitte 18. Jh. – Paris, Musée des Arts décoratifs.* Voll ausgebildete C- und S-Schwünge, zu asymmetrischen Rocaillen da verschmolzen, wo sie die Mitte zwischen zwei Beinen oder diese selbst betonen, unterstreichen die bankförmige Streckung dieser Liege mit einem höheren und einem niedrigeren Abschluß aus Rohrgeflecht, die ihre Herkunft von der Bergère noch deutlich verraten.

Klassizismus

166 BÜCHERSCHRANK *von Jean Louis Faizelot Delorme, Paris, um 1770. – 100,3 x 149,9 x 42,5 – London, Wallace Collection.* Delormes Bücherschrank geht auf Entwürfe Boulles zurück, wie auch Boulle-Marketerie und Ebenholzfurnier die Schauseiten verkleiden. An der leichteren Zeichnung des Ornaments und den kleinteilig durchgearbeiteten Bronzen, vor allem an der Betonung des Dekorativen, spürt man jedoch deutlich die klassizistische Interpretation.

167 SEKRETÄR *von Jean Henri Riesener, Paris, 1783. – 138,4 x 101 x 42,5 – London, Wallace Collection.* In klassischer Schönheit hat der Hofebenist der Königin die Wirkung dieses Sekretärs für Marie Antoinette ganz auf den Kontrast der glatten Holzflächen – Thuyaholz für die Innenfelder von Türflügeln und Verschlußklappe und Purpurholz für die Rahmen – zu den meisterlich durchgeformten vergoldeten Bronzebeschlägen gestellt, mit denen die klare Gliederung akzentuiert ist. Einzig das naturalistische Blumengesteck der Zarge und die als schmale Voluten eingerollten Akanthusblätter der seitlichen Fassungen weichen von der strengen Gradlinigkeit ab.

168 Sekretär *von Jean François Leleu und Jean Henri Riesener, Paris, 2. Hälfte 18. Jh. – Paris, Musée du Louvre.* Mit seinem dunklen Mahagonifurnier und den kräftigen Bronzebeschlägen erinnert dieser Sekretär an die schwereren Möbel Schwerdfegers. Gegenüber Rieseners Sekretär von 1783 (Abb. 167) ist er noch strenger in seinem Liniengefüge, zumal die Schreibklappe den gleichen Schmuck wie die unteren Türen erhält und die Bronzen einfacher und großformiger gebildet sind.

169 Sekretär *von Adam Weisweiler, Paris, um 1780/85. – 132 x 88 x 43 – Amsterdam, Rijksmuseum.* Für Weisweiler wie für viele Pariser Ebenisten des späten Klassizismus sind die antikisierenden figuralen Stützen charakteristisch, denen in den Säulenfüßen und dem Palmettenfries gleichartiger Dekor zugeordnet ist. Immer noch wurden japanische Lackmalereien zur Verkleidung des Möbels gewählt, die in ihrem Schwarz und Gold so wirkungsvoll zu den Goldbronzen kontrastieren.

170 SEKRETÄR, *wahrscheinlich von Martin Carlin, Paris, um 1770. – 119,4 x 96,8 x 35,6 – London, Wallace Collection.* In der Art eines »meuble d'entre deux« ist dieser Sekretär mit einer Anzahl offener Fächer zu beiden Seiten ausgestattet. Das Mittelteil mit seinen hellgrünen Sèvresporzellaneinlagen läßt sich zwischen einem oberen und einem unteren Schubfach herunterklappen. Für die Seitenteile und die Deckplatte wurde Carrara-Marmor verwendet.

171 ZYLINDERBUREAU *von Joachim Chr. Esmann, Kopenhagen, um 1793/97. – 186 x 118 x 55 – Kopenhagen, Kunstindustrimuseet.* Beim bürgerlichen Zylinderbureau ist, wie beim Schreibschrank mit Pultdeckel, der Untersatz als Kommode ausgenutzt und der Aufbau entsprechend vergrößert. Der Typ ist vor allem in Deutschland nachweisbar. Dieses dänische Beispiel zeichnet sich durch seine fremdländischen Sycamorenfurniere und die farbigen Einlagen aus Satin- und Zitronenholz aus. Erst zu Beginn des 19. Jhs. findet man derartige Einlagen bei dänischen Möbeln häufiger.

172 SEKRETÄR. *Wien, um 1780/90. – 153 x 98 x 45 – Frankfurt a. M., Museum für Kunsthandwerk.* Die Grundform dieses Mahagonisekretärs ist von Oeben und Riesener entlehnt. Der vor dem rotbraunen Grund hervorgehobene Goldbronzeschmuck erinnert jedoch stärker an Rieseners Möbel (vgl. Abb. 167, 168). Allerdings ist die Dekoration (Bronzeleisten und Blütenfries) hier viel unaufdringlicher, so daß schon darin der Abstand von dem Vorbild deutlich wird.

173 SCHREIBSCHRANK *von J. C. Fiedler, Berlin, 1775. – Höhe 230 – Hamburg, Museum für Kunst und Gewerbe.* Mit seiner gespreizten Stellung knüpft dieser Pultschrank vom Hofschreiner Friedrichs des Großen an die wahrscheinlich von Knobelsdorff entworfenen Eckschränke in Schloß Charlottenburg an. Doch ist die kühne Proportionierung jener Möbel hier auf ein leicht überschaubares Gleichmaß zurückgeführt, das mit klassizistischen Mitteln rokokohafte Intarsienbilder bindet. Diese sind durch die weiß, grün oder schwarz ausgeriebene Gravierung zu raffinierter Feinheit entwickelt, die in jener Zeit nur mit den Intarsienbildern David Roentgens verglichen werden kann.

174 SCHRANK. *Bremen, um 1780. – 277,5 x 188 x 66 – Frankfurt a. M., Museum für Kunsthandwerk.* Unter englischem Einfluß werden beim Möbelbau vor allem im norddeutschen Klassizismus reine Architekturmotive wieder reicher verwendet. Diesen Bremer Schrank mit seinem schönen Nußbaumfurnier stützen seitlich schwere Pilaster, die im Aufsatz von leichteren kanelierten Säulen abgelöst werden. Obwohl Schubladen wie Türen die ganze Breite des Schrankes ausfüllen, ist der Mittelteil risalitartig vorgezogen. Für viele Details lieferte Chippendales ›Director‹ die Entwürfe.

175 KOMMODE *von Johann Wilhelm Benemann, Paris, um 1785/90. – 96 x 182 x 75 – Paris, Musée du Louvre.* Benemanns Möbel zeichnen sich durch ihren klaren architektonischen Aufbau aus. Bei der großen gestreckten Mahagonikommode bilden die Horizontalen von Fries und Sockel im Verein mit dem weiten Korbbogen ein überzeugendes Gegengewicht zu den kräftigen runden Eckstützen. Die Einteilung der Front in zwei Flügeltüren und drei schmale Schubladen wird allerdings der Gesamtkonzeption geopfert und durch den großzügigen Goldbronzedekor, der ein Biskuitmedaillon aus Sèvres umschließt, völlig überdeckt.

176 ECKSCHRANK *von Martin Carlin, Paris, um 1780.* – 94,5 x 85 x 52 – *Paris, Musée du Louvre.* Für seine Möbel hat Carlin mit Vorliebe wieder Japanlack verwendet und die Wirkung auf den reizvollen Kontrast zu dem geradlinigen Aufbau in Ebenholz und der hellen Goldbronze abgestimmt. Durch die feingliedrigen, balusterähnlichen Säulchen an den Ecken, die in verwandter Form auch bei Weisweiler vorkommen, sowie die kleinteiligen Bronzebeschläge werden die Möbel in unkonventioneller Weise zu köstlichen Schmuckstücken ausgebildet.

177 KOMMODE *von Jean Henri Riesener, Paris, um 1780/90.* – *Paris, Musée des Arts décoratifs.* Wegen der einheitlichen Wirkung der Front stoßen die Schubladen bei Rieseners Kommoden häufig ohne Zwischensteg aneinander, wie auch der obere Bronzefries die Teilung in drei schmale Schubfächer nicht deutlich erkennen läßt. Das großflächige Mahagonifurnier, in das die mittlere Monogrammintarsie wie eingezeichnet wirkt, hebt die Gliederung durch die hellen Goldbronzen bereits in einer Weise hervor, die erst im Empire voll ausgebildet wurde. Den Abstand, den Riesener noch von jener Zeit trennt, kann man jedoch unschwer an der Zartheit des Dekors und der Leichtigkeit, die das Möbel durch die schlanken hohen Beine erhält, ermessen.

178 KOMMODE *von John Cobb, London, um 1775. – 87,5 x 112 – London, Victoria and Albert Museum.* In ihren geschweiften Formen schließt die Kommode von John Cobb an französische Rokokovorbilder an, wenn sie auch durch die kurzen Beine und die tief heruntergezogene Zarge die Zierlichkeit jener Möbel vermissen läßt. Daß den Schwellungen des Möbelkörpers mit den geradlinig empfundenen Blütenbändern und den strengen Ovalen der Mahagonimarketerie klassizistische Gesinnung aufgedrängt wird, erscheint als eine etwas gewaltsame Lösung.

179 KOMMODE *von Georg Haupt, Stockholm, 1779. – London, Victoria and Albert Museum.* Als im 18. Jh. auch Schweden sich ganz französischen Kultureinflüssen unterwarf, genoß Georg Haupt unter den in Paris ausgebildeten Ebenisten fast internationalen Rang. Bei allen seinen Möbeln hat er die rokokohafte Schweifung der Beine beibehalten. An Riesener erinnert die Gliederung durch Vorlage des Mittelteils; ebenso unterscheidet auch die Verwendung von französischen Bronzen ein solches Möbel höchstens durch seine Intarsien und die ungewöhnlichen Proportionen von den Vorbildern.

180 Bureau plat. *Paris, um 1775. – 77 x 133,5 x 69 – Frankfurt a. M., Museum für Kunsthandwerk.* Hatte das Rokoko die gefälligeren kleinen Schreibmöbel bevorzugt, so wurde gegen Ende des Jahrhunderts das Bureau plat, die Schöpfung des Louis XIV, wieder als repräsentativer Schreibtisch bevorzugt, bei dem die breite, rechteckige, mit Leder bezogene Fläche durch die tiefe Zarge und die streng profilierten Beine besonders betont ist. Die Bronzebeschläge, die sich deutlich vor dem dunklen Mahagonifurnier abzeichnen, kommen in ähnlicher Form an Möbeln von Riesener und Benemann vor.

181 Bureau cartonnier. *Frankreich, um 1770/80. – Höhe 141 – Tours, Musée des Beaux-Arts.* Bei diesem provinziellen Möbel mit seiner unruhigen Würfelmarketerie sind Cartonnier und Schreibtisch noch in der ursprünglichen Zusammensetzung aufgestellt. Dabei wurden die Schübe im Untersatz des Papierständers, der an einer Schmalseite des Schreibtisches steht, in gleicher Richtung wie die Tischschubladen orientiert, während sich die Kästen des Aufbaus zur Tischplatte hin öffnen lassen.

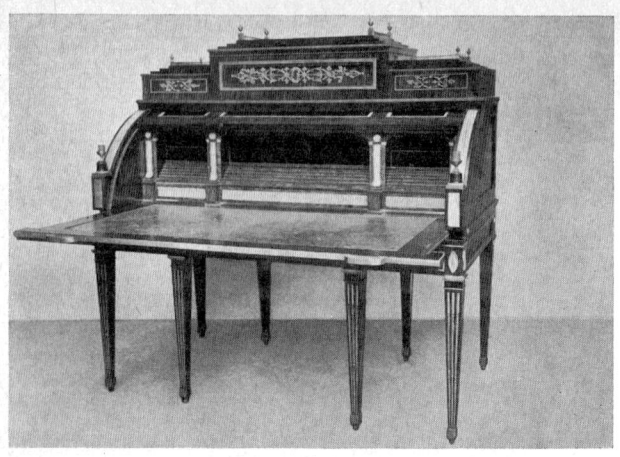

182 ROLLSCHREIBTISCH *von David Roentgen, Neuwied, um 1785/90. – 140 x 149 x 89 – Nürnberg, Germanisches Nationalmuseum.* Statt der bunten Marketerie weisen die Roentgen-Möbel in der Spätzeit das einfarbige Mahagoni auf; dafür steigert sich gerade bei Schreibtischen die Gliederung zu architektonischen Prospekten, die durch mehrstufige, galerienbekrönte, häufig von Bronzegruppen überhöhte Aufsätze denkmalhaften Charakter erhalten. Dieser Wesenszug wird noch durch die Innenfassade vervollständigt, die sich hier beim Hochrollen des Deckelzylinders mit der Schreibplatte automatisch vorschiebt.

183 BONHEUR DU JOUR *von Jean François Leleu, Paris, um 1770. – 108,6 x 80,6 x 45,1 – London, Wallace Collection.* Als kombinierter Schreib- und Toilettetisch zwei Zwecken dienend, täuscht dieses grazile Möbel noch einen dritten vor. Doch die Buchrücken, die den abnehmbaren Aufsatz rhythmisch durchgliedern, sind nur dekorative Verkleidung von Türen. Die Mitte ist durch ein kleines Schreibfach und einen plinthenförmigen Aufsatz herausgehoben. Band- und Rosettenmotive, als Intarsien in Tulpen-, Purpur- und Sycamoreholz delikat ausgeführt, verbinden sich mit der fein ziselierten Goldbronze zu vornehm dezenter Wirkung.

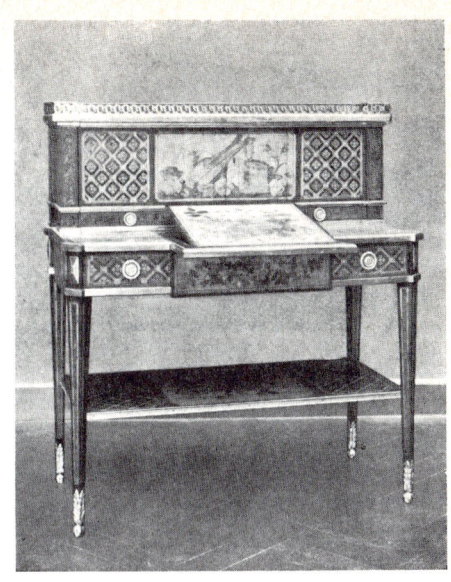

184 BONHEUR DU JOUR *von Jean Henri Riesener, Paris, um 1770. – 109 x 99 x 49 – Amsterdam, Rijksmuseum.* Außer der hellen Rautenmarketerie aus farbigen Hölzern, die im Mittelteil besonders delikate Blumenintarsien einschließt, besitzt Rieseners elegantes Werk die mechanischen Vorrichtungen, die viele seiner Möbel auszeichnen: Der Aufsatz ist durch eine zeitweilige Jalousie verschlossen, die Mitte der Schreibplatte ist auszuziehen und mittels eines Gestells als Lesepult einzurichten; Zarge und Aufsatz enthalten außerdem je drei Schubladen.

185 BONHEUR DU JOUR, *wahrscheinlich von Charles Topino, Paris, um 1775. – Paris, Musée des Arts décoratifs.* Die kleinen ovalen Tischchen mit und ohne Aufbau waren offenbar Topinos Spezialität. Fast immer sind auf den Marketerien Blumenvasen und Geräte wiedergegeben. Den streng geometrischen Aufbau lockert er gern durch leicht geschweifte, sich nach unten stark verjüngende Beine.

186 VERWANDLUNGSTISCH, *wahrscheinlich von Jean François Oeben, Paris, um 1763. – 73,6 x 57,8 x 42,5 – London, Wallace Collection.* Wegen der technischen Perfektion, die aus diesem Schränkchen einen Toilette- und Schreibtisch hervorzaubert, neigt man heute dazu, es Jean François Oeben zuzuschreiben, dessen Werk es auch in seinem Intarsien- und Bronzeschmuck entspricht. Auf Eiche mit Stechpalme, Tulpen- und Birnenholz sowie Bergahorn furniert, umfaßt das Möbel vier durch ein kompliziertes Schloß kontrollierte Kästen.

187 TOILETTETISCH *im Sheraton-Stil, England, um 1775. – 71 x 75,5 x 49 – London, Victoria and Albert Museum.* In seinem ›Drawing Book‹ (1791/94) hat Thomas Sheraton eine Anzahl ganz ähnlicher Tische entworfen, die den immer weiter verbreiteten Wünschen nach Luxus und Bequemlichkeit entgegenkommen. Dieser reizende Toilettetisch, dessen edel geschwungene Beine sich in den schmalen Bändern fortsetzen, welche die klassizistischen Intarsien aus verschiedenfarbenen Hölzern felderartig umschließen, birgt im Inneren Spiegel und Fächer für Toilettegegenstände, die mit dem Deckel hochgeklappt werden.

188 ARBEITSTISCH *(Tricoteuse) von Adam Weisweiler, Paris, um 1780. – 73,7 x 64,8 x 37,5 – London, Wallace Collection.* Obwohl gleichförmig aus drei aufeinandergesetzten Tabletts gebildet, offenbart dieses Arbeitstischchen eine Fülle von Variationen. Sind die sich nach unten verjüngenden glatten runden Beine mit vergoldeten Bronzeschuhen versehen, so schrauben sich die mittleren Stützen zweifarbig hoch, während die oberen als schlanke kanelierte Baluster geformt wurden. Weißblaue Steingutmedaillons im Stil Wedgwoods und dekorative Marketerien zieren die Seiten.

189 VERWANDLUNGSTISCH *von Martin Carlin, Paris, 1783. – 80,6 (Höhe geöffnet 109,2) x 40,6 x 33 – London, Wallace Collection.* Seinen Hauptreiz empfängt dieses dekorative Möbel von den weißen, reich mit Blumen bemalten Platten aus Sèvres-Porzellan. Zwischen die vier Beine aus Tulpenholz ist außerdem ein Tablett aus weißem Carrara-Marmor eingesetzt. Als kombinierter Arbeits-, Schreib- und Lesetisch entfaltet er einen kunstreichen Mechanismus. Der obere Teil vereinigt Sekretär und vier Schreibbretter, außerdem ist die obere Sèvresplatte hochzuklappen, um als Lesepult zu dienen.

190 FAUTEUIL *von Jean-Baptiste Lelarge, Paris, um 1780.* – 94,6 x 64,8 x 53,3 – *London, Wallace Collection.* Nur sparsame Schnitzerei und Vergoldung beleben den Rahmen aus Buchenholz. Das leicht profilierte Oval der Rücklehne ist mit dem Sitz lediglich durch zwei blättergeschmückte Stützen verbunden, die deutlich von den geraden Beinen unterschieden sind.

191 STUHL *von Jean-Baptiste Boulard, Paris, 1786.* – 95,2 x 55,9 x 47 – *London, Wallace Collection.* Den Rahmen und damit die Grundform erhielt der Stuhl von Boulard, mit der Ausführung der Schnitzereien wurde Jean Hauré betraut, der aber diesen Auftrag an Nicolas Vallois und Jean Charny weitergab. Vergoldet wurde er schließlich von Chatard.

192 FAUTEUIL *von Georges Jacob, Paris, um 1780.* – *München, Residenzmuseum.* Seine geschlossene Wirkung erhält dieser Sitz vor allem durch den einheitlichen breiten Blattfries, der sich über den ganzen Rahmen zieht, nur unterbrochen durch die würfelförmigen Verkröpfungen der Beinansätze. Mit den kurzen Zwischenstücken darüber, in denen die perlartig gefüllten Kanelüren der Stützen wiederholt sind, gelang Jacob eine glückliche Lösung für diese oft problematische Stelle an Louis-XVI-Stühlen.

193 Bergère *von Jean-Baptiste-Claude Séné, Paris, um 1780. – Paris, Musée des Arts décoratifs.* Eine ganze Musterkollektion von klassizistischem Schnitzwerk ist über dieses Möbel verteilt, ohne daß eine Synthese gefunden wäre. Allein das anspruchsvoll Prunkende wurde erreicht und in dem umkränzten Adler auf der Rückenlehne gleichsam symbolisiert.

194 Stuhl. *Niederrhein, um 1770/80. – Köln, Kunstgewerbemuseum.* An diesem Beispiel wird ersichtlich, wie durch das Bestreben des Louis XVI, Struktur und Ornament rationalistisch zu deuten, aus den einstigen Kurvungen des Rückenbretts, die im Rokoko auf bandförmige Rahmen reduziert wurden, die völlig neue Durchdringung und Motivierung der Schmuckteile entsteht, um die zeitgemäßen geometrischen Formen Rechteck und Oval miteinander zu verknüpfen.

195 STUHL *im Hepplewhite-Stil, England, um 1790. – 92,5 x 52 x 42,5 – Frankfurt a. M., Museum für Kunsthandwerk.* Auch für Hepplewhite war die Gestaltung der Rückenlehne das Hauptproblem seiner Stuhlentwürfe. Dem einfachen, kantigen Gestell setzte er hier in der Lehne dezente, aus dem Rechteck abgeleitete Kurvungen voll gestraffter Spannung entgegen. Die im gleichen Rhythmus geführten zarten Mittelstege umschließen eine schlanke Vasenform. Durch ihre Eleganz und Leichtigkeit überwanden Hepplewhite-Möbel den schwerfälligeren Stil Chippendales.

196 STUHL *im Sheraton-Stil, England, um 1800. – 88 x 51,5 x 41,5 – Frankfurt a. M., Museum für Kunsthandwerk.* In seiner Grundform mit den geraden, durch Stege miteinander verbundenen Beinen und der rechteckigen Lehne gut und einfach proportioniert, weist dieser Mahagonistuhl am Kreuzungspunkt der profilierten Rahmenleisten der Lehne kleine Rosetten, als Nagelköpfe motiviert, auf, die sich im Gitterwerk wiederholen.

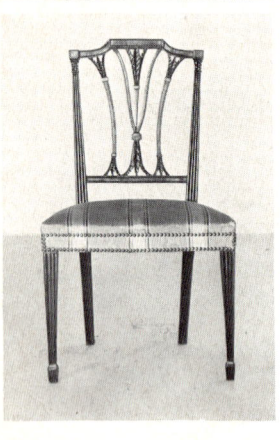

197 STUHL *im Sheraton-Stil, England, um 1800. – 92 x 53 x 45 – Frankfurt a. M., Museum für Kunsthandwerk.* Anspruchsvoller ist dieser Mahagonistuhl, dessen nach unten sich verjüngende kanelierte Vorderbeine mit den Seitenpfosten der Rücklehne korrespondieren. Zwischen sie sind ausschwingende Stäbe gesetzt, die sich nach oben und unten elegant in dreimal drei Blätter aufteilen.

198 ARMSTUHL *im Adam-Stil, England, um 1775. – 87,5 x 58,5 – London, Victoria and Albert Museum.* Die für das Louis XVI charakteristische äußerste Verfeinerung im Detail bestimmt auch den Stil Adams. Man fürchtet, die zarten Saiten der Lyra, die in naturalistischer Nachahmung als Rücklehne verwendet wurde, könnten zerbrechen. Ebenso dünn und deshalb nur aus Mahagoni möglich sind die Sprossen unter den gekurvten Armlehnen.

199 ARMSTUHL *im Hepplewhite-Stil, London, um 1775. – Paris, Musée des Arts décoratifs.* Die Schildform der Lehne mit dem bogenförmigen Abschluß gibt einer phantasiereichen Füllung Raum, die letztlich an das Linienspiel gotischer Maßwerkformen erinnert.

200 SOFA *von Georges Jacob, Paris, um 1780. – 106,7 x 175,3 x 69,8 – London, Wallace Collection.* Mit so raffinierter Feinheit sind die Bandornamente aus dem Birkenholz des Rahmens geschnitzt und in Weiß und Gold kontrastiert, daß sie mit dem Gobelinbezug aus Beauvais eine vollendete Harmonie bilden, akzentuiert durch die von Rosenzweigen gehaltene Mittelkartusche und die edlen Kurvungen der akanthusgeschmückten Seitenwangen.

201 SOFA *von Peter Wagner, Würzburg, um 1775. – Würzburg, Residenz.* Zu den starken Akzenten des sogenannten »Grünlackierten Zimmers« trug nicht zuletzt die Polstergarnitur mit ihren dunkelgrünen Plüschbezügen in schwarz-goldenen Holzteilen bei. Mancherlei noch widerstreitende Stilvorstellungen haben die Rükkenlehne nicht zu einer klaren Form ausreifen lassen, desgleichen erscheinen die Armstützen zu kompliziert; doch hat das leicht geschwungene Untergestell trotz der schweren Girlanden am Beinansatz und dem würfelförmigen Stand eine größere Einheitlichkeit erreicht.

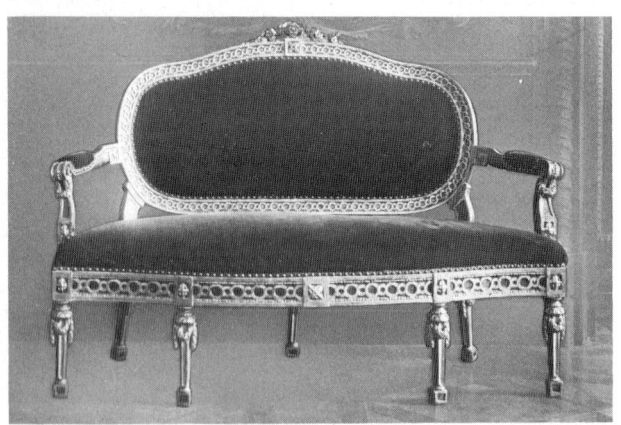

Empire und Biedermeier

202 SEKRETÄR. *Wien, um 1810. – Würzburg, Residenz.* Die majestätische Pracht des Empire wandelte sich in Wien zu einer gefälligen Eleganz und schlichten Vornehmheit. In überaus feingestimmten Proportionen bietet sich dieser Mahagoni-Sekretär sowohl in geschlossenem Zustand, wobei das dreiteilige Obergeschoß mit den Spiegeltüren und den vorgesetzten Alabastersäulen dominiert, als auch bei geöffneter Klappe. Im Innern befindet sich eine gedruckte Signatur: »J. Mälzl, k. k. priv. musicalischer Kunstmaschinist in Wien«.

203 SEKRETÄR. *Berlin, um 1820. – Berlin, Schloß Charlottenburg (seit 1945 verschollen).* Nichts beeinträchtigt die Monumentalität dieses Mahagonischrankes: Seine Inneneinrichtung ist einfach und übersichtlich, und die sparsame Verwendung der Bronzen unterstreicht die großflächige Gliederung. Breit lagert das nach oben sich verjüngende Möbel auf dem hohen Sockel, dem eine halbkreisförmige Vertiefung Kraft verleiht. Diese architektonische Durchformung wird ebenso durch die klaren Profile des terrassenförmig gestuften Aufsatzes deutlich.

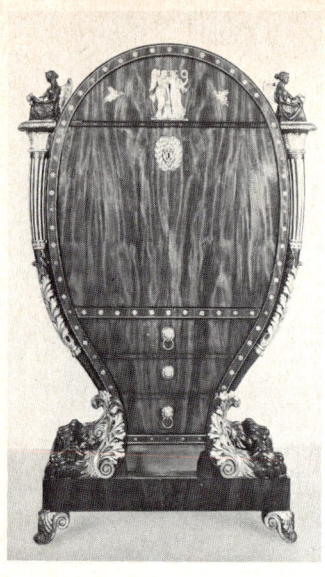

204 Sekretär. *Wien, um 1810. – 159 x 101 x 40 – Wien, Österreichisches Museum für angewandte Kunst.* Dieser Sekretär verdankt seine eigenartige Gestalt in Form einer Lyra dem Bemühen Wiener Schreiner, den strengen Kubus des Schreibschranks zu verwandeln und ihm eine anmutigere, ja launige Note zu geben. Was daraus entstand, ist so phantastisch, daß es sich jeder Wertung entzieht. Von urmächtigen Krallen ranken sich Akanthusblätter hoch, begleiten ein schmiegsames Rund, das sich oben als Säulchen (Füllhörner?) gebärdet, auf denen geflügelte Genien sitzen. Die vergoldeten Bronzen im oberen Kreissegment stammen von Franz Detler.

205 Kommode. *Lübeck, um 1800. – 82,5 x 75 x 43 – Lübeck, Museum für Kunst und Kulturgeschichte.* Der Typ dieser kleinen Kommode aus der Übergangszeit vom Klassizismus zum Empire ist in den meisten deutschen Landschaften zu finden. Die kurzen Beine sind noch zierlich und nach unten verjüngt, die Schübe durch einen Zwischensteg getrennt. Häufig unterbrechen Architekturelemente – hier Alabastersäulchen mit Basen und Kapitellen aus vergoldeter Bronze – als einziger Schmuck die seitlichen Stützen, während polierte Furniere bei dieser Lübecker Kommode aus Mahagoni die Flächen durch ihre Maserung beleben.

206 KOMMODE. *Paris, um 1800. – Paris, Bibliothèque Marmottan.* Stärkere Vereinfachung des Kubus, auf den schon das Louis XVI den Möbelkörper zurückgeführt hatte, und antikisierender Dekor sind charakteristisch für das Empire. Das Mahagonifurnier läßt bei dieser Kommode kaum noch eine Gliederung im Holz erkennen. Diese wird vor allem durch die vergoldeten Bronzen sichtbar gemacht, die die seitlichen Pilaster in Basis und Kapitell sowie durch das Fackelmotiv akzentuieren und die Schübe durch Lorbeergriffe und feine figürliche Schloßbeschläge ordnen.

207 PRUNKTISCH. *Paris, 1806. – 96 x 87 x 70 – München, Bayerisches Nationalmuseum.* Diesen rechteckigen Tisch machte Napoleon I. 1806 dem Kronprinzen Ludwig von Bayern zum Geschenk. In die Platte wurde ein ovales Porzellangemälde von Georg Lamprecht (Sèvres 1786) eingelassen. Ebenfalls aus Sèvres stammt die Schale auf der Fußplatte. Die Eckstützen enden in ägyptisierenden Köpfen aus Goldbronze und nehmen damit dem mit Wedgwood-Reliefs geschmückten Kubus des oberen Teils viel von seiner Schwere.

208 TISCH *von Johann Valentin Raab, Würzburg, 1809. – Würzburg, Residenz.*
Figürliche Plastik verwendete das Empire auch gern bei Rundtischen als Stützen. An diesem Tisch aus Zitronenholz mit Silberbeschlag, den Großherzog Ferdinand von Toskana nach Pariser Entwürfen von dem Würzburger Meister anfertigen ließ, tragen drei flügelschlagende Schwäne auf einem hohen Podest mit reichem Blattschmuck das glatte Rund der Platte, das allerdings dem Untersatz kein Gegengewicht bieten kann.

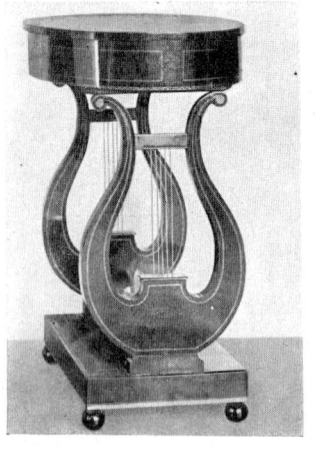

209 NÄHTISCH. *Norddeutschland, um 1825/30. – Schleswig, Schleswig-Holsteinisches Landesmuseum.* Die Lyra, schon seit Robert Adam ein beliebtes Motiv und vom Klassizismus als willkommener Kontrast zu den sonst bevorzugten Geraden des Kubus häufig verwendet, behielt auch im Biedermeier einen Platz, besonders an Möbeln in Damenzimmern. Bei diesem Nähtischchen schaffen zwei seitliche Lyren die ausschwingende Verbindung zwischen der rechteckigen, auf Kugelfüße gesetzten unteren Platte und dem ovalen Aufsatz. Schmale Intarsienbänder geben dem Mahagonifurnier gefällige Eleganz.

210 Tisch. *Wien, um 1840. – 78 x 78 x 45 – Wien, Österreichisches Museum für angewandte Kunst.* Die Suche nach neuen Formwerten wird an diesem Tisch offenbar. Zwar lassen sich die Wangen noch auf umgekehrte Lyren zurückführen, und auch der schüsselartige Aufsatz zwischen ihnen kommt vom Empire her, doch herrscht deutlich das Bestreben vor, daraus eigene Struktur- und Dekorationsmittel zu gewinnen, wie etwa das fächerartig gespreizte Glied, das den Lyrabogen im Halbkreis unterteilt. Auch das aus verschiedenen Wurzelmasern zusammengesetzte Furnier soll neue Wirkungen hervorrufen.

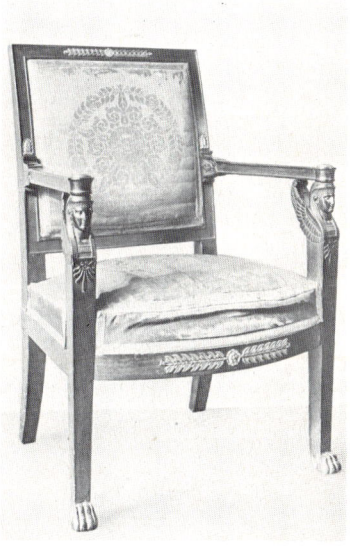

211 Fauteuil *des Gouverneurs der Banque de France von F. H. G. Jacob-Desmalter, Paris, um 1800. – Paris, Musée des Arts décoratifs.* Die lässige Noblesse, die sich in den leicht gebogenen Rückpfosten und den spielerischen Armlehnen dieses Fauteuils kundtut, unterscheidet sich deutlich von der repräsentativen Strenge jener Sitze, die Jacob-Desmalter, häufig nach Entwürfen von Percier und Fontaine, für Napoleon ausführte. Nach dem Ägyptenfeldzug Bonapartes (1798/99) gehören auch ägyptische Motive zu dem aus dem Altertum neu gewonnenen Formengut, das der Künstler hier noch zurückhaltend angebracht hat.

212 FAUTEUIL. *Frankreich, um 1830/40.* – *Paris, Musée des Arts décoratifs.* Im Louis-Philippe wird das Mobiliar wieder selbstbewußter, wenn auch bürgerlich schmuckfreudig gestaltet. Die vorderen Stützen sind hier schwungvoll in S-Form geschweift, repräsentativ wie bei einem Renaissancesessel, jedoch wirkt die gemächliche Kurve der Rückenlehne nur als schwaches Echo dieser großspurigen Einleitung, die auch durch die Schneckenvoluten der Vorderbeine als Blickpunkt betont ist.

213 STUHL. *Frankreich, um 1830/40.* – *Paris, Musée des Arts décoratifs.* Die Rücklehne dieses Stuhles zeigt pflanzliche Motive, die auf Renaissancevorlagen zurückgehen. Ihre Kontur kontrastiert merkwürdig – charakteristisch für das Mobiliar der Zeit Louis-Philippes – zu dem glatt gekurvten Rahmen und der Zarge, deren Stützenpaare ebenfalls in gegensätzlicher Weise ausgebildet wurden.

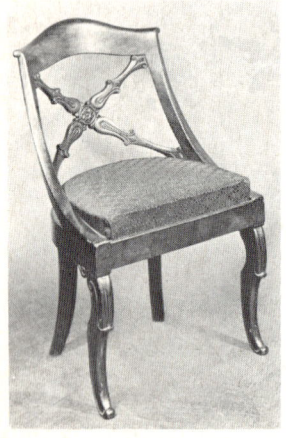

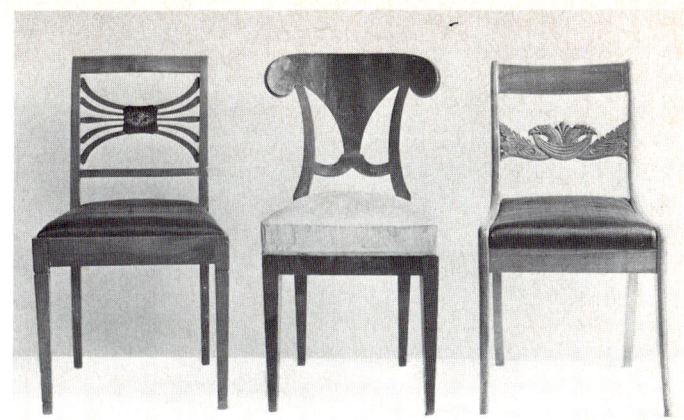

214 STÜHLE. *Lübeck, 1. Hälfte 19. Jh. – Lübeck, Museen für Kunst und Kulturgeschichte.* Eine Auswahl einfacher Stühle aus einer anderen deutschen Landschaft würde in der ersten Hälfte des 19. Jhs. kaum wesentliche Unterscheidungsmerkmale aufweisen. Auch die Verwendung einheimischer Hölzer – Birke, Esche, Rüster – neben dem fremdländischen Mahagoni ist jetzt allgemein. Bezeichnend für alle Typen ist die schlichte und praktische Gestaltung von Gestell und Lehne, die durch ihre ausgewogenen Proportionen und eine gewisse Zierlichkeit anmutig und leicht wirken. Träger des meist linearen, mitunter auch geschnitzten Schmuckes ist fast ausschließlich die Rücklehne; eine reichere Gliederung der Vorderbeine läßt häufig auf eine Entstehung im zweiten Drittel des Jahrhunderts schließen.

215 ARMSTUHL. *Berlin, Anfang 19. Jh. – Berlin, Schloß Charlottenburg.* Wahrscheinlich lag diesem Armstuhl ein Entwurf Friedrich Schinkels zugrunde. Bei dem schwarz gefaßten und mit Goldmalereien verzierten Sitz wurde die Einheit von Pfosten und Lehnen durch die Rundung der Zargenecken und die nahtlose Einmündung der Armlehnen in den Rahmen der Rückenlehne wirksam ausgearbeitet.

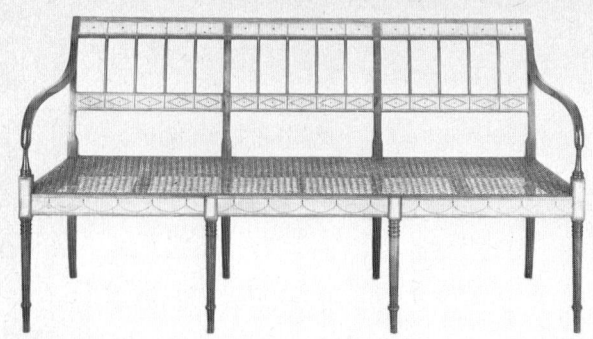

216 BANK. *Dänemark, Anfang 19. Jh. – 85 x 184 x 51 – Kopenhagen, Kunstindustrimuseet.* Die mit dieser Bank eine Garnitur bildenden Armstühle bedienen sich der gleichen Gliederung und der gleichen Schmuckmotive; daher stellt die Bank lediglich eine Reihung dreier Sessel dar. Daß selbst ein so langer Sitz leicht und spielerisch wirken darf, so daß die dünnen Pfosten und Lehnen wie die Galerie schmaler Sprossen, die die Vertikale so stark betonen, unverändert beibehalten werden konnten, ist ein Wesenszug des Biedermeier.

217 SOFA. *Lübeck, um 1830. – Lübeck, Museen für Kunst und Kulturgeschichte.* Den einfachen, oft zierlichen Kanapees aus dem Anfang des 19. Jhs. folgen schon um 1830 phantastische Übersteigerungen in Form und Dekor. Mächtig ausladende Wangen, deren Vorderseiten gern mit prachtvollen Füllhörnern beschnitzt wurden, begleiten oft den breiten und behäbigen Sitz. Selten jedoch überträgt sich der Schwung der Schnitzereien sinnvoll auf das ganze Möbel; so besteht bei diesem Lübecker Mahagonisofa ein seltsamer Kontrast zwischen den schmalen Rahmenleisten mit ihren dünnen Ahorneinlagen und den füllig geschnitzten Delphinen, ein Mißklang, der häufig anzutreffen ist.

218 KANAPEE *nach Entwurf von Leo von Klenze, München, 1. Hälfte 19. Jh. – 95 x 215 x 87 – München, Bayerisches Nationalmuseum.* Durch Klenzes Entwürfe ist das Empire französischer Prägung, wie es die Stiche von Percier und Fontaine aufzeigen, nach Deutschland gekommen. Doch besitzen alle seine Möbel das Weiche, Nachgiebige, das sich hier in den gebogenen, kurzen Beinen und den hohen, leicht geschweiften Lehnen ausdrückt. In der Verbindung von roten Seidendamastbezügen und einfachen geschnitzten, vergoldeten Rahmenleisten erreicht er ein hohes Maß an vornehmer Repräsentanz.

Historismus

219 PRUNKBÜFFET *von Heinrich Sauermann. Flensburg, 1897. – 228 × 182 × 60 – Flensburg, Städtisches Museum.* Bekannt wurde der Flensburger Möbelfabrikant und spätere Museumsdirektor vor allem durch seine kompletten Interieurs, in denen er friesische, schleswigholsteinische und niederländische Möbelformen und Schnitzornamente wirkungsvoll kombinierte. Auch als Schöpfer derartiger Prunkbüffets für private Auftraggeber bewahrte Sauermann trotz aller Anlehnung an die damals modische »Deutsche Renaissance« individuelles Gepräge. Die von ihm geforderte »ruhige Grundstruktur«, in die sich Ornamente und figürlicher Schmuck harmonisch einfügen sollten, wird auch an der klaren Gliederung dieses Aufsatzschrankes deutlich. Aller Dekor konzentriert sich auf den überhöhten Mittelteil, dessen äußere Rahmung renaissancistisch, dessen Türfeldergestaltung jedoch eher barockisierend motiviert ist.

220 BÜFFET. *Hamburg, um 1890. – 244 × 168 × 68 – Hamburg, Privatbesitz.* Am längsten hielt sich die »neue Renaissance« in Eß- und Herrenzimmereinrichtungen. Auch dieses Büffet der Zeit um 1890 zeigt in seinen Schnitzmotiven deutlich renaissancistische Beschlagwerk- und Pilasterornamente. Vielgliedrige Balustersäulen stützen den Aufsatz und rahmen die reich dekorierten seitlichen Türen. Zwischen ihnen stellen zwei offene Fächer den erwünschten Platz für großformatiges Prunkgeschirr bereit. Den rundbogigen Abschluß der oberen Nische säumen balusterbesetzte Arkaden. Im Verein mit der zierlichen Balustergalerie geben sie dem schweren Eichenmöbel die auflockernden Akzente der Spätphase.

221 KABINETTSCHRANK *nach Entwurf von Alexander Wielemans von Monteforte (Ausführung Alexander Albert). Wien, um 1875/80. – 179 × 98 × 47 – Hamburg, Museum für Kunst und Gewerbe.* Die vom Kaiserhof und von der Kunstgewerbeschule am Österreichischen Museum geförderte »Geschmacksbildung« zeitigte eine Anzahl von Kabinettschränken im Renaissancestil. Nicht nur ihre exquisite Ausführung in Ebenholz demonstrierte die Leistungsfähigkeit der Wiener Möbelkunst, auch in den ausgewogenen Kontrasten der Dekoration vereinigte sich phantasievolle Eigenständigkeit mit geschickter Verwendung historischer Vorbilder. So zieren die Türen dieses Kabinetts die in Ölmalerei von Rudolf Geyling ausgeführten Allegorien von »Labor« und »Abundantia« in farbenprächtigen Gewändern der Dürerzeit. Hinter ihnen befindet sich eine italienischen Renaissancekabinetten nachgestaltete reich mit Elfenbein intarsierte Inneneinrichtung mit zehn Schubladen um ein mittleres Schließfach.

222 GOTISCHER ZIERSCHRANK *nach Entwurf von Karl Mohrmann. Hannover, 1899. – 185 × 83 × 35 – Hannover, Privatbesitz.* Von »nicht zu unterschätzender Bedeutung für die Praxis« waren jene in den 1890er Jahren erschienenen Publikationen über die Tiroler Zimmergotik, die eine reiche »Ausbeute an Flachmustern mit ausgegründeten Ornamenten« boten. Von ihr profitierte auch der gotische Zierschrank des hannoverschen Architekten. Die Bildwirksamkeit dieser Technik entfaltet sich vor allem in den zu Rundmedaillons verschlungenen Weinreben, mit den Personifikationen von Bildhauerei, Baukunst und Malerei.

223 DAVENPORT. *England, um 1880. – Breite 53 – London, Sotheby's Belgravia.* »Davenport« nennt man diesen Schreibpult-Typ, weil die Firma Gillows in Lancaster ein solches Möbel zuerst für einen Captain Davenport angefertigt haben soll. Hauptmerkmal sind außer der hochklappbaren schrägen, mit Leder bezogenen Pultklappe, die vier seitlich angebrachten Schubladen für Schreibmaterial. Je nach Zeitgeschmack wurde das seit etwa 1800 gefertigte Möbel vielfach variiert. Daß dieses mit Rosenholz furnierte und mit Satinholz intarsierte Exemplar zu den späten Ausführungen der Zeit um 1880 zählt, bekunden die dicht balustrierten Vorderstützen und die Ziermotive ebenso wie der differenzierte Aufsatz. Auf der Pariser Weltausstellung von 1867 präsentierte sogar die Berliner Möbelfirma Lövinson einen reich beschnitzten Davenport.

224 WELLINGTON CHEST. *England, um 1850/60. – 125,5 × 56 – London, Sotheby's Belgravia.* Mit der an Scharnieren beweglichen rechten Lisene konnten alle Schubladen des Wellington chest auf einmal verschlossen werden. Zentralverschlüsse für mehrere Schübe kennt man zwar schon bei Schreibschränken des 18. Jahrhunderts, doch ist diese unkomplizierte, dem Möbel vorgeblendete Form erst eine englische Erfindung der Regency-Periode. Sie soll auf den Herzog von Wellington (1769–1852) zurückgehen, nach dem der Kommodentyp benannt ist. Derartige hohe Kommoden wurden gewöhnlich als schmucklose, kaum profilierte, schmale Kastenmöbel aus Nußbaumholz hergestellt und erst in der zweiten Hälfte des vorigen Jahrhunderts mit Intarsien oder Schnitzereien verziert. Unterhalb der beiden oberen Schubladen ist ein Schreibteil eingearbeitet, dessen als zwei Schubladenfronten kaschierte Klappe sich unauffällig in die Fassadengliederung einfügt.

225 DAMENSEKRETÄR. *Frankreich, um 1870. – 95 × 70 – London, Sotheby's Belgravia.* In großzügig einheitlichem Schwung sind an diesem Bombé-Sekretär die weit ausschweifenden hohen Beine mit der Zarge verbunden. Gleichartige Louis-XV-Damenschreibtische des 18. Jhs. gaben dem Schreibteil mehr Gewicht. Noch eindeutiger weisen die mit Gittermuster akzentuierten Blumenintarsien das Rosenholzmöbel als Nachschöpfung aus.

226 BONHEUR DU JOUR. *Frankreich, um 1850/55, Breite 74 – London, Sotheby's Belgravia.* Mit Eleganz und graziös dosiertem Luxus präsentierten sich Pariser Damenmöbel aus Rosenholz schon in der Mitte des vorigen Jahrhunderts. Die schmalen Furnierblätter des hellen Holzes sind so geordnet, »daß die Streifen im Zickzack auf- und abwärts laufen«. Goldbronzen begleiten hier den rokokohaften Schwung der hohen Beine, rahmen die Füllungen mit den apfelgrünen Porzellanplaketten und umgittern den dreiteiligen Aufsatz, der im Aufbau Louis-XVI-Vorbildern des 18. Jhs. angenähert ist.

227 SCHREIBTISCH. *England, um 1860/65. 140 × 140 – London, Sotheby's Belgravia.* Solidität, gepaart mit einer gewissen Schwere, galt um die Mitte des vorigen Jahrhunderts als Kennzeichen englischen Mobiliars. Unter dem Einfluß der Weltausstellungen von 1851 und 1855 zeigte sich auf der Londoner Weltausstellung von 1862 ein Wandel zu leichteren, gefälligeren Formen; doch war dabei »keineswegs das Bestreben zu verkennen, französisches Original und französischen Geschmack als Muster zu nehmen«. Englische Möbel- und Einrichtungshäuser führten damals kostbar mit Bronzen und Porzellanplaketten ausgestattete Prunkmöbel im Stil des Louis XVI vor, wie diesen mit Nußwurzelholz furnierten Sekretär.

228 TOILETTE-KOMMODE *(dressing table). England, um 1905. – 175 × 104 – London, Sotheby's Belgravia.* Toilettetische mit zwei seitlichen, beweglichen Spiegeln hatte schon Sheraton 1802 publiziert. Sie sind zwar völlig verschieden von diesen langen, fast die ganze Gestalt erfassenden Spiegelpartien, doch konkretisiert sich die Beziehung dieses Mahagonimöbels zum »Sheraton-Stil« durch den Kommodenuntersatz und die Auswahl der Beschläge. In vielfältigster Art machten sich Sheraton-Einflüsse erneut zu Beginn unseres Jahrhunderts in der englischen Möbelproduktion bemerkbar.

229 INTARSIEN-TISCH. *Bailet, Nizza, um 1840/45. – Durchmesser 84 – London, Sotheby's Belgravia.* Mit unbekümmerter Phantasie und noch nicht strengeren Stilanalysen unterworfen, präsentiert die zwölfmal, abwechselnd konvex und konkav geschweifte runde Tischplatte, um ein Mittelbild mit Kirche gruppiert, sechs Szenen aus dem bäuerlichen Leben in reizvoller Einlegearbeit aus Obsthölzern. In der stark kontrastierenden Randbordüre dominieren jene dickleibigen C-Schwünge, die gegen 1840 Neubarockes ankündigten. Dem gleichen Bewegungsdrang folgte die Mittelstütze als Doppelspirale. Sie ruht auf einem ebenfalls intarsierten sechsseitigen Zwischenstück, das von drei blattbesetzten Volutenbeinen mit Löwenköpfen getragen wird. Als dieser Nußbaumtisch in Nizza entstand, gehörte die Stadt zum Königreich Sardinien. International bekannter als Bailet wurde J. Ciaudo in Nizza, der gegen 1850 gleichfalls vorzüglich eingelegte Tische herstellte.

230 TISCH MIT BLUMENINTARSIE. *England (?), um 1850. – Durchmesser 110 – London, Sotheby's Belgravia.* Der Rundtisch mit der dreiseitig eingeschwungenen Sockelplatte geht auf Vorformen des frühen 19. Jhs. zurück. Die Blumenintarsien können also nicht im 18. Jh. entstanden sein. Nicht immer ist ihre Zuordnung so unproblematisch wie hier. Unterschiedlichste Möbeltypen sind gleichartig dekoriert, und ihre Herkunft liegt im Dunkeln. Aber man weiß, daß Joseph Cremer in Paris 1855 u. a. Blumenstücke in vortrefflichem Holzmosaik herstellte und zahlreiche andere Werkstätten damit belieferte. Mit seiner Marketeriesäge konnte er »zwölf und mehr aufeinander liegende Furnierdecken gleichzeitig in den kompliziertesten Konturen« ganz präzise ausschneiden. Auch dieser Nußbaumtisch entstand in der Mitte des vorigen Jahrhunderts.

231 NÄHTISCH. *Norddeutschland, um 1860. – 79,5 × 52,5 × 48,5 – Hamburg, Museum für Kunst und Gewerbe.* Der mit Palisanderholz furniert, noch etwas schwerfällige, barockisierende Typ des Nachbiedermeier-Nähtischs gewinnt durch die kontrastierenden Blütenranken aus schillernden Perlmutterintarsien heitere Festlichkeit. Harmonisch vollzieht sich der Übergang von dem auf drei Füßchen gestützten sechsseitigen Sockel über den sechsfach abgekanteten Balusterschaft zum Tischkasten, der durch die abgeschrägten Kanten gleichfalls in diesen Rhythmus einbezogen wurde.

232 WHATNOT. – *Gillows, Lancaster, um 1860/65. – 91,5 × 61 – London, Sotheby's Belgravia.* Dem Sinn der Engländer für das nützliche, transportable, vielseitig verwendbare Kleinmöbel verdankt auch das Whatnot seit etwa 1800 seine Existenz. Es ist eine Art Etagère mit übereinander, meistens durch vier Eckpfosten,

seltener durch drei, verfestigten Brettern oder Tabletts. Manche sind auf Rollen noch leichter fortzubewegen. Schubladen können unten, in der Mitte oder oben sich befinden, müssen aber nicht damit verbunden sein. Trotz der einfachen Konstruktion ergeben sich ungezählte Variationsmöglichkeiten. Das von Gillows, Lancaster, in den 1860er Jahren hergestellte Exemplar besteht aus Nußbaumholz. Der nach unten geneigte Rand der Deckplatte ist ringsum godroniert. Die Schmalseiten erhielten drei zusätzliche Streben; die ebenfalls godronierten Füßchen sind unter Louis-XVI-Einfluß kreiselförmig ausgeweitet.

233 ETAGÈRE. *England, um 1890. – 86 × 48 – London, Sotheby's Belgravia.* Die kostbarere Ausstattung trug diesem zierlichen Mahagonimöbel mit Einlagen aus Thuyaholz, grazilen Schweifungen und dreiseitiger Abschlußgalerie die französische Bezeichnung »Etagère« ein, obwohl es sich im Aufbau von anderen »Whatnots« kaum unterscheidet.

234 POLSTERSTUHL. *England, um 1850/60. – London, Sotheby's Belgravia.* Dezent geschweifte Beine, ein Polstersitz, der gerade noch eine schmale Profilkante als Verbindung übrig läßt, und eine Rückenlehne, an der trotz modischer Kurvungen sich im Rückbrett ein traditionell englisches Formenspiel, nun kombiniert mit unauffällig prägnanten C-Schwüngen, entfaltet, unterstreichen die Eigenständigkeit dieses »dining chair« aus Nußbaumholz.

235 ROHRSTUHL. *Wien, 1879. – 104 × 45,5 × 45,5 – Lübeck, Museen für Kunst und Kulturgeschichte.* »Die weitaus überwiegende Mehrzahl der schöneren und reicheren Stühle« auf der Wiener Weltausstellung 1873 folgte »dem älteren Schema, welches die Füße durch verschiedentlich angeordnete Sparren – Spriegel – verbindet«. An diesem Wiener Nußbaumstuhl verstärken die drei exakt untergliederten Sprossen nicht nur die Standfestigkeit, sondern unterstreichen ganz augenfällig die strenge, klassizistischen Ordnungsprinzipien unterworfene Konstruktion, die zeitgenössische Louis-XVI-Tendenzen gleichsam mit herauskristallisiert. Rohrgeflecht und kleinteilige Intarsienmuster vermitteln in nobler Distanz.

236 ARMSESSEL. *Norddeutschland, um 1880/85. – 119 × 64 × 58 – Lübeck, Museen für Kunst und Kulturgeschichte.* Roter, geschorener, blumengemusterter Plüsch gleicht die Gewichtigkeit der kräftigen, balusterförmig gedrechselten Vorderbeine, die mehrteilige Überleitung zu den gepolsterten Armlehnen und die Vielfalt der von einem Segmentgiebel bekrönten Rahmung der Rückenlehne aus. Sitzgarnituren mit solchen Sesseln hatten sich in den oft getäfelten Zimmereinrichtungen in »Deutscher Renaissance« zu behaupten und wirkten im Ensemble nicht so pompös wie als isoliertes Einzelmöbel.

237 SOFA. *Norddeutschland, um 1855. – 118 × 175 × 75 – Lübeck, Museen für Kunst und Kulturgeschichte.* In englischen Musterbüchern taucht dieser rundum geschweifte Sofatyp mit den seitlich höheren Partien der Rückenlehne bereits 1848 (H. Wood), 1850 (W. Smee & Son) und 1855 (H. Lawford) auf. Hamburger Tischler produzierten ihn in den 50er Jahren und auch noch um und nach 1860. Sie belieferten nicht nur die Hansestadt, sondern ebenso Schleswig-Holstein und Mecklenburg mit so gemütlich-bequemen, mehr oder minder aufwendig beschnitzten Polstergarnituren im Stil des Zweiten Rokoko.

238 POLSTERBANK (SETTEE). *England, Anfang 20. Jh. – Breite 145 – London, Sotheby's Belgravia.* Verspielter als die Vorbilder des späten 18. Jhs., etwas freier und geschmeidiger im Zusammenklang der frühklassizistischen Stilelemente und oft nicht weniger delikat bemalt wie diese, präsentieren sich die Nachschöpfungen zu Beginn unseres Jahrhunderts. Auch Satinholz wurde – wie hier – nicht selten verwendet, so daß nur detaillierte Kenntnis die Unterschiede festzustellen vermag.

Meisterstempel
französischer Ebenisten und Menuisiers des 18. Jahrhunderts

Soweit sie nicht für die Krone arbeiteten, waren die französischen Kunstschreiner im 18. Jahrhundert durch Zunftsatzung verpflichtet, ihre Werke zu signieren. So findet sich auf den meisten französischen Möbeln dieser Zeit (bei Kommoden häufig auf den rückwärtigen Stützen, bei Tischen unter der Zarge, bei Schränken unter einer der Schubladen oder an sonst einer oft schwer auffindbaren Stelle) der Name des Künstlers durch Blind- oder Brandstempel eingeschlagen. Die bekanntesten dieser Stempel sind auf den folgenden Seiten wiedergegeben, denen die Aufstellung bei Pierre Verlet, ›Les meubles français du XVIIIe siècle‹, Paris 1956, zugrunde lag. Wegen einer übersichtlichen Anordnung mußten die Stempel durchweg verkleinert werden. Zum schnelleren Auffinden wurde die alphabetische Reihenfolge der Namen gewählt, denen die Monogrammstempel folgen. Soweit bekannt, sind Lebensdaten und das Jahr der Eintragung als Meister (M) angegeben. Alle aufgeführten Künstler haben in Paris gewirkt, wenn nicht ein anderer Ort genannt ist. Die Abkürzungen éb. und mn. besagen, ob der Meister ébéniste oder menuisier war.

Mark	Maker
PACHARD	Achard, P. (um 1800, Grenoble ?), mn.
HAGVETTE	Aguette, H. (um 1780), mn.
D•L•ANCELLET	Ancellet, Denis-Louis, M 1766, éb.
I ANGOT	Angot, Jacques, M 1743, éb.
• AUBERT •	Aubert (um 1770), mn.
L•AUBRY	Aubry, Louis, M 1774, éb.
J•AUDRY	Audry, Jacques (1743–1784) M 1777, mn.
G•AVISS E•	Avisse, Guillaume (1720 – um 1785) M 1743, mn.
IAVISSE	Avisse, Jean (1723 – nach 1796) M 1745, mn.
E•AVRIL	Avril, Etienne (1748–1791) M 1774, éb.
CV•BARA	Bara, Charles-Vincent, M 1754, mn.
P•BARA	Bara, Pierre, M 1758, mn.
BARNON	Barnon, Jean-Baptiste, M um 1727, mn.
N•J•BAUDIN / N•BAUDIN	Baudin, Noël (1719 – um 1784) M 1763, mn.

BAUVE	*Bauve,* Mathieu († um 1786) M 1754, mn. (auch Debauve oder de Bauve)
F·BAYER	*Bayer,* François, M 1764, éb.
J-D-BAZIN	*Bazin,* Jean-Denis (Mitte 18. Jh.), mn.
P·BELLANGÉ	*Bellangé,* Pierre-Antoine (1757 – um 1840) M 1788, mn.
G·BENEMAN	*Benemann,* Johann Wilhelm (Guillaume) M 1785, éb.
CL·BC	*Bergez,* Clément († 1780) M 1720, mn. (?)
P·BERNARD❖	
(P·BERNARD circular stamp)	*Bernard,* Pierre (um 1730–1788) M 1766, mn.
N·BERTHELMI	*Berthelmi,* Nicolas (2. Viertel 18. Jh.), éb.
BESSIERRE	*Bessière* (um 1800), mn.
J·BIRCKLE	*Bircklé,* Jacques (1734–1803) M 1764, éb.
M·P·BIZET	*Bizet,* Michel-Philippe, M 1741, mn.
N·BLANCHARD	*Blanchard,* Jean-Nicolas le Jeune (* um 1730) M 1771, mn.
ↄBOICHODC	*Boichod,* Pierre, M 1769, éb.
A·BONNEMAIN	*Bonnemain,* Antoine, M 1753, mn.
G✦BOUCAULT	*Boucault,* Guillaume, M 1766, mn.

I·BOUCAULT	*Boucault,* Jean (um 1705–1786) M 1728, mn.
L·BOUDIN	*Boudin,* Léonard (1735 – um 1804) M 1761, éb.
J·B·BOULARD	
JB·BOULARD	*Boulard,* Jean-Baptiste (um 1725–1789) M 1754, mn.
BOVO	*Bovo* (?) (Mitte 18. Jh.), mn.
J·C·BRIOIS	*Briois,* Jean-Claude († 1782) M 1766, mn.
P·BRION	*Brion,* P. (um 1800), mn.
P·BRIZARD	*Brizard,* Pierre (1737–1804) M 1772, mn.
S·BRIZARD	*Brizard,* Sulpice (um 1735 – nach 1798) M 1762, mn.
J·BROCSOLLE	*Brocsolle,* Jacques († 1763) M 1743, mn.
J·A·BRUNS	*Bruns,* Jean-Antoine, M 1782, éb.
C·L·BURGAT	*Burgat,* Claude-Louis (1717 – vor 1782) M 1744, mn.
F·BURY	*Bury,* Ferdinand, gen. Ferdinand (1740 – 1795) M 1774, éb.
M CAILLOIS	*Caillois,* Jacques-Nicolas, M 1760, mn.
J CANABAS	*Canabas,* Joseph Gengenbach gen. (1712 – 1797) M 1766, éb.

❀ CANOT S	*Canot,* François (1721–1786, Lyon), mn.
CARFL	*Carel* (Mitte 18. Jh.), éb.
M·CARLIN	*Carlin,* Martin († 1785) M 1766, éb.
S·CARPANTIER	*Carpantier,* Sébastien (1733–1787, Lyon), mn.
L-C◆CARPENTIER	*Carpentier,* Louis-Charles († um 1787) M 1752, mn.
J•CAUMONT	*Caumont,* Jean (1736 – nach 1800) M 1774, éb.
CHAPUIS	*Chapuis,* Claude (um 1800), éb.
P◆CHARRIERRE	*Charrière,* P. (2. Hälfte 18. Jh.), éb.
B • A • CHAUMOND	*Chaumont,* Bertrand-Alexis (1741 – nach 1790) M 1767, éb.
I·CHENEAUX	*Cheneaux,* Jacques († um 1782) M 1756, mn.
I·CHENEVAT	*Chenevat,* Jacques, M 1763, mn.
I·M·CHEVALLIER	*Chevallier,* Jean-Mathieu l'Aîné (1696 – 1768) M 1743, éb.
C◆CHEVIGNY	*Chevigny,* Claude, M 1768, mn.
F·CHOLLOT	*Chollot,* Edme (um 1695 – nach 1774) M 1723, mn.
P·COIGNIARD	*Coignard,* Pascal (1748 – nach 1791) M 1777, éb.

P·B·COLBAULT	*Colbault,* Pierre-Barthélemy, M 1770, éb.
G·CORDIE	*Cordié,* Guillaume (um 1725 – um 1786) M 1766, éb.
J·L·COSSON	*Cosson,* Jacques-Laurent, M 1765, éb.
✦A N C✦ MONTBELIARD	*Couleru,* Abraham-Nicolas (1716–1812) M in Montbéliard 1750, éb.
J F-COULON	*Coulon,* Jean-François, M 1732, éb.
COURTOIS REUDESEINE	
COURTOIS	*Courtois,* Jacques-Marin, M 1743, mn.
I M COVRTOY	
N·S·COURTOIS	*Courtois,* Nicolas-Simon (1724 – nach 1789) M 1766, mn.
M·C·GRAMER	*Cramer,* Mathieu-Guillaume († 1794) M 1771, éb.
CRESSENT	
C.CRESSENT	*Cressent,* Charles (1685–1768), éb.
I·B-CRESSON	*Cresson,* Jean-Baptiste († 1780), mn.
L-CRESSON	*Cresson,* Louis I (1706–1761) M 1738, mn.
M·CRESSON	
MCRESSON	*Cresson,* Michel (1709 – nach 1773) M 1740, mn.

Mark	Description
ACRIAERD	*Criaerd (Criard),* Antoine (2. Viertel 18. Jh.), éb.
CRIARD M·CRIARD	*Criaerd (Criard),* Antoine-Mathieu, gen. Chevallier (um 1724–1787) M 1747, éb.
MCRIAERD	*Criaerd (Criard),* Mathieu (1689–1776) M 1738, éb.
J·DAUTRICHE	*Dautriche,* Jacques van Oostenryk gen. († 1778) M 1765, éb.
D✧DECANT	*Decant,* Denis M 1764, mn.
P×DEFRICHE	*Defriche,* Pierre, M 1766, éb.
J · F ✧ DELACOUR	*Delacour,* Jean-François, M 1768, éb.
DELAISEMENT	*Delaisement,* Nicolas-Denis, M 1776, mn.
L·DE LAITRE	*Delaitre,* Louis, M 1738, éb.
L·DELANOIS	*Delanois,* Louis (1731–1792) M 1761, mn.
A·N·DELAPORTE	*Delaporte,* Antoine-Nicolas, M 1762, mn.
M·DELAPORTE	*Delaporte,* Martin († 1756), mn.
C·DELENONCOURT	*Delenoncourt,* Charles, M 1752, mn.
D·DE·LOOSE	*Deloose,* Daniel († 1788) M 1767, éb.
DELORME	*Delorme,* Adrien Faizelot, M 1748, éb.

DEMAY
RUE·DE·CLERY

Demay, Jean-Baptiste-Bernard (1759–1849) M 1784, mn.

J·B·B·DEMAY

Demoulin, Jean (1715–1798), bis etwa 1775 in Paris, M in Dijon 1780, éb.

J DEMOULIN

P·DENIZOT

Denizot, Pierre (um 1715–1782) M 1740, éb.

DESHAYES

Deshayes, Louis, M 1756, mn.

G·DESTER

Dester, Geoffroy, M 1774, éb.

C·DIEUDONNE

Dieudonné, Claude (1739 – um 1780) M 1765, mn.

E·DIEVDONNE

Dieudonné, Etienne II, M 1740, mn.

E·DOIRAT

Doirat, E. (2. Viertel 18. Jh.), éb.

I DUBOIS

Dubois, Jacques (um 1693–1763) M 1742, éb.
Dubois, René (1737–1799) M 1755, éb.

J·F·DUBUT

Dubut, Jean-François († 1778), éb.

DUHAMEL

Duhamel, François (1723 – 1801) M 1750, éb.

Dupain, Adrien-Pierre, M 1772, mn.

J·P·DUPONT

Dupont, Jean-Pierre, M 1769, mn.

P+DUPRE

Dupré, Pierre (1732–1799) M 1766, éb.

Mark	Description
B·DURAND	*Durand,* Bon, M 1761, éb.
i·P·DUSAUTOY	*Dusautoy,* Jean-Pierre (1719–1800) M 1779, éb.
N DUVAL	*Duval,* Nicolas, M 1743, mn.
I·C·ELLAUMB	*Ellaume,* Jean-Charles Alleaume gen., M 1754, éb.
J·U·ERSTET	*Erstet,* Jean-Ulric, M 1740, éb.
C-F·EVRARD	*Evrard,* Charles-François, M 1752, mn.
FALCONET	*Falconet,* Louis, M 1743, mn.
G·FEILT	*Feilt,* Gaspard († 1763), éb.
L·FEL'IXC	*Felix,* Laurent, M 1755, éb.
FEURSTEIN	*Feurstein,* Joseph (1733–1809) M 1767, éb.
P·FLECHY	*Fléchy,* Pierre (1715 – nach 1769) M 1756, éb.
A·FLEURY	*Fleury,* Adrien (1721–1775), éb.
R·C·FLEURY	*Fleury,* René-Charles, M 1755, éb.
F·FOLIOT	*Foliot,* François le Jeune († 1761) M 1749, mn. *Foliot,* François II (* 1748) M 1773, mn.
N·9·FOLICT	*Foliot,* Nicolas-Quinibert (1706–1776), mn.
F·FONBONNE	*Fonbonne,* François, M 1762, mn.

P·FORGET	Forget, Pierre (1723–1789) M 1755, mn.
ANT FOVLLET	Foullet, Antoine († 1775) M 1749, éb.
L·FOUREAU	Foureau, Louis, M 1755, éb.
I·B·FROMAGEAV	Fromageau, Jean-Baptiste, M 1755, éb., mn.
J·B·GALET	Galet, Jean-Baptiste († 1784) M 1754, éb.
A·GAILLIARD	Gailliard, Antoine, M 1781, mn.
P·GARNIER	Garnier, Pierre (um 1720–1800) M 1742, éb.
M=GAUTRON	Gautron, Marc, M 1785, mn.
GAY	Gay, Jacques, M 1779, mn.
D·GENTY	Genty, Denis, M 1754, éb.
F·GENY	Geny, François-Noël (1731–1804, Lyon), mn.
GERBOUD FAIT A LYON	Gerboud, Claude (1736–1800, Lyon), mn.
PGILLIER	Gillier, Pierre, M 1749, mn.
GIRARD	Girard, François (2. Hälfte 18. Jh., Lyon), mn.
A·GOSSELIN	Gosselin, Adrien-Antoine, M 1772, éb.

PERE·GOURDIN	Gourdin, Jean (Mitte 18. Jh.), mn.
J·GOURDIN	Gourdin, Jean-Baptiste, M 1748, mn.
M·GOURDIN	Gourdin, Michel le Jeune, M 1752, mn.
F·GOYER	Goyer, François, M 1740, éb.
J·A·GRANDJEAN	Grandjean, Jean-Louis (*1739) M 1766, éb.
N·GREVENICH	Grevenich, Nicolas, M 1768, éb.
J·F·GRIFFET	Griffet, Jean-François, M 1779, éb.
P·F·GUIGNARD	Guignard, Pierre-François Queniard gen. (1740–1794) M 1767, éb.
HACHE·FILS–AGRENOBLE	Hache, Jean-François, gen. Hache fils (1730–1801, Grenoble), éb.
IBHEDOUIN	Hédouin, Jean-Baptiste († 1783) M 1738, éb.
J·B·HENRY	Henry, Jean-Baptiste, M 1777, éb.
N·HEURTAUT	Heurtaut, Nicolas (1720–1771?) M 1755, mn.
JACOB FRERES RUE MESLEE	Jacob frères (1796–1803), éb., mn.
G·IACOB	Jacob, Georges II (1768–1803), éb., mn. Jacob, François-Honoré-Georges, gen. Desmalter (1770–1841), éb., mn.
IB	Jacob, Georges (1739–1814) M 1765, mn.
H·JACOB	Jacob, Henri (1753–1824) M 1779, mn.

A✧P✧JACOT	*Jacot,* Antoine-Pierre, M 1766, éb.
G∘JANSEN	*Jansen,* Georges (*1726) M 1767, éb.
P✦F•JEAN	*Jean,* Paul-François, M 1784, mn.
✦JOSEPH✦	*Joseph,* Joseph Baumhauer gen. († 1772) M vor 1767, éb.
✦JOUBERT✦	
IOUBERT	*Joubert,* Gilles (1689–1775), éb.
D✦JULLIENNE	*Jullienne,* Denis, M 1775, mn.
G•KEMP	*Kemp,* Guillaume, M 1764, éb.
G✦KINTZ	*Kintz,* Georges, M 1776, éb.
J✦KOCHLY	*Koechly,* Joseph († 1798) M 1783, éb.
R✦V✦L✦C	
R•LACROIX	*Lacroix,* Roger Vandercruse gen. (1728 – 1799) M 1755, éb.
G•LANDRIN	*Landrin,* Germain, M 1738, éb.
P✦E✦LANGLOIS	*Langlois,* Pierre-Eloi (1738–1805) M 1774, mn.
N•LANNUIER	*Lannuier,* Nicolas, M 1783, éb.

Stamp	Details
F·LAPIERRE A LYON	Lapierre, François (1753–1823, Lyon), mn.
LARDIN	Lardin, André-Antoine (1724–1790) M 1750, éb.
P✦LAROQUE	Laroque, Pierre, M 1766, mn.
I·P·LATZ	Latz, Jacques-Pierre (um 1691–1754), éb.
I·LEBAS	Lebas, Jean-Baptiste (1729 – nach 1795) M 1756, mn.
J✦LECHARTIER	Lechartier, Jacques (1754–1809) M 1773, mn.
C✦LECLERC	Leclerc, Claude, M 1785, mn.
C·LEFAIURE	Lefaivre, Charles († 1759) M 1738, éb.
L·M·LEFEVRE	Lefèvre, Louis-Michel, M 1749, mn.
I✻B✻LELARGE	Lelarge, Jean-Baptiste II (1711–1771) M 1738, mn. Lelarge, Jean-Baptiste III (1743–1802) M 1775, mn.
J·F·LELEU	Leleu, Jean-François (1729–1807) M 1764, éb.
C·LEMARCHAND	Lemarchand, Charles-Joseph, M 1789, éb.
LENAIN	Lenain (?) (Ende 18. Jh.), mn.
C·LERAT	Lerat, Claude, M 1785, mn.
I✱B·LEROUGE	Lerouge, Jean-Baptiste, M 1749, mn.

165

F•LEROY	Leroy, Félix, M 1749, mn.
LERPSHER	Lerpsher (um 1800), mn.
IP LETELIER	Letellier, Jacques-Pierre, M 1747, mn.
E•LEVASSEUR	Levasseur, Etienne (1721–1798) M 1767, éb.
N•LEXELANT	Lexcellent, Nicolas, M 1764, mn.
M•E• LHERMITE	Lhermite, Martin-Etienne, M 1753, éb.
B•LIEUTAUD	Lieutaud, Balthazar († 1780) M 1749, éb.
J.LOUIS	Louis, Jean-Pierre, M 1787, mn.
[mark]	Maclard, Charles († 1775) M 1742, éb.
MACRET	Macret, Pierre (1727 – nach 1796) M um 1758, éb.
C•M•MAGNIEN	Magnien, Claude-Mathieu, M 1771, éb.
L•N•MALLE	Malle, Louis-Noël (1734–1782) M 1765, éb.
P•MANTEL	Mantel, Pierre († 1802) M 1766, éb.
MARCHAND	Marchand, Nicolas-Jean, M vor 1738, éb.
N•L•MARIETTE	Mariette, Nicolas-Louis, M 1770, mn.

OC•MATHON	*Mathon,* Augustin, M 1763, mn.
C+MAUTER	*Mauter,* Conrad (1742–1810) M 1777, éb.
L+MAYEUX	*Mayeux,* Louis-François, M 1757, mn.
F.C.MENANT	*Menant,* François-Claude (1757–1792) M 1786, mn.
E.MEVNIER	*Meunier,* Etienne (Mitte 18. Jh.), mn.
P·H·MEWESEN	*Mewesen,* Pierre-Harry, M 1766, éb.
E-MICHARD	*Michard,* Claude-Etienne (1732–1794) M 1757, mn.
MIGEON	*Migeon,* Pierre II (1701–1758), éb.
MIGEON	*Migeon,* Pierre III (1733–1775) M 1761, éb.
B•MOLITOR	*Molitor,* Bernard, M 1787, éb.
Mondon	*Mondon,* François (1694–1770) M vor 1738, éb.
MONTIGNY	*Montigny,* Philippe-Claude (1734–1800) M 1766, éb.
L•M CREAU	*Moreau,* Louis († 1791) M 1764, éb.
P◊MOREAU	*Moreau,* Pierre (1722–1798) M 1765, mn.
A·MOUZARD	*Mouzard,* Antoine, M 1755, éb.
I·NADAL	*Nadal,* Jean (Mitte 18. Jh.), mn.

J·NADAL·L'AINE	*Nadal,* Jean-René l'Aîné (*1733) M 1756, mn.
A·NICOLAS	*Nicolas,* A. (2. Hälfte 18. Jh., Paris und Nantes?), mn.
NOGARET A LYON	*Nogaret,* Pierre (1720–1771, Lyon), mn.
C·F·NORMAND	*Normand,* Charles-François, M 1746, mn.
J F·OEBEN	*Oeben,* Jean-François (um 1720–1763) M um 1761, éb.
S·OEBEN	*Oeben,* Simon († 1786) M 1764, éb.
M·OHNEBERG	*Ohneberg,* Martin, M 1773, éb.
OTHON	*Othon,* Pierre, M 1760, mn.
J·PAFRAT	*Pafrat,* Jean-Jacques († 1793) M 1785, éb.
F·J·PAPST	*Papst,* François-Ignace, M 1785, éb.
PARMANTIER A LYON	*Parmantier,* Nicolas (1736–1801, Lyon), mn.
B PERI DIEZ	*Péridiez,* Brice, M vor 1738, éb.
G·PERIDIEZ	*Péridiez,* Gérard, M 1761, éb.
N·PETIT	*Petit,* Nicolas (1730–1798) M 1765, éb.

Mark	Description
PILLOT	*Pillot* (Ende 18. Jh., Nîmes), mn.
P✧PIONIEZ	*Pioniez,* Pierre († 1790) M 1765, éb.
J·PLEE	*Plée,* Pierre (1742–1810) M 1767, éb.
L·M·PLUVINET	*Pluvinet,* Louis-Magdeleine († um 1785) M 1775, mn.
P·PLUVINET	*Pluvinet,* Philippe-Joseph († 1793) M 1754, mn.
PH·POIRIE·	*Poirié,* Philippe, M 1765, mn.
J·POPSEL	*Popsel,* Jean (1720 – nach 1785) M 1755, éb.
N T PORROT	*Porrot,* Noël-Toussaint, M 1761, mn.
J✦POTARANGE	*Potarange,* Jean Hoffenrichler gen., M 1767, éb.
I=POTHIER	*Pothier,* Jean-Jacques, M 1750, mn.
L POUSSIEE	*Poussier,* Louis (1. Hälfte 18. Jh.), mn.
F·RATIE	*Ratié,* Jean-Frédéric, M 1783, éb.
F·REIZELL	*Reizell,* François († 1788) M 1764, éb.
P·REMY	*Rémy,* Pierre (1724–1798) M 1750, mn.
FRC✧REVZE	*Reuze,* François (1716–1799) M 1743, mn.

C:REVAULT	*Revault,* Claude († 1757) M 1755, éb.
J. RHENON	*Rhenon,* Jacques, M 1746, mn.
G·RICHTER	*Richter,* Charles-Erdmann, M 1784, éb.
J·H·RIESENER	*Riesener,* Jean-Henri (1734–1806) M 1768, éb.
P·ROUSSEL	*Roussel,* Pierre I (1723–1782) M 1745, éb.
J·I·ROUSSENS.F	*Roussens,* J.-I. (Ende 18. Jh., Ort unbekannt), mn.
H·ROUX	*Roux,* Hubert, gen. Leroux, M 1777, éb.
F-RUBESTUCK	*Rübestück,* François, gen. Franz oder France (um 1722–1785) M 1766, éb.
J·SADDON	*Saddon,* J. (Mitte 18. Jh.), mn.
S$^T_=$GEORGE	*Saint-Georges,* Etienne († 1736), mn.
J·E·S^{T}GEORGES	*Saint-Georges,* Jean-Etienne (1723–1790) M 1747, mn.
S^{T}GERMAIN	*Saint-Germain,* Joseph de, M 1750, éb.
C·C·SAUNIER	*Saunier,* Claude-Charles (1735–1807) M 1752, éb.
J-B SAUNIER	*Saunier,* Jean-Baptiste, M 1757, éb.
I·C·SAVNIER	*Saunier,* Jean-Charles, M 1743, éb.

Stamp	Description
F · SCHEY	*Schey,* Fidelis, gen. Fidely († 1788) M 1777, éb.
J · M · SCHILER	*Schiler,* Jean-Martin Schüler gen. (1753 – 1812) M 1781, éb.
I·G · SCHLICHTIG	*Schlichtig,* Jean-Georges († 1782) M 1765, éb.
J ✦ SCHMITZ	*Schmitz,* Joseph, M 1761, éb.
CASPAR · SCHNEIDER	*Schneider,* Caspar, gen. Gaspard, M 1786, éb.
A ✦ SCHUMAN	*Schumann,* André, M 1779, éb.
G SCHWING KENS	*Schwingkens,* Guillaume (Mitte 18. Jh.), éb.
P ✦ F ✦ SEFERT	*Sefert,* Pierre-François Cephert gen., M 1780, mn.
C ✦ SENE	*Sené,* Claude I (1724–1792) M 1743, mn.
C · SENE	*Sené,* Claude II le Jeune, M 1769, mn.
I · B · SENE ✦	*Sené,* Jean-Baptiste-Claude (1748–1803) M 1769, mn.
N ✦ P ✦ SEVERIN	*Séverin,* Nicolas-Pierre (1728–1798) M 1757, éb.
C ○ P ○ SEVERIN	*Séverin,* Pierre-Charlemagne, M 1787, éb.
J ✦ STOCKEL	*Stöckel,* Joseph (1743–1802), M 1775, éb.
J ✦ STUMPFF	*Stumpff,* Jean-Chrysostome (1731–1806) M 1766, éb.

F·G·TEUNE	*Teuné,* François-Gaspard (* 1726) M 1766, éb.
TILLIARD	*Tilliard,* Jean-Baptiste I (1685–1766), mn. *Tilliard,* Jean-Baptiste II († 1797) M 1752, mn.
C·TOPINO	*Topino,* Charles, M 1773, éb.
TRAMEY	*Tramey,* Jacques, M 1781, éb.
J.TUART	*Tuart,* Jean-Baptiste, M 1741, éb.
J·B·VASSOU	*Vassou,* Jean-Baptiste (* 1739) M 1767, éb.
P·A·VEAUX	*Veaux,* Pierre-Antoine (1738–1784) M 1766, éb.
I·VIEZ	*Viez,* Joseph, M 1786, éb.
G·H·VINATIER	*Vinatier,* Gilles-Hyacinthe, M 1784, mn.
I·A·VOVIS	*Vovis,* Jean-Adelbert Wowitz gen. (* 1735) M 1767, éb.
WALTER	*Walter,* Pierre (Mitte 18. Jh.), éb.
·WEISWEILER	*Weisweiler,* Adam, M 1778, éb.
C·WOLFF	*Wolff,* Christophe (1720–1795) M 1755, éb.

Monogrammstempel

✦A NC✦
MONTBELIARD

Couleru, Abraham-Nicolas (1716–1812) M in Montbéliard 1750, éb.

BVR·B·

Risenburgh, Bernard II van († 1765/66) M vor 1730, éb.

C·J Y·M

Unbekannter Bildhauer-Dekorateur (?) (2. Hälfte 18. Jh.)

CL·BC

Bergez, Clément († 1780) M 1720, mn. (?)

I B

Jacob, Georges (1739–1814) M 1765, mn.

JVE

Jurés – Menuisiers – Ebénistes. Kontrollstempel der Jurande des menuisiers-ébénistes in Paris

M·P

Unbekannter Bildhauer-Dekorateur (?) (2. Hälfte 18. Jh.)

N·DLP·S

Delaporte, Nicolas (2. Hälfte 18. Jh). Bildhauer-Dekorateur (N. DLP. S = Nicolas De La Porte sculpsit?)

R✦V✦L✦C

Lacroix, Roger Vandercruse gen. (1728 – 1799) M 1755, éb. (R.V.L.C. = Roger Vandercruse La Croix)

173

Register

Aachener Möbel. Seit Anfang des 18. Jhs. entwickelte sich Aachen unter dem Einfluß der Nachbarstadt Lüttich zu einem bedeutenden Zentrum rheinischer Kunstschreinerei. Die durch flache, aus dem Grund herausgehobene, ornamentale Reliefschnitzerei ausgezeichneten Aachener Eichenmöbel sind von den Lütticher Produkten nur schwer zu unterscheiden, bekunden ihre Herkunft jedoch mitunter durch den einfacheren und gröberen Dekor oder durch ihre typisch deutschen Sonderformen (Schreibschrank, Kabinett u. a.). *Abb. 151*

Abildgaard, Nicolai Abraham (1743 bis 1809), Kopenhagen. Dänischer Maler, der seit 1794 auch als Architekt und Dekorateur tätig war. Seine Möbelentwürfe verwerten antike Motive in klassizistischer Strenge.

Adam, Robert (1728–1792), London. Führender englischer Architekt, der seine Reformen auch auf die Einrichtung, Möbel und Ausstattung seiner Gebäude ausdehnte und außerordentlichen Einfluß auf das Kunstgewerbe seiner Zeit gewann. Seine Entwürfe veröffentlichte er in dem Stichwerk ›The Works in Architecture‹, 3 Bände, London 1773, 1779, 1822 (neue Ausgabe 1902), das er zusammen mit seinem jüngeren Bruder James herausgab. *Abb. 198*

Akanthus. Ausgezacktes, meist weich gerolltes, lappiges Blattornament, das in der Kunst seit der römischen Antike einzeln oder in Ranken dekorativ verwendet wurde.

Albert, Alexander. Hofkunsttischler in Wien. Seine oft durch Intarsien und Malereien veredelten Möbel, vorwiegend im Renaissance-, Louis XVI- und englischen Stil, sind kennzeichnend für das »von einer stillen Vornehmheit« geprägte Wiener Mobiliar des Historismus. Beteiligte sich erfolgreich an den Weltausstellungen 1873, 1893 und 1900. *Abb. 621*

Albert von Soest. Von 1567–1587/90 als Bildschnitzer in Lüneburg tätig. Sein Hauptwerk ist die Vertäfelung im Sitzungszimmer des Lüneburger Rathauses (1567–1584).

Amboyna. Hartes, gesprenkeltes Holz, von hellem Rotbraun bis zum Orange getönt; kommt von den Molukken, hauptsächlich von Amboyna und Ceram.

Angermair, Christoph († um 1632). Hervorragender Elfenbeinschnitzer, seit 1618 Hofbildhauer in München. Seine Hauptarbeiten sind die vier kostbaren Elfenbeinschreine im Bayerischen Nationalmuseum in München.

Anrichte → Kredenz.

Arabeske. Seit der hellenistisch-römischen Antike in der Kunst ornamental verwendete stilisierte Pflanzenranke, die sich meist auf langrechteckigen Füllungen aus einer Blattvolute oder einem Gefäß streng symmetrisch entwickelt.

Arca (venezianisch) = Truhe.

Arcella (venezianisch) = kleine Truhe.

Armadio stipo (italienisch) = Kabinettschrank.

Armoire (französisch) = Schrank.

Armoire à deux corps. Zweigeschossiger, viertüriger Schrank, meist mit verjüngtem Obergeschoß; in der 2. Hälfte des 16. Jhs. verbreitetes französisches Möbel. *Abb. 24, 25*

Aufbauschrank → Überbauschrank.

Aufsatzschrank. Deutscher Schranktyp des 18. Jhs. mit kommodenartigem Unterteil (mit Schubladen oder Türen) und ein- oder zweitürigem Aufsatz. Der Begriff wird auch häufig auf den Schreibschrank angewendet. *Abb. 99*

Augsburger Kabinett. Kunstkammerschrank aus Ebenholz. Das Untergestell aus meist acht Stützen, Fußplatte und Kugelfüßen; der Aufsatz zweitürig. Im Innern des Kastens zahlreiche Schubfächer, um ein mittleres Schließfach gruppiert. Wegen seiner Ausschmückung mit Edelmetall, vergoldeter Bronze, Perlmutter, Elfenbein, Steinen und Miniaturen Anfang des 17. Jhs. in ganz Europa beliebt. Hauptmeister → Baumgartner, Ulrich.

Auvera, Johann Wolfgang van der (1708–1756). Würzburger Hofbildhauer; nach 1742 beteiligt an der dekorativen Plastik in der Residenz; schuf vor allem einige der prachtvollen geschnitzten Konsoltische im Spiegelkabinett, die als höchste Steigerung der Rokokoornamentik in Deutschland angesehen werden können.

Baluster, auch Docke genannt. Kurzes Säulchen mit stark profiliertem Schaft. Im Möbelbau seit der römischen Antike verwendet.

Bandelwerk. Reich gekurvtes und verflochtenes Bandornament, meist mit naturalistischem Laubwerk, Gehängen und Figuren durchsetzt. Von → Bérain nach italienischen und niederländischen Anregungen am reinsten entwickelt; in Deutschland von etwa 1715 bis etwa 1740 allgemein verbreitetes Dekorationsmotiv.

Banquette. Bank ohne Lehne, häufig auf acht Beinen.

Bantam. Englische Bezeichnung für eine Lacktechnik, bei der die Zeichnung in den Grund eingeschnitten und farbig angelegt wurde. In der Wirkung dem Koromandellack ähnlich.

Bas d'armoire. Im 18. Jh. halbhoher ein- oder zweitüriger Schrank mit Marmorplatte (meuble à hauteur d'appui), der als Büfett dient.

Bauer, Nicolaus. Bamberger Hofschreiner. Als Nachfolger von Servatius Brickard seit den 40er Jahren des 18. Jhs. von maßgeblichem Einfluß auf das Bamberger Möbel des Rokoko. *Abb. 118*

Baumgartner, Ulrich (um 1580–1652). Berühmter Augsburger Kunstschreiner. Fertigte u. a. Kunstkammerschränke für Herzog Philipp II. von Pommern (1617; Schloßmuseum Berlin), für Herzog Leopold von Tirol (1628; Palazzo Pitti Florenz) und für König Gustav Adolf (1632; Uppsala). → Augsburger Kabinett.

Baumhauer, Gaspar-Joseph (geb. 1747), Pariser Ebenist; Sohn des Joseph Baumhauer, deshalb Joseph fils genannt; übernahm 1772 die Werkstatt des Vaters und verwendete auch dessen Stempel weiter.

Baumhauer, Joseph († 1772), Pariser Ebenist, von Geburt Deutscher. Signierte mit »Joseph«. 1767 »Ebéniste privilégié du roi«. Seine mit großer Freiheit gestalteten Möbel erfassen die irrationale Bewegung des Rokoko mit feinstem ornamentalen Gefühl. *Abb. 114*

Beck, Sebald († 1545/46). Nürnberger Kunstschreiner und Bildhauer; nach Wanderjahren in Italien seit 1534 in Nürnberg nachweisbar.

Beefwood → Casuarina-Holz.

Beeldenkast. Ein Typ des niederländischen Barockschrankes, der außer Reliefs noch figurale Gliederung in Form von Atlanten und Karyatiden (beelden) aufweist.

Bellangé, Pierre Antoine (1757 – gegen 1840). Pariser Möbelfabrikant; Meister 1788, fertigte hauptsächlich Betten und Sitzmöbel; war sowohl bevorzugter Lieferant für Napoléon I als auch für Louis XVIII, Charles X und Louis-Philippe, der ihn zum »ébéniste du roi« ernannte.

Benemann, Johann Wilhelm (Guillaume). Pariser Ebenist deutscher Herkunft. Arbeitete zunächst mit Riesener zusammen und wurde 1785 Meister. Seit 1784 der bevorzugte Ebenist der Krone. Seine Möbel führen in ihrem klaren Aufbau und der Betonung der Horizontalen unmittelbar zum Empire. *Abb. 175*

Bérain, Jean (1640–1711), Paris. Meister des Ornamentstichs unter Ludwig XIV. In seinen Vorlagen, die für die Innendekoration und speziell die Boulle-Intarsie außergewöhnliche Bedeutung gewannen, machte er das graziöse, sich in Kurven sich bewegende und verflechtende Bandelwerk zum Gerüst der ornamentalen Figuration und damit die bewegte Linie zum eigentlichen Träger des ornamentalen Gedankens.

Bergère. Seit etwa 1735 Name für eine neu aufgekommene Fauteuilform mit Polsterung und geschlossenen Armlehnen, meist mit beweglicher Matratze. Wies die Rücklehne außerdem Ohren auf, so sprach man von »bergère en confessional«, »bergère à joue« oder »bergère à oreilles«. *Abb. 145, 146, 193*

Berndinck, Cordt. Kölner Möbelschnitzer des 16. Jhs. Hauptwerk (zusammen mit Johan Withoup) Orgelgehäuse von 1553 in Kempen.

Biarelle, Paul Amadeus († 1752). Bildhauer aus Lüttich. Unter dem Architekten Leopold Retti Zeichner für die Innendekoration der Ansbacher Residenz (1736–1744). Schuf zusammen mit Johann Georg Wörfflein u. a. Konsoltische, Sitzmöbel und das Bett des Markgrafen, die der französischen Tradition verhaftet sind. 1747 am Bau des Stuttgarter Residenzschlosses (Retti) beschäftigt.

Bibliothèque basse. Niedriger Bücherschrank, der meistens mit Glastüren verschlossen ist. *Abb. 166*

Bois de Spa. Erzeugnisse der im 18. und 19. Jh. in Spa (Belgien) beheimateten Lackindustrie.

Bolpoottafel. Schwerer Tisch mit Kugelfüßen, der im Barock in Holland und den angrenzenden deutschen Gebieten die gebräuchlichste Form des bürgerlichen Eßtisches wurde.

Bonheur du jour. Kleiner Damenschreibtisch, der gewöhnlich auch Toilettegegenständen Platz bot. Das fast immer auf hohen Beinen stehende Möbel mit niedrigem, zurückgesetztem Aufbau kam gegen 1760 auf, geriet jedoch verhältnismäßig schnell wieder außer Gebrauch.
Abb. 183, 184, 185, 226

Bonnes graces. Französische Bezeichnung für die leichteren, beweglichen Vorhänge des Barockbettes. Vgl. → Cantonnières.

Boucher, François d. J. (1736–1782). Pariser Ornamentstecher, Sohn des berühmten Malers François d. Ä. (1703–1770). Zeichnete mehrere Serien von Entwürfen für Möbel und Innendekorationen.

Boulard, Jean Baptiste (um 1725 bis 1789). Pariser Menuisier. Meister 1754; erhielt seit 1777 regelmäßig Aufträge von der Krone, so für die königlichen Gemächer in Versailles, Saint Cloud und Fontainebleau. *Abb. 191*

Boulle, André Charles (1642–1732). Der berühmte Pariser Ebenist des Louis XIV, dessen Einfluß bis zum Ende des 18. Jhs. andauerte. Als Sohn eines Menuisier in Zeichnung, Malerei und Bildhauerei ausgebildet, richtete er seine erste Werkstatt für Malerei und Marketerie 1664 im Bereich der Universität ein. Schon 1672 wies ihm der König auf Empfehlung Colberts als »le plus habile de Paris dans son métier« eine Wohnung im Louvre zu und ernannte ihn bald darauf zum ersten Ebenisten. In seinem Atelier beschäftigte er zeitweise bis zu 26 Mitarbeiter. Boulle verschafft dem Möbel als erster den bewegten, kurvenreichen Umriß, verkleidet es in eigenwilliger Technik (Einlegearbeit von Messing auf Schildpatt) und führt systematisch die Bereicherung durch vielteiligen Bronzeschmuck ein, der das französische Möbel über ein Jahrhundert vollständig beherrscht. Die vier Söhne Boulles setzten die Tradition des Vaters zum Teil in derselben Werkstatt fort.
Abb. 79, 80, 81, 84

Boulle-Technik. Boulle vervollkommnete die aus Italien stammende und in Deutschland weiterentwickelte Marketerie aus Messing und Schildpatt, wobei er wohl erstmalig größere Platten von Schildpatt und Zinn bzw. Messing verwendete. Diese Platten wurden aufeinandergeleimt, dann das Muster, das auf der oberen eingezeichnet war, mit der Säge ausgeschnitten. Je nachdem, wie man die Platten wieder zusammenfügte, ergaben sich entweder der premier effet, die partie oder boulle: helles Messing auf dunklem Schildpattgrund, oder die contre-partie, der deuxième effet oder contre-boulle: die Ornamentik in Schildpatt auf Metallgrund.

Bout de pied → Duchesse.

Bracket clock. Kleine Standuhr.

Braunschweiger Schrank. Bürgerlicher zweitüriger Schrank mit hellem Nußbaumfurnier, häufig mit verkröpften Gesimsen und figürlichen Elfenbeineinlagen. Blütezeit Mitte des 18. Jhs.

Brauttruhe → Hochzeitstruhe.

Brickard, Servatius. Kunstschreiner. Von Geburt Flame; arbeitete seit 1705 in Bamberg. Im Dienst des Kurfürsten zunächst unter Plitzner stehend, wurde er nach dessen Tod 1724 sein Nachfolger als Pommersfeldener Ebenist. Er wandelte die französisch beeinflußte Ornamentik Plitzners ins Niederländische ab. Wahrscheinlich war er auch für den kaiserlichen Hof und Prinz Eugen tätig.

Briefpaneel. Niederländische Bezeichnung für Faltwerk.

Brøtterup, Jens. Kopenhagen, tätig um 1800. Dänischer Möbelschreiner, der ganz im englischen Stil arbeitete.

Brustolon, Andrea (1662–1732). Venezianischer Bildhauer, der u. a. den Palast der Venier di S. Vio mit Möbeln und Dekorationen ausstattete (heute im Palazzo Rezzonico in Venedig). Seine Möbel zeichnen sich durch ungewöhnlich naturalistische Schnitzerei in Form von Baumstämmen und Ästen und durch reiche figürliche Beigaben aus.

Bruynestein, Nicolaas (1699–1764). Bezahlt 1723 sein Meistergeld in der St. Lucasgilde in Den Haag. Bekannt durch Entwürfe für Stuckdecken und den Statthaltersitz im Amsterdamer Rijksmuseum.

Büfett (Buffet). Nach dem Vorbild des → Überbauschrankes der Renaissance gestalteter, im Historismus verbreiteter Eß- und Wohnzimmergeschirrschrank, auch als Anrichte verwendbar. Der Unterbau gewöhnlich zweitürig und mit zwei Schubladen ausgestattet; der zurückgesetzte Aufsatz zuerst zweitürig, später mit Mittelnische, Etagèren und Schließfächern. Außer den am häufigsten verwendeten Renaissanceformen kommen auch Schränke in Gotik, Barock, Rokoko und Jugendstil vor. Vgl. → Kredenz. *Abb. 219, 220*

Bureau cartonnier → Cartonnier.

Bureau plat. Seit dem Ende des 17. Jhs. gebräuchlicher vornehmer flacher Schreibtisch, unter dessen Platte gewöhnlich eine Reihe Schubfächer angebracht war. *Abb. 84, 129, 130, 180*

Bureaustuhl → Fauteuil de bureau.

Bureau-toilette. Im 18. Jh. kleines Möbel, das gleichzeitig als Schreibtisch und Toilettetisch verwendet werden konnte.

Burmester, Warnike. Lüneburger Holzschnitzer, fertigte 1583/84 die reiche Vertäfelung der Kommissionsstube im Rathaus zu Lüneburg sowie 1588–1593 das Chorgestühl der Johanniskirche.

B. V. R. B. → Risenburgh, Bernard van.

Cabinet d'Allemagne. In der Renaissance französische Bezeichnung für den deutschen Schreibkasten mit Klappdeckel und Schließfächern sowie Schubladen im Innern.

Cabinet-maker. Englische Bezeichnung für den Kunstschreiner (joiner), im Gegensatz zum chair-maker (Stuhlmacher).

Cabriole leg. Zügig geschweifter Möbelfuß, der im Spätbarock in England die aus Kurven und gebrochenen Voluten zusammengesetzte Stütze ablöst.

Caffiéri, Jacques (1678–1755). Pariser Bildhauer. Entstammt einem alten italienischen Geschlecht von Bildhauern und Ziseleuren. Sein Vater war von Mazarin nach Paris gerufen worden. Er selbst gehört zu den exponiertesten Vertretern des französischen Rokoko und fertigte für Möbel ebenso kunstvolle wie phantasiereiche Bronzen.
Abb. 117

Canapé. Breites Sitzmöbel mit Rück- und Armlehnen, mitunter auch mit Wangen.

Canapé à confidents. Breites dreiteiliges Kanapee, dessen Enden durch Armlehnen abgesonderte Ecksitze bilden; ein seit den 70er Jahren des 18. Jhs. bekannter Typ.

Cantonnières. Die geraden Stoffbahnen der Vorhänge an den Ecken barokker Prunkbetten. Vgl. → Bonnes graces.

Caquetoire (von caqueter = plaudern, schwätzen). Kleiner handlicher Armstuhl der Spätrenaissance, auch »chaire à femme« genannt. *Abb. 49*

Carlin, Martin († 1785). Paris. Gehört zu den besten französischen Ebenisten der 2. Hälfte des 18. Jhs.; er lernte bei Oeben, wurde 1766 Meister, später »ébéniste du roi«. Gleichzeitig mit Riesener lieferte er Möbel für Saint Cloud. Carlin bevorzugte für seine Möbel, die vor allem Tische, Kabinette und bonheurs-du-jour umfassen, Japanlack sowie Sèvresplatten und sehr zierlichen Bronzedekor. *Abb. 170, 176, 189*

Carolean chair. Bezeichnung für den seit Karl II. in England verbreiteten → Louis-XIII-Stuhl.

Cartonnier. Gestell mit Fächern und Schubladen für Schreibmaterial, auch serre-papier genannt, das an einer Schmalseite des Schreibtisches entweder aufgesetzt oder angestellt wurde.
Abb. 181

Cassapanca. Italienische Truhenbank mit überhöhter Rückwand und Seitenlehnen, meist mit stufenhohem Podest. Seit Ende des 15. Jhs. aus Truhe und Thron entwickelt, wurde sie in der Mitte des 16. Jhs. zum »vornehmsten Möbel der italienischen Renaissance« (Feulner) ausgebildet. *Abb. 48*

Cassone. Italienische Truhe, die sich seit dem 14. Jh. aus einem einfachen Gebrauchsmöbel zum Prunkkasten entwickelte. Wurde zunächst als Schmuck vergoldeter Stuck und Carta pesta verwendet, so nahm später die Malerei die Flächen der gerahmten Felder ein. Die Hochrenaissance brachte die klassische Durchgliederung mit plastischem Dekor, der sich im Barock zu bewegtem Reichtum steigerte.
Abb. 38, 39, 40, 41, 42, 43

Casuarina-Holz, auch als beef-wood bekannt. Sehr hartes, feinkörniges Holz von dunkler oder ziegelroter Färbung. Häufig für Marketerie verwendet und im 18. Jh. wahrscheinlich aus Südafrika importiert. Heute kommt es hauptsächlich in Australien vor.

Causeuse entspricht als kleines Sofa oder großer Sessel sowohl der Marquise als auch dem kleinen englischen settee oder dem love-seat.

Certosina (von certosa = Kartause). Vom Orient über Venedig nach Oberitalien gekommene und vor allem in den oberitalienischen Kartäuserklöstern gepflegte alte Intarsientechnik, bei der flächenhafte geometrische Dekorationen aus weißen und getönten Bein- und schwarzen Ebenholzplättchen zusammengesetzt wurden.
Abb. 41

Chaire. Repräsentativer Kastensitz mit hohem Rückenbrett und Armlehnen, meist mit geschnitzten Füllungen. Im 15. und 16. Jh. das vornehme kirchliche und profane Sitzmöbel Frankreichs und Flanderns.

Chaire à femme → Caquetoire.

Chaise (französisch) = Stuhl.

Chaise à la capucine. Einfacher Stuhl mit Strohgeflecht.

Chaiselongue. Durch Verlängerung der Sitzfläche zum Ruhebett erweiterter Stuhl. Vgl. → Duchesse.

Charny, Jean (geb. 1731). Pariser Bildhauer und Möbelschnitzer, der u. a. für Versailles und Fontainebleau arbeitete.
Abb. 191

Chatard. Pariser Möbelvergolder. Arbeitete seit 1785 für die Krone.
Abb. 191

Chateauneuf, Alexis de (1799–1853). Bedeutender Hamburger Architekt. Für eines seiner Hauptwerke, das Abendrothsche Haus am Neuen Jungfernstieg, das von dem Maler Erwin Speckter mit Fresken geschmückt wurde, entwarf er auch die Inneneinrichtung (jetzt im Museum für Kunst und Gewerbe Hamburg). In seinen späten Arbeiten bevorzugte er gotische Formen.

Chest (englisch) = Truhe.

Chest of drawers (englisch) = Kommode.

Chiffonnière. Pfeilerschrank oder -kommode mit mehr als vier Schubladen (mitunter bis zu 12) übereinander.

Chiffonnière, table en → Table en chiffonnière.

China-case. Englischer Vitrinenschrank zum Aufbewahren des Porzellans.

Chippendale, Thomas (1718–1779). Der bedeutendste englische Kunstschreiner, der den Möbelstil der mittleren georgianischen Epoche (Georg II., 1727–1760) formte und durch sein Vorlagewerk ›The Gentleman and Cabinet-Maker's Director‹ (1754; 2. Ausgabe 1755; 3. Ausgabe 1762) über ganz Europa verbreitete. Sein Stil ist sowohl Fortsetzung des Queen Anne als auch Verarbeitung außerenglischer Einflüsse (french taste, chinese taste), die er häufig mit gotisierenden Motiven (gothic taste) und modernen Ornamenten (modern taste) verband. Seit etwa 1753 betrieb Chippendale in London eine eigene Werkstatt, in der nach den ersten Erfolgen zahlreiche Handwerker unter seiner Leitung arbeiteten, ohne daß er selbst als ausübender Kunstschreiner bezeugt ist. Für seine Möbel ließ er neben Mahagoni auch Weichholz mit Japanlack und Vergoldung verarbeiten. *Abb. 103, 136, 137, 139, 156, 157, 158, 159*

Chute. Eckbronzen an Möbeln.

Claw and ball foot. Vogelfuß, der mit den Krallen eine Kugel umspannt. In England seit Anfang des 18. Jhs. beliebtes Stützmotiv für Sitzmöbel, das, hier vielleicht von chinesischen Bronzen entlehnt, in Deutschland und Italien schon im Frühbarock bekannt war.

Club foot. Bei englischen Sitzmöbeln keulenförmige Fußform (wohl nach chinesischem Vorbild), die neben dem → claw and ball foot seit Beginn des 18. Jhs. verwendet wurde.

Cobb, John. Hofschreiner (upholsterer) Georgs III. (1760–1820) in London. *Abb. 178*

Coffre (französisch) = Truhe.

Confident. Neuere Bezeichnung für → Marquise.

Corner-chair → Eckstuhl.

Couven, Johann Joseph (1701–1763). Aachener Architekt, der durch seine Entwürfe besonderen Einfluß auf die Aachener Möbelkunst gewann.

Craaz, Gottfried (tätig um 1730–1750). Augsburger Zeichner, von dem mehrere Ornamentstiche mit Tischen, Sofas und Kaminen bekannt sind.

Cressent, Charles (1685–1768). Paris. Bedeutendster Ebenist der Régence. Sohn eines Bildhauers in Amiens, kam Anfang des 18. Jhs. nach Paris, wo er 1714 in die Académie de Saint-Luc aufgenommen wurde. Heiratete 1719 die Witwe des Ebenisten Joseph Poitou, der für den Herzog von Orléans gearbeitet hatte, übernahm dessen Geschäft und wurde selbst Hofebenist des Herzogs. Neben den Aufträgen für den Regenten belieferte er die Höfe von Schweden, Bayern und Rußland mit seinen prunkvollen Möbeln, die er in ihrer Schwellung und ornamentalen Plastik so durchformte, daß sie als einheitlicher Organismus wirkten und auch im Zusammenklang von Bronze und Holz edelste künstlerische Harmonie erreichten. *Abb. 112, 113*

Criaerd, Matthieu (1689–1776). Pariser Ebenist, entstammt einer flämischen Kunstschreinerfamilie, wurde 1738 Meister und arbeitete hauptsächlich für Oeben. Seine Möbel, unter denen sich die Kommoden besonders auszeichnen, sind sehr luxuriös und mit phantastischen Ornamenten ausgestattet.

Cupboard (englisch) = Schrank.

Cuvilliés, François d. Ä. (1695–1768), gebürtiger Wallone, war 1706 als Kammerzwerg an den Hof Max Emanuels von Bayern gekommen und wurde nach einigen Jahren Pariser Schulung (1720/24) der bevorzugte Architekt des Kurfürsten Karl Albrecht. Er vollendete den durch Effner vorbereiteten höfischen Stil des bayerischen Rokoko. Durch die Folgen der »pieds de tables«, »différents dessins de commodes«, »livres de lambris« und »dessins de lambris« seines Stichwerkes hat er auch die Entwicklung des deutschen Möbels maßgebend beeinflußt.
Abb. 121

Dachtruhe. Frühmittelalterlicher Truhentyp aus Nadelholz, der sich in einigen späteren bäuerlichen Nachfahren erhalten hat. Die Wandbretter dieser Truhe sind in dicke Eckstollen eingenutet, die zugleich die Füße bilden. Der Klappdeckel hat die Form eines Satteldachs aus zwei schräg liegenden Brettern, deren Schmalseiten mit Zapfen in den aus dicken Bohlen geschnittenen Dachgiebeln befestigt sind. Das Dach ruht auf den vier Eckstützen und ist mit den beiden Rückpfosten durch zwei runde Holzbolzen drehbar verbunden. Verbreitungsgebiet: Schweiz, Südtirol, Siebenbürgen, Norwegen und England. Die Form ist bereits in spätantiker Zeit bekannt.

Dagly, Gerard. Bedeutender Lackkünstler aus Spa (Belgien); arbeitete seit 1687 am Hof des Großen Kurfürsten in Berlin, wo er, später zusammen mit seinem Bruder Jacques, Möbel firnißte und lackierte. Seit 1696 hatte er als »Intendant der Ornamente« die Oberaufsicht über die Ausstattung der Schlösser. Erst das sparsame Regiment Friedrich Wilhelms I. führte zur Entlassung der Daglys. Wahrscheinlich kehrte Gerard nach Spa zurück, während Jacques sich nach Paris wandte († 1728).

Dahlin, Nils († 1787). Stockholm. Schwedischer Hofebenist, wurde 1761 Meister. Seine in verschiedenen schwedischen Schlössern erhaltenen Arbeiten lassen die Abhängigkeit von französischen Möbeln der späten Rokokozeit erkennen.

Danziger Schrank. Schwerer, zweitüriger barocker Schrank, im Typus verwandt dem Hamburger Schapp, meist mit verkröpften Füllungen, in den Zwickeln und an den Pilastern Schnitzereien. Der Giebel fast immer abgeplattet, die Kugelfüße kantig.

Davenport. Englisches Pultmöbel mit seitlich angebrachten Schubladen. Der Typ kam in der Regency-Periode auf und soll erstmals von der Londoner Firma Gillows für einen Captain Davenport gefertigt worden sein.
Abb. 223

Day-bed. Tagesbett mit hoher, stark geneigter Lehne an einer Schmalseite und langrechteckiger rohrbezogener Liegefläche auf sechs Beinen. In England seit Ende des 17. Jhs. beliebt.
Abb. 96

Decker, Paul d. Ä. (1677–1713). Nürnberger Architekt und Kupferstecher. Seit 1710 im Dienste des Markgrafen von Bayreuth. Von großem Einfluß durch sein Kupferstichwerk ›Fürstlicher Baumeister oder Architectura civilis‹ (1711/16). Unter den übrigen Stichwerken eine Anzahl von Möbelentwürfen, die sich meist an französischen Ornamentstichen orientieren.

Delafosse, Jean Charles (1734–1789). Paris. Architekt und Ornamentstecher. Sein Stichwerk enthält zahlreiche Möbelentwürfe im Stil Louis XVI, die durch Girlanden, Eichenlaub und Lorbeer über architektonischen Motiven gekennzeichnet sind.

Delaitre, Louis. Pariser Ebenist der Régence-Zeit; wurde 1738 Meister. Seine Möbel sind von Boulle und Cressent abhängig, zeichnen sich jedoch durch einen besonders feinen Bronzeschmuck aus. *Abb. 130*

Delanois, Louis (1731–1792). Bedeutender Pariser Menuisier; wurde 1761 Meister. Lehrer von Georges Jacob. Er war der bevorzugte Lieferant der Madame Dubarry, arbeitete für den Hof in Fontainebleau und Versailles sowie für den französischen und ausländischen Adel. Die elegante Wirkung seiner Sitzmöbel beruht auf leicht ineinanderfließenden Kurven und sparsamem Dekor, der sich auf Eck- und Zentralmotive beschränkt.

Delorme, Adrien Faizelot. Pariser Ebenist. Meister 1748. War bis 1783 tätig. Bei seinen frühen Möbeln verwendet er häufig Japanlack; die späteren Arbeiten sind durch hervorragende Marketerie, häufig mit Blumenvasen und -körben, gekennzeichnet. *Abb. 132*

Delorme, Jean Louis Faizelot. Pariser Ebenist. Jüngerer Bruder von Adrien Delorme; Meister 1763; übernahm 1768 die Werkstatt seines Vaters François, die er bis gegen 1780 unterhielt. *Abb. 166*

Demoulin, Jean (1715–1798). Französischer Ebenist, kam um die Jahrhundertmitte nach Paris, ging jedoch zu Beginn der Regierung Ludwigs XVI. nach Dijon, wo er Ebenist des Prinzen von Condé wurde. Meister in Dijon 1783. Seine Möbel schmückte er bevorzugt mit chinesischer Lackmalerei. *Abb. 117*

Desforges, Jean. Pariser Ebenist, der um 1739 eine Werkstatt besaß, die kostbare Lackmöbel im reifen Rokoko fertigte.

Detler, Franz. Wiener Medailleur und Bronzebildhauer in der 1. Hälfte des 19. Jhs.; schuf u. a. reizvolle figürliche Möbelbronzen. *Abb. 204*

Dietrich, Andreas Michael. Würzburger Bildhauer des 18. Jhs.; fertigte geschnitzte Möbel für die Würzburger Residenz, u. a. 1751 eine Sitzgarnitur und einen Konsoltisch, ferner die Bänke im weißen Vorzimmer des Kaisersaales.

Dietrich, Joachim († 1753). Bedeutender Münchner Rokokobildhauer, 1736 zum Hofbildhauer ernannt; führte unter Effner die Schnitzereien des Audienzsaales in den Reichen Zimmern der Residenz aus, arbeitete dann unter Cuvilliés u. a. an der Ausstattung der Amalienburg.

Dietz (Tietz), Adam Ferdinand (1709–1777). Berühmter fränkischer Bildhauer, seit 1760 Bamberger Hofbildhauer, Schöpfer der Sandsteinfiguren in den Schloßgärten von Seehof, Bamberg und Veitshöchheim. Auch als Schnitzer für Innendekorationen tätig; fertigte z. B. sieben Türen für die Würzburger Residenz (1745/46); von ihm stammen wahrscheinlich auch die Entwürfe für zahlreiche Konsoltische und Kommoden in Schloß Seehof bei Bamberg (um 1765).

Dossier en chapeau. Im Louis XVI rechteckige Rücklehne eines Stuhles mit abgerundeten oberen Ecken. *Abb. 192*

Dressing-glass (= Toilettespiegel). In der Queen-Anne-Zeit niedriger beweglicher Standspiegel zwischen zwei Stangen auf einem Unterbau mit Schubladen, der auch als Schreibpult eingerichtet sein kann.

Dressing-table (englisch) = Toilettetisch.

Dressoir (von dresser = anrichten). Französische Kredenz des 15. und 16. Jhs. mit offenem Untergestell, Rückwand, profilierter Fußplatte und kastenförmigem Aufsatz, manchmal mit stufenförmigem Aufbau oder Baldachin versehen. Diente zum Verwahren und Anrichten des Tischgeräts. Der Typ kommt aus Flandern, verbreitete sich außer in Frankreich auch in Holland (dressoor) und im Rheinland (Stollenschrank). *Abb. 13, 14, 26*

Dubois, Jacques (um 1693–1763). Einer der besten Pariser Ebenisten, wurde 1742 Meister. Seine Möbel, vor allem Kommoden und encoignures, bureaux plats und Sekretäre, zeichnen sich durch eine vollendete, aber einfache Marketerie, phantasievolle Bronzen und elegante, mitunter etwas schwere Formen aus. Fertigte auch Lackmöbel. *Abb. 122*

Dubois, René (1737–1799). Pariser Ebenist. Sohn des Jacques Dubois, wurde 1755 Meister. Führte nach dem Tode seines Vaters (1763) dessen Werkstatt und Stempel weiter. Seine Möbel kennzeichnen den Übergang vom Louis XV zum Louis XVI. Er verwendete gern Lack und spezialisierte sich auf modische Damenschreibtische und Möbel mit anspruchsvoller Innenausstattung. Wurde 1779 zum Ebenisten Marie Antoinettes ernannt.

Ducerceau, Jacques Androuet (um 1510–1584). Paris, Orléans. Einflußreicher Architekt und Stecher, der durch seine zahlreichen Entwürfe zu Kabinetten, Dressoirs, Tischen, Türen, Betten u. a. maßgeblich auf die Entwicklung des französischen Renaissancemöbels eingewirkt hat. Seine Entwürfe huldigen zunächst einem strengen Klassizismus, wobei er Flötner kopierte, nehmen dann aber Anregungen der Schule von Fontainebleau auf und zeichnen sich immer durch reiche ornamentale Phantasie aus. *Abb. 26*

Duchesse. Eine Art chaiselongue, zusammengesetzt aus einer bergère, einem tabouret und einer kleinen bergère am Fußende, bout de pied genannt. Sind die Fußteile nicht fest mit dem Sitz verbunden, spricht man von duchesse brisée. *Abb. 165*

Dunlessis, Jean Claude Thomas père († 1774). Pariser Bildhauer und Bronzegießer, kam kurz vor 1742 nach Paris, arbeitete dann für die Porzellanmanufaktur in Vincennes, ging mit ihr nach Sèvres; wurde 1758 »orfèvre du roi«. Bekannt wurde er vor allem durch die Entwürfe für die Bronzebeschläge am bureau du roi Louis XV. Zu seinen Gönnern gehörte u. a. die Marquise de Pompadour. *Abb. 124*

Dusautoy, Jean Pierre (1719–1800). Pariser Ebenist, Meister 1779. Fertigte einfachere Möbel, deren Marketerie zumeist etwas einförmig erscheint.

Ebelmann, Hans Jakob (tätig um 1598 bis 1609). Kunstschreiner und Radierer aus Speyer, wahrscheinlich auch in Straßburg tätig. Gab zusammen mit Jakob Guckeisen mehrere Folgen von Möbelentwürfen heraus.

Ebenholz. Hartes, feinkörniges, schwarzes Holz, das in tropischen Ländern wächst. Manchmal mit braunen oder purpurfarbenen Streifen.

Ebéniste. Abgeleitet von italienisch ebenista, dem Schreiner, der vor allem Ebenholz verarbeitete; wurde zu Beginn der Regierung Ludwigs XIV. auf alle Kunstschreiner ausgedehnt, die durch eine Verordnung der städtischen Zunft von 1645 das Recht erhielten, in ihren Werken alle Arten von Bildhauerarbeit selbst auszuführen, und damit den Künstlern gleichgestellt waren. Der Begriff galt zunächst vor allem für jene Kunstschreiner, die im Dienste des Hofes arbeiteten. In den Rechnungen der Krone wird dann auch seit 1657 die Bezeichnung menuisier en ébène durch das Wort ébéniste abgelöst. Es charakterisiert den Künstler, der sich ausschließlich dem Möbel als Kunstwerk widmet. Erst der Klassizismus vollzieht wieder die Trennung von hohen und niederen Künsten und überläßt die Beschäftigung mit dem Möbel dem Handwerker.

Eck, Adam († 1664). Durch seine Reliefintarsien bekannter Egerer Kunstschreiner; seit 1632 selbständig tätig.

Eckschrank, französisch encoignure. Ein- oder zweitüriges in die Ecke eingepaßtes kommodenartiges Schränkchen, meistens paarweise oder gar in Garnituren zu viert angefertigt. Hatte fast immer einen offenen Aufsatz mit sich verjüngenden Stellbrettern (étagère), der heute häufig fehlt. Beliebtes Möbel des 18. Jhs.   *Abb. 122, 123, 176*

Eckstuhl. Mitte des 18. Jhs. aufkommender Bureaustuhl mit übereck gestellter Zarge, frontalem Fuß und abgerundeter Lehne.   *Abb. 143*

Effner, Joseph (1684–1747). Der bedeutendste Münchner Architekt der Régence-Zeit. Seit 1724 Oberhofbaumeister, 1738 auch Gartenbaudirektor; beteiligt an den wichtigsten Schloßbauten des Hofes, schuf u. a. Inneneinrichtungen für die Münchner Residenz, die Schlösser Nymphenburg und Schleißheim. Seine Möbelentwürfe lassen die französische Schulung (Boulle, Cressent) deutlich erkennen, zeichnen sich durch eine unbekümmerte figurale Dekoration und ihr überaus lebendiges, unakademisches Ornament aus, das in seiner Naturalistik das bayerische Rokoko weitgehend vorausnimmt.
Abb. 129

Egerer Kabinett. Mitte des 17. Jhs. in Eger entwickeltes zweitüriges Ebenholzkabinett, gewöhnlich ohne eigenen Untersatz; im Innern mit zahlreichen kleinen Schubladen und Geheimfächern ausgestattet, die sich um ein größeres Schließfach gruppieren. Eine Eigenart bilden die Reliefintarsien – Bildtafeln aus verschiedenfarbigem Holz, in Flachrelief ausgeschnitten und auf einer Unterlage verleimt –, die alle Türflächen und Frontseiten der Schubladen schmücken und gewöhnlich mit Flammleisten eingefaßt sind.   *Abb. 65*

Eichel, Emanuel (1717–1782). Augsburger Kupferstecher. Unter seinen zahlreichen Ornamentstichen befinden sich mehrere Entwürfe für Kommoden, Türen etc.

Encoignure → Eckschrank.

Erasmus, Johann Georg (1659–1710), Nürnberg. Theoretiker der Baukunst. Bekannt durch seinen ›Bericht von denen Fünff Seulen‹, dessen Entwürfe auch für die deutsche Möbelornamentik des 17. Jhs. von Bedeutung waren.

Erkerschrank. Im 15. und 16. Jh. im Rheinland beliebte Form des Stollenschranks mit abgeschrägten Ecken auf dem Grundriß eines halben Achtecks, wobei die beiden vorderen Stützen häufig weggelassen wurden, um den unteren Schauraum in voller Breite zu erhalten.

Esmann, Joachim Chr. Kopenhagener Kunstschreiner, tätig Ende des 18. Jhs. Seine Möbel, die einen eigenen, etwas schwerfälligen dänischen Stil präsentieren, zeichnen sich durch eine farbige Marketerie mit Blumen und Figuren aus, wie sie erst Anfang des 19. Jhs.

in Dänemark allgemeiner verbreitet war. *Abb. 171*

Espagnolette. In der Möbeldekoration des frühen 18. Jhs. verwendeter Frauenkopf spanischen Typs, der, aus dem italienischen Formenschatz in die Werke der Ornamentstecher übergegangen, von Watteau den endgültigen Ausdruck erhielt.

Etagère. Bezeichnung für regalartige Gestelle mit Zwischenbrettern oder Tabletts (table en chiffonnière, tricoteuse), auch für die offenen Aufsätze der Eckschränke oder die mit Stellbrettern versehenen Seitenteile der halbhohen, kommodenartigen Schränke (meuble d'entre deux). → Whatnot
Abb. 232, 233

Faltstuhl. Das Wort ist abgeleitet vom römischen Faldistorium, dem Sitz für den Konsul, Prätor und Quästor. Der Typus ist schon bei den Ägyptern bezeugt. Die einfachste Form besteht aus zwei Paaren gekreuzter Kant- oder Rundhölzer, die oben und unten durch Querhölzer verbunden sind; die Sitzfläche meist aus Leder über Gurten. Im frühen Mittelalter ist der Faltstuhl vor allem der repräsentative Sitz im kirchlichen Gebrauch. Erst im 16. Jh. findet er unter italienischem Einfluß als Faltsessel mit Lehne stärkere Verbreitung in Deutschland, wobei der Sitz meist starr konstruiert wird. Leicht bewegliche und faltbare Abwandlungen des Typus sind Rippen- und Scherenstuhl (bzw. -sessel) aus 6 bis 9 Kreuzholzpaaren mit Lehne – in der Form des römischen Feldklappstuhls –, die vom 15. bis 17. Jh. vor allem in den Alpengegenden verbreitet waren.
Abb. 19, 50, 51

Faltwerk. Holländisch: briefpaneel; französisch: parchemin plié; englisch: linen fold pattern. Während des 15. und 16. Jhs. verbreitetes Ornament für die Füllungen der Eichenholzmöbel. Es besteht aus aneinandergereihten, in der Richtung der Maserung des Holzes gehobelten Hohlkehlen und Rundstäben, die oft oben und unten so umrissen und abgeschnitten sind, daß sie wie gefaltete Pergamentrollen wirken.

Fassadenschrank. Großer, zweigeschossiger süddeutscher Schrank der Spätrenaissance und des Frühbarock, der seine Dekorationsmotive der Architektur (Vitruv) entlehnt. Seine Gliederung ist ziemlich konstant: Ein Schubladengeschoß bildet den Sockel, darüber folgt der zweigeschossige, durch einen Schubladengurt unterbrochene Aufbau, den das Gebälk abschließt. In der Spätzeit dient meist ein Giebel oder Aufsatz als Bekrönung. Die Türen sind etwas nach der Mitte gerückt und wie Fensterrahmungen behandelt. Seitlich und in der Mitte betonen häufig Pilaster oder Säulen die Gliederung. Im Barock steigert sich der bildnerische Schmuck.
Abb. 32, 77

Fauteuil, abgeleitet von lat. faldistorium. Der französische Armstuhl des 17. und 18. Jhs.

Fauteuil de bureau. Sessel mit halbrunder Rücklehne, die zugleich als Armlehne dient. Mitunter auch »Fauteuil de cabinet« oder (seit etwa 1780) »Fauteuil gondole« genannt. *Abb. 143*

Fauteuil gondole. Seit etwa 1780 Name für den → Fauteuil de bureau.

Fellwöck, Georg. Würzburger Hofschreiner. Erster Geselle Benedikt Schlechts und 1774 dessen Nachfolger als Hofschreiner des Würzburger Fürstbischofs Adam Friedrich von Seinsheim. Wurde u. a. 1769 für sechs Spieltische bezahlt.

Fenstersofa, englisch window stool. Sofa ohne Rücklehne, mit schrägen

Seitenlehnen, die der Form der Fensternische angepaßt sind.

Fiedler, Johann Christian. Berliner Hofschreiner unter Friedrich dem Großen. Stammt aus Görlitz (Schlesien). Sein Titel als Hofschreiner wurde ihm 1786 durch ein Patent Friedrich Wilhelms II. bestätigt. Einziges heute bekanntes Möbel von Fiedler ist der Schreibschrank von 1775 im Museum für Kunst und Gewerbe in Hamburg, der sich durch seine hervorragende figürliche Marketerie auszeichnet.
Abb. 173

Fischer, Johann Georg († 1669). Egerer Kunstschreiner, von dem mehrere signierte Reliefintarsien bekannt sind.

Fistulator, Blasius († 1622). Münchner Bildhauer und Stukkateur, von 1587–1622 für den Hof tätig. Fertigte wahrscheinlich die Tische für das Steinzimmer der Residenz. *Abb. 82*

Flachschnitt. Flächenhafter Reliefdekor bei den spätgotischen Nadelholzmöbeln in den Alpenländern und in Süddeutschland; vereinzelt auch im Norden (Dresden, Halberstadt) angewandt. Das Ornament, Bänder, Ranken und Pflanzen, wurde mit dem Geißfuß ausgeschnitten und der Grund mit dem Meißel ausgesprengt. Die Reliefwirkung konnte durch Bemalung des Grundes noch gesteigert werden.

Flammleiste. Wellige Rahmenleiste, die seit Ende des 16. Jhs. besonders bei Ebenholzmöbeln zur Einfassung von Füllungen verwendet wurde. Nach Neudörfer soll der Nürnberger Schreiner Hans Schwanhard († 1612) der Erfinder dieses Ziermotivs sein.

Flitcroft, Henry (1697–1769). Londoner Architekt. Ursprünglich Zimmermann, wurde unter der Protektion von Lord Burlington zum Architekten ausgebildet. Von ihm stammen Kirchen und Wohnbauten in London sowie mehrere Landsitze. Seine Möbelentwürfe sind von dem italienisierenden Stil Kents beeinflußt.

Flötner, Peter (um 1485–1546). Goldschmied, Holzschneider, Schnitzer und Kunstschreiner in Nürnberg. Stammt aus dem Thurgau (Schweiz), kam 1522 nach Nürnberg. Durch sein vielseitiges Schaffen und seine Ornamententwürfe übte er den größten Einfluß auf das deutsche Kunstgewerbe der Renaissance aus. An Möbeln werden seiner Werkstatt der Holzschuherschrank von 1541 (Germanisches Nationalmuseum Nürnberg) und ein um 1545 entstandener Schrank (Schloßmuseum Berlin) zugeschrieben. *Abb. 28*

Fontaine, Pierre François Léonard (1762–1853). Paris. Führender Architekt des Empire, seit 1807 erster Architekt Napoleons und bis zu seinem Tode in den höchsten Staatsämtern. Von großem Einfluß auf das Kunstgewerbe seiner Zeit; mit Percier gleichsam der Schöpfer des »Style Empire«. 1801 gab er, ebenfalls mit Percier, den ›Recueil de décorations intérieurs‹ heraus, der mehrere Auflagen erlebte und in dessen programmatischer Vorrede auch für das Möbel jene aus der Kunst der Antike abgeleiteten Grundsätze des Geschmacks – Wahrheit, Einfachheit, Schönheit – gefordert werden. Die einfache geometrische Form und die klare Linie werden zum Träger ästhetischer Werte.

Forziere. In der Renaissance gebräuchliche Bezeichnung für → Cassone.

France, William. Londoner Kunstschreiner, wurde 1785 cabinet-maker Georgs III. Fertigte u. a. für den ersten Lord Mansfield zusammen mit Thomas Chippendale die Einrichtung von Kenwood. *Abb. 139*

Frankfurter Schrank. Großer zweitüriger Barockschrank mit hohem, gegliedertem Sockel auf gedrückten Kugelfüßen und weitvorkragendem, verkröpftem, profiliertem Abschlußgesims. Seitlich und in der Mitte des Hauptgeschosses Säulen oder Pilaster mit korinthischen Kapitellen, an den Ecken mitunter vorstoßende lange wulstartige Füllungen, die sogenannten »Nasen« (Nasenschrank). Charakteristisch sind die tiefen Hohlkehlen und Rundungen auf den Füllungen und das warmtonige Nußmaserfurnier, mit dem die meisten derartigen Schränke versehen sind. Der gleiche Typ kommt auch in der Schweiz vor und wird dort »Züricher Orgelkasten« genannt. *Abb. 74, 75*

Frisiertisch. Tisch mit Schubladen, auf dessen Platte ein Drehspiegel befestigt ist; löste im Empire den komplizierteren Toilettetisch ab.

Furnier. Edelholzfolie, die auf dem Kernholz (Tanne, Eiche) des Möbels fest verleimt und dann poliert wird, um das Äußere des Möbelstückes zu steigern. Die Technik wird im südlichen Deutschland seit der Spätgotik angewendet, gewann jedoch erhöhte Bedeutung, als im 17. Jh. überseeische Hölzer in größeren Mengen nach Europa exportiert und hier für die Kunstschreinerei verarbeitet wurden.

Garnier, Pierre (um 1720–1800). Pariser Ebenist, wurde 1742 Meister. Seine Möbel reichen vom extremen Rokoko bis zum Directoire und zeichnen sich ebenso durch delikate Gliederung wie durch vielseitigen Schmuck aus. Besondere Geschicklichkeit besaß er für Blumenmarketerien.

Gate-leg-table. Im 17. Jh. in England entwickelter Klapptisch mit verstellbaren Beinen. *Abb. 86*

Gaudreau, Antoine Robert (um 1680–1751). Bedeutender Pariser Ebenist des Rokoko. Seit 1726 im Dienst der Krone; arbeitete an der Innenausstattung der königlichen Bibliothek in Paris und für die Tuilerien. Auch die Marquise de Pompadour bevorzugte ihn. Sein bekanntestes Prunkmöbel ist ein Münzschrank, den er 1738 für die königlichen Privatgemächer in Versailles schuf. An Cressent erinnern die Verwendung von figuralem und die Vorliebe für vegetabilisches Ornament.

Geißfuß, französisch pied de biche. Der in gestreckter S-Form geschweifte Möbelfuß des Rokoko, der häufig als Huf ausläuft. Ersetzte gegen Ende des Louis XIV den steifen Balusterfuß vor allem an Tischen und Sitzmöbeln und wurde seinerseits im Louis XVI durch den geraden, sich nach unten verjüngenden, meist kanelierten Fuß abgelöst. Seine Form ist wahrscheinlich von ostasiatischen Vorbildern abgeleitet.

Giebelschrank. Frühmittelalterlicher Kastenschrank mit einer schmalen oder zwei kleineren übereinanderliegenden Türen, den ein spitzwinkliges Giebeldach bekrönt, das häufig mit Schnitzereien versehen und an der Rückseite abgetreppt wurde. Der Typ, der wahrscheinlich auf ein spätantikes Vorbild zurückgeht, war vor allem im 14. Jh. in Sachsen, Nord- und Süddeutschland, Tirol, Skandinavien und England verbreitet. *Abb. 5*

Gomperth, Bernhard (tätig um 1600). Rothenburger Schreiner, dem zwei Schränke in den Museen in Rothenburg und Frankfurt a. M. zugeschrieben werden.

Gourdin, Jean-Baptiste. Pariser Stuhlmacher, ältester Sohn des Menuisier Jean Gourdin, wurde 1748 Meister und war bis 1776 tätig. An seinen Sitzmöbeln schätzte man die vornehme und

gediegene Ausführung. Sein Hauptauftraggeber war der Prinz de Soubise.
Abb. 142

Gourdin, Michel. Pariser Stuhlmacher wie sein Vater Jean und sein älterer Bruder Jean-Baptiste; wurde 1752 Meister und erhielt 1777 Aufträge von der Krone.

Gouthière, Pierre (1732–1813/14). Berühmter Pariser Bronzeziseleur. Wurde 1758 »maitre-doreur«, erhielt von 1764–1777 zahlreiche Aufträge für die königlichen Schlösser und ist u. a. an der Ausstattung eines Juwelenschrankes für Marie Antoinette (1769/70) führend beteiligt. Als der beste Ziseleur seiner Zeit arbeitete er für die berühmtesten Pariser Ebenisten.
Abb. 167

Guckeisen, Jakob. Kunstschreiner und Kupferstecher aus Köln, tätig um 1596–1611 in Straßburg. Gab, zum Teil zusammen mit H. J. Ebelmann, mehrere Vorlagewerke für Architekten und Schreiner heraus.

Gudewerdt, Hans I. († 1642). Bildschnitzer in Eckernförde (Holstein), zuerst 1596 nachweisbar. Sein Hauptwerk ist die Kanzel in Gettorf (1596/98). Bekannt sind außerdem zahlreiche Truhen, deren Felder mit biblischen Szenen geschmückt sind. Dabei ist der breite, mit Rollwerkornamenten besetzte Rahmen, dessen Kartuschen er vielfach durch allegorische Figuren, Tiere und Fabelwesen belebte, charakteristisch. Sein Sohn, Hans Gudewerdt II. (um 1600–1671), ebenfalls in Eckernförde tätig, wurde der bedeutendste Barockbildhauer Schleswig-Holsteins, der zahlreiche Altäre, Kanzeln und Epitaphe seiner Heimat fertigte, von dessen profanen Arbeiten jedoch keine sicheren Stücke erhalten sind.

Guéridon. Hohes, schmales, meist rundes Tischchen zum Abstellen der Kerze oder von Nippsachen, das seit dem Louis XIV zu den Luxusmöbeln gehört. Der Name leitet sich ab von dem berühmten schwarzen Galeerensklaven Guéridon. Deshalb wurde diese Ständerart im 17. Jh. oft als Neger mit einem Tablett in den Händen gestaltet.

Guthmann, Georg Adam. Würzburger Hofbildhauer, stammt wahrscheinlich aus München. Seit 1736 mit Schnitzarbeiten an der Ausstattung der Würzburger Residenz beteiligt; von ihm stammen vor allem einige der Konsoltische im Südflügel.

Habermann, Franz Xaver (1721–1796). Augsburger Ornamentstecher. Durch seine phantasiereichen Vorlagen für Innendekorationen im reinen Rokoko von großem Einfluß auf das Kunstgewerbe. In mehreren Folgen seines umfangreichen Stichwerks legte er Möbelentwürfe, besonders von Sitzen, Tischen und Kommoden, vor, die sich vor allem durch ihren Linienrhythmus und die Mäßigung im Ornament auszeichnen.

Haberstumpf, Karl (1656–1724). Egerer Kunsttischler und Bildhauer, von dem sich ein Schreibtisch und eine Kommode im Museum in Eger erhalten haben. Von seinem Sohn Nicolaus (1691–1728), der auch in Prag und Nürnberg arbeitete, besitzt das Museum für Kunsthandwerk in Frankfurt a. M. zwei 1714 datierte Reliefintarsien.

Hacker, David. Kunstschreiner. Gründete als Werkmeister Roentgens 1791 in Berlin eine Tochterwerkstatt des Neuwieder Unternehmens.

Haertl, Johann. Wiener Kunstschreiner, tätig in der 1. Hälfte des 19. Jhs. Fertigte den im Österreichischen Museum für angewandte Kunst bewahrten originellen Sekretär in Form eines Rundtempels.

Hamburger Schrank, auch Hamburger Schapp genannt. Großer zweitüriger Barockschrank mit Schubladengeschoß als Sockel auf gedrückten Kugelfüßen. Das Hauptgeschoß durch Pilaster gegliedert, die Türen mit meist spitzovalen Feldern in verkröpften Rahmen besetzt. Als Abschluß ein gerades, reich profiliertes, vorkragendes Gesims. Der Korpus ist mit Nußbaum furniert, die Pilaster, die Zwickel der Türfelder und die verkröpfte Mitte des Abschlußgesimses sind mit Schnitzereien verziert. Der Typ wurde seit etwa 1680 hergestellt (das frühestdatierte Beispiel stammt von 1682). Sein Vorläufer ist der zweigeschossige viertürige Schrank, meist mit gewundenen Säulen, der von etwa 1660–1680 in Gebrauch war. *Abb. 64, 72, 73*

Haupt, Georg (1741–1784). Stockholm. Berühmter schwedischer Ebenist. Lernte außer bei Johann Konrad Eckstein (Stockholm) in Paris und London, wurde 1769 schwedischer Hofschreiner. Seine Möbel mit vorzüglicher Marketerie sind stark französisch beeinflußt und fast immer mit französischen Bronzen geschmückt. Rokokoreminiszenzen noch gegen 1780 und schwere Proportionen bilden Unterscheidungsmerkmale. *Abb. 179*

Hauré, Jean. Pariser Bildhauer, tätig um 1766 bis nach 1796; arbeitete in Verbindung mit Möbelaufträgen vor allem zwischen 1780–1787 für die Krone. *Abb. 191*

Heidelberger, Thomas. Kunsttischler und Bildschnitzer in Memmingen (Schwaben), tätig in der 2. Hälfte des 16. Jhs. Arbeitete u. a. für die Klöster Ochsenhausen und Ottobeuren, wo sich zwei seiner Prunkschränke in der Sakristei erhalten haben.

Heim († 1729). Würzburger Hofschreiner der Régence-Zeit, fertigte u. a. 1728 für den Fürstbischof Christoph von Hutten einen vielteiligen Schreibschrank mit Bildmarketerie (heute verschollen).

Hepplewhite, George († 1786). Londoner Kunstschreiner, über dessen Leben so gut wie keine Nachrichten bekannt sind. Sein schlichter, an spätantiken Motiven inspirierter Möbelstil wurde erst nach seinem Tode durch die Herausgabe seines Stichwerkes ›The Cabinet-Maker's and Upholsterer's Guide‹ verbreitet (in drei Auflagen 1788, 1789 und 1794 erschienen; Neudruck London 1897), das ihn als bedeutenden englischen Möbelzeichner neben Chippendale, Sheraton und Adam stellt. Durch die Leichtigkeit und Eleganz der Hepplewhite-Möbel wird der schwerere Stil Chippendales endgültig überwunden. *Abb. 195, 199*

Herrmann, Balthasar. Bamberger Kunstschreiner, stammt vielleicht aus Mainz, wurde 1773 zum Hofschreiner ernannt. Fertigte für die Würzburger Residenz zwei kostbar eingelegte Fußböden (1772; 1945 verbrannt) sowie eine Garnitur für das Grünlackierte Zimmer (1774). Eine Reihe von Kommoden und Schreibtischen in Bamberg und Pommersfelden werden ihm zugeschrieben. *Abb. 128*

Hertel, Hans Georg (geb. 1580). Augsburger Schreiner, der 1618 für Kaiser Matthias einen Ebenholzkasten arbeitete und u. a. den 1626 datierten Prunktisch in der Münchner Residenz fertigte.

Hervieux, Louis Barthelemy. Pariser Bronzeziseleur, goß und ziselierte u. a. den Bronzeschmuck am Bureau du roi Louis XV. (1760–1769). *Abb. 124*

Hochzeitstruhe (Brauttruhe). Besonders prunkvolle Truhe, die die Aussteuer der Brautleute aufnahm und deren Schmuck sich häufig durch Verherrlichung von Liebe, Treue, Tugend sowie die Darstellung antiker Liebessagen thematisch mit dem Zweck des Möbels verband. *Abb. 38, 39, 46*

Hogarthmöbel. Bezeichnung für das typische Queen-Anne-Möbel, wie es auf den Bildern Hogarths dargestellt ist.

Holl. Wiener Kunstschreiner der Biedermeierzeit, von dem mehrere reizvolle Möbel, vor allem Arbeitstischchen, bekannt sind. Ein Damenschreibtisch mit Rollverschluß im Österreichischen Museum für angewandte Kunst.

Hoppenhaupt, Johann Christian (1719 bis 1778/86). Bildhauer und Dekorateur in Berlin. Jüngerer Bruder von Johann Michael Hoppenhaupt. Seit Nahls Weggang (1746) verantwortlich an der Ausgestaltung der Schlösser Friedrichs d. Gr. beteiligt. Seine Dekorationsweise ist der seines Bruders sehr verwandt, zumal er auch dessen Entwürfe mitverarbeitete. Sein Stil zeichnet sich durch die meisterhafte Verschmelzung von Ornament und Naturform, wirkungsvolle Kontrastierung zwischen glatten Flächen und bildnerischem Schmuck sowie die Klarheit der tektonischen Gliederung aus.

Hoppenhaupt, Johann Michael (1709 bis um 1755). Bildhauer und Dekorateur in Berlin. Bruder des Johann Christian Hoppenhaupt. Soll in Dresden und Wien gearbeitet haben, bevor er 1740 nach Berlin kam. Unter der Leitung Knobelsdorffs und durch die Schulung Nahls war er maßgeblich an der künstlerischen Ausformung des friderizianischen Rokoko beteiligt. Arbeiten im Berliner Schloß, in Sanssouci, dem Stadtschloß in Potsdam sowie im Schloß zu Zerbst. Sein Wirken nach

1755, als er Berlin verließ, ist unbekannt. Nach seinen Entwürfen für Zimmerdekoration und Möbel hat J. W. Meil zwischen 1751 und 1755 etwa 80 Stiche radiert. *Abb. 120*

H S, Monogrammist. Bedeutender Schweizer Kunsttischler aus dem Thurgau, tätig um 1534 bis um 1569, hauptsächlich in der Ostschweiz. Wahrscheinlich in Augsburg ausgebildet. Schuf 1534 das Chorgestühl in Steingaden am Lech sowie mehrere durch reiche Intarsien (Arabesken und Architekturperspektiven) und sparsame Schnitzereien ausgezeichnete Schweizer Vertäfelungen, Schränke und Truhen. Ferner sind von ihm fünf Holzschnitte mit Möbelentwürfen signiert.

Hund (Hundt), Ferdinand (um 1704–1758). Kunstschreiner und Holzbildhauer. Seit 1735 in Würzburg tätig, geht 1750/51 als Hofschreiner nach Bruchsal. Neben Auvera der bedeutendste fränkische Möbelschnitzer des Rokoko, der zahlreiche Tische, Spiegelrahmen, Kaminschirme etc. für die Würzburger Residenz sowie für Pommersfelden und Bruchsal fertigte. Seine Arbeiten zeichnen sich durch die Freizügigkeit des Ornaments aus, wobei er die Rocaille bis an die Grenze zur Auflösung treibt.

Intarsie. Einlegearbeit in verschiedenen Hölzern, Metall, Elfenbein, Stein oder anderen Materialien in das Grundholz des Möbels. Neben der Schnitzerei wichtigste Schmucktechnik am Mobiliar vor allem der Renaissance in Italien, der Schweiz, Tirol und Süddeutschland, seit etwa 1580 auch Spezialität der Kölner Kunstschreiner.

Jacob, Georges (1739–1814). Berühmter französischer Menuisier des 18. Jhs., seit 1765 Meister. Sein sehr umfangreiches Werk erstreckt sich

nicht nur auf Sitze verschiedenster Art, für die er immer neue Variationen fand, sondern ebenso auf Tische, Betten, Ofenschirme etc. Durch die vollendete Technik und die Harmonie ihrer Proportionen, die ihnen Vornehmheit und Grazie verleihen, wurden seine Schnitzmöbel vorbildlich für den Stil Louis XVI. Nach Anregungen aus Chippendales ›Director‹ verwendete er auch englische Formen und als einer der ersten Mahagoni. Nach Entwürfen des Malers Jacques-Louis David fertigte er für dessen Atelier eine Einrichtung im antikisierenden Stil (1789/90), die auf kunstgewerblichem Gebiet revolutionierend wirkte und durch die der Formkünstler des Louis XVI einen nicht minder großen Einfluß auf das Empire ausüben konnte.
Abb. 193, 200

Jacob-Desmalter, François Honoré Georges (1770–1841). Wichtigster Pariser Ebenist des Empire. Sohn von Georges Jacob, der zunächst seit 1796 mit seinem älteren Bruder Georges (1768–1803) das väterliche Geschäft weiterführte (Jacob frères) und nach dessen Tode mit seinem Vater die Firma Jacob-Desmalter gründete. Er fertigte in seiner umfangreichen Manufaktur, die 15 Werkstätten umfaßte und bis zu 300 Arbeiter beschäftigte, alles wichtige Mobiliar für die von Napoleon neu eingerichteten Schlösser, meist nach Entwürfen von Percier und Fontaine, und belieferte auch die übrigen europäischen Höfe. Als Schmuck für seine streng linearen Möbel bevorzugte er reiche Bronzebeschläge im Stil der griechisch-römischen und ägyptischen Antike wie Sphinxe, Greifen, Palmetten, Lotosblumen, Jupiterblitze oder kriegerische Attribute, Liktorenbündel, Helme, Schilde, Lorbeer etc., daneben auch Porzellan- und Wedgwoodplatten, so daß der Gesamteindruck seiner Arbeiten überaus prunkvoll ist.
Abb. 211

JME = Jurés – Menuisiers – Ebénistes. Kontrollstempel der Pariser Corporation (Zunft), der sich häufig neben dem Meisterstempel auf Pariser Möbeln des 18. Jhs. findet.

Joubert, Gilles (1689–1775). Pariser Ebenist. Wurde wahrscheinlich in den ersten Jahren der Régence Meister. Durch Migeon, den Vetter seiner Frau, Madame de Pompadour empfohlen, erhielt er seit 1748 Aufträge für die Krone. 1758 wurde er »ébéniste ordinaire du garde-meuble de la couronne«, 1763 als Nachfolger Oebens »ébéniste du roi« bis 1774, wo er dieses Amt an Jean Henri Riesener abtrat. Die Qualität seiner Möbel, von denen nur wenige signiert sind, entspricht dem hohen Rang, den er in der Reihe der berühmtesten Ebenisten seiner Zeit einnahm.

Kabinett. Prunkmöbel, das zum Aufbewahren von Kostbarkeiten und Schreibutensilien diente, vielleicht auch als Schreibtisch benutzt wurde. Im 16. Jh. hat es die Form eines rechteckigen Kastens, dessen Vorderseite durch einen Klappdeckel oder zwei Türen verschlossen ist und dessen Inneres zahlreiche Schübe birgt, die sich häufig um ein mittleres Schließfach gruppieren. Solche Kästen, die man zur Benutzung auf den Tisch oder auf ein eigenes Gestell setzte, wurden, besonders in Süddeutschland und Tirol, fast immer mit reichen Ornament- oder Bildintarsien geschmückt und auch in anderen Ländern (Italien, Spanien) mit kostbarem Dekor versehen.

Zu Anfang des 17. Jhs. fertigte man Kabinette hauptsächlich aus Ebenholz und verband sie fest mit einem meistens aus acht Säulenbeinen und einer Fußplatte gebildeten tischartigen Untergestell. Ihr Schmuck ist durch Einlagen in Elfenbein, Edelmetall, Steinen oder die Verkleidung mit Schildpatt und Bronzen oft überreich. In

Deutschland wurde Augsburg Zentrum für die Herstellung dieser Möbel. Sie entstanden aber auch in Frankreich, Flandern, Italien, Spanien und anderswo. Gegen Mitte des Jahrhunderts verwendete man immer mehr die allgemein gebräuchlichen Dekorationstechniken, Furnier und Marketerie, auch für Kabinette; gleichzeitig setzte eine Nutzung des Untergeschosses als Schrank oder Kommode ein. Im 18. Jh. wurde schließlich die Funktion des Kabinetts in Deutschland ganz auf den Schreibschrank übertragen. *Abb. 36, 37, 60, 61, 62, 63, 64, 65, 78, 104, 221*

Kambli, Johann Melchior (1718–1783). Kunstschreiner und Bildhauer, gebürtig aus Zürich, erlernte in Schaffhausen die Bildhauerkunst und kam 1746 nach Potsdam, wo er bald an der Ausstattung der Schlösser beteiligt wurde. 1752 erhielt er ein königliches Privileg für die Einrichtung einer »fabrique von Bronze doré Arbeit«. Das Bronzezimmer im Stadtschloß (1754/55) begründete seinen Ruhm. Dann folgte eine Reihe von Prunkmöbeln, die er meist mit dunklem Schildpatt oder hellem Zedernholz furnierte und mit reichen Bronzeappliken rahmte. Obwohl er konservative Formen bevorzugte und dafür Anregungen von den verschiedensten Vorbildern nahm (Louis XV, Hoppenhaupt u. a.), erwies er sich als überaus geschickter Arrangeur und hervorragender Handwerker, so daß seine Möbel zu den Meisterwerken des friderizianischen Rokoko gehören.

Kanapee → Canapé.

Kartusche. In der Kunst häufig ornamental verwendetes Zentralmotiv in Schildform mit Rahmung.

Karyatide. Langgewandete Frauengestalt, die in der antiken Baukunst als Stützfigur die Säule ersetzte. Dieses Motiv wurde in der Renaissance wiederaufgenommen und seitdem auch auf den Möbelbau übertragen.

Kastensitz. Seit dem frühen Mittelalter bekanntes Sitzmöbel, dessen Hauptbestandteil ein kubischer, aus Brettern gefügter Sitzkasten mit oder ohne Lehne bildet.

Kastentisch. Seit dem 15. Jh. gebräuchliche Tischform, bei der die Platte auf einem rechteckigen Kasten ruht, dessen Innenraum sich durch Türen und zum Teil von oben durch Verschieben der Deckplatte öffnet. In der Renaissance liegt dieser Kasten häufig auf einem Fußbrett und ist mitunter auf eine architektonische Bogenstellung reduziert. Kastentisch ist aber auch der als Arbeits- oder Schreibtisch benutzte spätmittelalterliche Typ, bei dem der die Zarge ausfüllende flache Kasten, in den meist ein Kranz kleiner Schübe eingebaut ist, auf Schragen oder Wangen sitzt und durch Hochklappen der Deckplatte zugänglich wird. Die Kastentische waren hauptsächlich in den Alpengegenden und in Süddeutschland verbreitet, sind aber auch aus Mittel- und Norddeutschland sowie dem Rheinland bekannt. *Abb. 21, 23*

Kaunitz → Zylinderbüro.

Kemp, Wilhelm (Guillaume). Pariser Ebenist, gebürtig aus Bonn; Meister 1764. Arbeitete 1786 mehrere Marketeriefelder an dem für Versailles bestimmten Bureau Ludwigs XVI. von Benemann.

Kent, William (1684–1748). London. Berühmter Maler und Architekt. Kehrte nach Studienjahren in Italien 1719 mit Lord Burlington nach England zurück. In seinen Entwürfen für Innendekorationen und Möbel verarbeitete er den prunkvollen italienischen Barock zu einem originellen, wenn auch etwas schwerfälligen Stil.

Kieser, Jakob. 1764–1780 Hofebenist des Kurfürsten von der Pfalz in Mannheim. Ein von ihm signiertes Tischchen besitzt das Münchner Residenzmuseum.

Klenze, Leo von (1784–1864). Berühmter Architekt. 1808–1813 Hofarchitekt König Jérômes in Kassel, 1816–1864 Architekt Ludwigs I. in München. Durch seine zahlreichen Platzanlagen und Bauten (Königsplatz, Odeonsplatz, Hofgartenarkaden, Glyptothek, Alte Pinakothek, Königsbau der Residenz u. a.) bestimmte er wesentlich das Bild der Stadt München. Für seine Gebäude entwarf er auch die Innendekorationen und die Möbel (hierbei von Percier und Fontaine beeinflußt), die er, wie seine Architektur, antiken, besonders griechischen, Vorbildern nachempfand. *Abb. 218*

Knobelsdorff, Georg Wenzeslaus von (1699–1753). Architekt und Maler. Seit 1740 Oberintendant der königlichen Schlösser und Gärten in Berlin. Bei seinen Bauten (u. a. 1740/43 Schloß Charlottenburg, »Neuer Flügel«, 1744/51 Umbau des Potsdamer Stadtschlosses, 1745/47 Sanssouci) pflegte er einen feingliedrigen Klassizismus, der durch die Klarheit seiner Tektonik ein Wesensmerkmal des friderizianischen Rokokos ist und seine Mitarbeiter, die Dekorateure Nahl und Hoppenhaupt, entscheidend beeinflußte. Einige der für diese Zeit auffallend strengen Möbel in Charlottenburg sind wahrscheinlich unmittelbar auf Entwürfe oder Anregungen Knobelsdorffs zurückzuführen. *Abb. 120*

Knorpelwerk, auch Ohrmuschelwerk genannt. Ornament des Frühbarock, das sich aus kurvig bewegten, verknorpelten, wulstigen, oft keulenförmigen Gebilden und ohrmuschelartigen Voluten zusammensetzt und gegen 1600 vor allem in Deutschland und Holland entwickelt wurde. Besonders Erasmus und Unteutsch propagierten es als Schreinerornament.

Köhler, Daniel (†1778). Würzburger Bildhauer. Bruder des Johann Köhler. Archivalisch belegt ist eine 1771 für die Würzburger Residenz gefertigte Sitzgarnitur (im sog. Napoleonzimmer), die klassizistische Formen aufweist, etwas schwer in den Proportionen, jedoch von vorzüglicher Einzeldurchbildung ist.

Köhler, Johann. Würzburger Bildhauer. Fertigte u. a. 1764/66 Sitzgarnituren für die Würzburger Residenz und für Schloß Seehof bei Bamberg, die zu den reizvollsten Möbelschöpfungen des fränkischen Rokoko gehören.

Kölner Intarsienmöbel. Von etwa 1580 bis um 1620 schmückte man nach süddeutschem Vorbild auch in Köln die heimischen Eichenmöbel mit Intarsien. Als Füllungen wurden häufig Tafeln mit Architekturprospekten, Blumenvasen, Wappen oder Ornamenten verwendet; ornamental war meistens auch die Verzierung der Rahmenteile, wenn nicht Schnitzereien diesen Platz einnahmen. Besonders an Schränken, aber auch an Truhen und Bettstellen bevorzugte man diesen Schmuck. Hauptmeister ist Melchior von → Rheydt.
Abb. 30, 31

Königsholz → Rosenholz.

Konsoltisch. Wandtisch, der in besonderem Maße auf die Architektur des Raumes und auf die Vertäfelung abgestimmt ist; meistens von Bildhauern und Schnitzern gefertigt und besonders reich mit vergoldeten Schnitzereien versehen. Modemöbel seit der Zeit Ludwigs XIV. Zunächst rechteckig mit vier Stützen, wird der Konsoltisch im Laufe des 18. Jhs. immer mehr in die Wanddekoration einbezogen und seiner Selbständigkeit beraubt, im Rokoko häufig nur auf zwei geschwungenen Stützen, mitunter nur auf einer. Das Empire ersetzt ihn durch Nutzmöbel wie Servante, Desserte und andere Möbeltypen. *Abb. 88, 140, 141*

Körblein, Thomas (um 1713–1753). Kunstschreiner. Mitinhaber der Hofspiegel- und Kartonfabrik zu Braunschweig. Fertigte zusammen mit J. H. B. Sang den Spiegelschrank im Braunschweiger Herzog-Anton-Ulrich-Museum (1751/52). *Abb. 97*

Koromandelholz oder *Zebraholz*. Ebenholzart, die an der Koromandelküste wächst und sich durch helle Streifen von dem gewöhnlichen Ebenholz unterscheidet.

Koromandellack. Chinesische Lackart, bei der über den Holzgrund eine Kreideschicht und darüber schwarzer Lack gelegt werden. Aus dem Lack ist dann die Darstellung in vertieftem Relief so ausgeschnitten, daß der Kreidegrund zum größten Teil freigelegt wird, um dann Bemalung in kräftigen Farben zu erhalten. Diese Lackarbeiten stammen wahrscheinlich aus der Provinz Honan und verdanken ihren Namen den Umschlaghäfen an der Koromandelküste (südliche Ostküste Vorderindiens). *Abb. 117*

Kredenz, italienisch credenzone. Bezeichnung für das Möbel, auf dem man das Tischgerät, die credenza, anrichtet. In Italien ist die Kredenz ein halbhoher, kubischer, ein- oder mehrtüriger Schrank, der durch Gesimse, Architekturmotive und Schnitzereien gegliedert wird und zum wichtigsten Mobiliar der Renaissance gehört. Seit der Mitte des 16. Jhs. werden häufig Schubladen unter der Platte eingefügt, bis gegen 1600 die reine Schubladenkredenz (cassettone) keine Seltenheit mehr ist. Das Gegenstück der Kredenz im Norden ist der → Dressoir in Frankreich und Flandern, in Holland der dressoor und in Deutschland der → Stollenschrank, später auch der → Überbauschrank oder die Anrichte. *Abb. 34, 35, 59*

Kron, Heinrich († 1578). Berühmter Augsburger Schreiner, an den sich der Herzog von Alba 1548 mit Aufträgen wandte; war 1561 Bürgermeister.

Kuper (Kupper), Johann († um 1558/60). Möbelschnitzer aus Köln. Fertigte 1544–1558 das berühmte Eichengetäfel des Kapitelsaals im Dom zu Münster/Westfalen. Die virtuosen Schnitzereien entstanden zum Teil nach Stichvorlagen von Cornelis Bosch und Aldegrever und gehören zu den frühesten und besten Werken der deutschen Renaissance.

Lacroix → Vandercruse.

Lalonde, Richard de. Ornamentzeichner in Paris, tätig um 1780–1796. In seinem umfangreichen Stichwerk nehmen Vorlagen für Innendekorationen und Möbel einen beträchtlichen Teil ein und weisen in ihrer phantasievollen Zeichnung Lalonde als den wichtigsten Ornamentiker des reifen Louis XVI aus.

Lambrequin. Zungenförmiges, häufig mit Quasten versehenes Schmuckmotiv einer Behangborte, das vor allem in der 1. Hälfte des 18. Jhs. gern dekorativ in Verbindung mit → Bandelwerk sowohl in der → Marketerie als auch bei Schnitzereien verwendet wurde.

Lebas, Jean Baptiste (1729 bis nach 1795). Pariser Menuisier. Meister 1756. Seine Möbel zeichnen sich durch die Kühnheit des Entwurfs und die ausgesuchte Eleganz der Details aus, stehen in der Spätzeit den Entwürfen von Delafosse nahe. Lebas arbeitete u. a. für Madame du Barry und den Grafen von Artois.

Lejeune, Louis. Schreiner und Möbelschnitzer in Lüttich, tätig Mitte des 18. Jhs. Aus den Jahren 1743 und 1744 haben sich zwei signierte Arbeiten, eine Standuhr und ein Schrank mit hervorragenden Schnitzereien, erhalten.

Lelarge, Jean Baptiste (1743–1802). Pariser Menuisier. Meister 1775. Führte die Werkstatt seines Vaters gleichen Namens fort. Für seine Sitzmöbel, die wegen ihres einfachen Aufbaus und der guten Proportionen geschätzt wurden, arbeitete er fast immer ovale Rückenlehnen. Die Krone bedachte ihn mit zahlreichen Aufträgen. *Abb. 190*

Leleu, Jean François (1729–1807), einer der besten Pariser Ebenisten des Louis XVI; lernte mit Riesener in der Werkstatt Oebens und wurde 1764 Meister. Die frühen Möbel sind denen Oebens durch ihre fast lineare, leicht geschweifte Kontur, die abgerundeten Ecken und ihre Blumenmarketerie verwandt, mitunter auch mit Lackmalereien ausgestattet, immer aber von feinen schlanken Bronzen eingefaßt. Die leichte Bewegung des Korpus bleibt trotz des strengeren Aufbaus, der die Vertikale betont, auch den späteren Arbeiten, die häufig in Mahagoni ausgeführt sind. Leleu arbeitete vor allem für den Prince de Condé, auch für Madame du Barry und die Krone.
Abb. 168, 183

Lemarchand, Charles Joseph († um 1818). Pariser Ebenist. Meister 1789. Seine Mahagonimöbel sind häufig mit figürlichen Goldbronzen geschmückt. Er lieferte u. a. 1791 18 Kommoden für Saint Cloud und erhielt später von Napoleon zahlreiche Aufträge für die Neueinrichtung der Schlösser.

Lepautre, Jean (1618–1682). Radierer in Paris. Einer der bedeutendsten und phantasiereichsten Ornamentstecher, dessen Werk etwa 2500 Vorlageblätter umfaßt. Darunter zahlreiche Entwürfe für Architekturen, Innendekorationen und Möbel, die meist mit üppigem Akanthus und Figuren ausgestattet sind.

Levasseur, Etienne (1721–1798). Bedeutender Pariser Ebenist des Louis XVI. Meister 1767. Lernte bei einem der Söhne Boulles. Als Spezialität kopierte und reparierte er Boulle-Marketerien. Daneben schuf er ausgezeichnete Möbel aus Ebenholz und Mahagoni, auch mit Lackmalereien, stets mit reichem Goldbronzeschmuck.

Lieutaud, Balthazar († 1780). Pariser Ebenist. Meister 1749. Fertigte besonders Luxusmöbel und Uhrengehäuse, die er reich mit Goldbronzen schmückte; seine späten Arbeiten lassen den Einfluß von Delafosse erkennen.

Lisene. Wenig vortretender, senkrechter Streifen zur Gliederung einer Wand.

Lit à la polonaise. Im 18. Jh. beliebte Bettform mit zwei hohen Seitenwänden und kleinem Betthimmel, von dem aus Vorhänge das mit einer Längsseite an der Wand stehende Bett umfangen. Sie werden an den vorderen Säulenpfosten gerafft, von denen aus wiederum gekurvte Eisenbänder dem Schwung der Stoffbahnen folgen. Seinen Namen erhielt es zu Ehren der Königin Maria Leczinska. Ähnlich in der Anlage ist das lit à la turque, doch bleiben hier die Säulen unsichtbar.

Lit de repos. Ruhebank des Barock mit rechteckiger Liege auf meist acht Beinen und gerader Lehne an einer der Schmalseiten. *Abb. 95*

Lit en bateau. Empirebett, das in seiner Form an einen Kahn erinnert, da Kopf- und Fußwand durch gekurvte Längsbretter verbunden sind. Diese Bettform war auch im Biedermeier noch weit verbreitet.

Louis-XIII-Stuhl. In der 1. Hälfte des 17. Jhs. wohl in Flandern entstandener, meist mit Rohrgeflecht versehener Stuhl (oder Armstuhl) mit gedrehten Stützen. Charakteristisch ist die zwischen die Rückpfosten gespannte ovale Lehne mit durchbrochen geschnitztem Rahmen, dem ein ähnlich geschnitzter Steg zwischen den Vorderbeinen entspricht. Der Typ verbreitete sich über ganz Europa und war noch im Louis XIV beliebt, hatte dann aber meist in Baluster unterteilte Rückpfosten und volutenförmige Füße. Vgl. → Carolean chair. *Abb. 91*

Love-seat. Seit der Queen-Anne-Zeit in England verbreitete kleine Settee, die der französischen → Causeuse entspricht.

Lübecker Schrank. Schwerer zweitüriger Barockschrank, im Typus ähnlich dem → Hamburger Schrank, jedoch mit gewelltem Giebel.

Lüneburger Schrank. Auf Rahmen und Füllung gearbeiteter spätgotischer Eichenschrank, der Ende des 15. Jhs. in Lüneburg entstand und bis zum Barock in ganz Norddeutschland, besonders in Schleswig-Holstein, verbreitet war. Der vielfach zur Aufstellung in Mauernischen als Wandschrank gearbeitete Kasten ist meist dreigeschossig, Ober- und Untergeschoß fast immer zweitürig, die Mitte häufig mit einer Falltür, der sog. Schenkscheibe (Schenkschive), ausgestattet, die von Eisenstäben gestützt wird und nach der schließlich der ganze Schrank benannt wurde. Er ist das Gegenstück des rheinischen Stollenschrankes und diente wie dieser zum Anrichten und Verwahren des Tafelgeschirrs. Die schleswig-holsteinischen Nachfahren der Renaissance und des Barock besitzen meistens noch einen zusätzlichen Schubladengurt unter der Falltür, die in der Spätzeit häufig mit seitlichen Scharnieren als Flügeltür eingerichtet ist. *Abb. 11, 12, 67*

Lüneburger Truhe. Eichenholztruhe romanischer Konstruktion auf vier Stollen mit eingenuteten Wandbrettern und durch waagerechte oder verkreuzte Latten verstärkten Schmalseiten. Bei den frühgotischen Beispielen sind die Stirnseiten mit gleichmäßig aufgereihten Architekturmotiven (Maßwerk, Wimperge, Kreuzblumen) in flacher Schnitzerei geschmückt, in die Tiere oder Fabelwesen einbezogen wurden. Die Truhen waren vor allem in Niedersachsen verbreitet, wurden aber in Schweden vielfach nachgeahmt. In der Renaissance ist die Konstruktion der Lüneburger Truhe noch die gleiche, nur nehmen jetzt geschnitzte biblische Darstellungen, häufig unter Arkadenbögen, die Schauseite ein, wobei selten, wie schon bei den frühgotischen Truhen, die tektonische Trennung von Frontbrett und Eckstollen berücksichtigt ist, sondern die Schnitzerei sich über die ganze Stirnseite erstreckt. *Abb. 3, 45*

Lütticher Möbel. In der 2. Hälfte des 17. Jhs. entwickelte sich Lüttich zu einem bedeutenden Möbelzentrum, das seine Blütezeit im 18. Jh. erlebte. Während sich sonst die Verkleidung des Holzes mit Furnieren durchsetzte, kultivierte man hier den Naturton der Eiche und ihre Maserung und pflegte die reine Schnitzarbeit. Diese meist ornamentale, flach aus dem Grund gehobene Reliefschnitzerei nuanciert die Füllungen und Rahmen der Möbel spannungsreich, während deren Kontur häufig untersetzt und schwerfällig erscheint. Zu Anfang des 18. Jhs. gewann unter Lütticher Einfluß auch Aachen seinen Ruf für ähnliche geschnitzte Eichenmöbel. Vgl. → Aachener Möbel. *Abb. 101, 102*

Mälzl, J. Tätig in der 1. Hälfte des 19. Jhs. Bezeichnet sich auf dem Etikett eines Mahagonischreibschrankes der Würzburger Residenz als »k. k. priv. musicalischer Kunstmaschinist in Wien«. *Abb. 202*

Mahagoni. Ein feines, sehr dichtes und ziemlich hartes Holz von purpurroter oder goldroter Farbe, das von den Westindischen Inseln, Afrika und Asien importiert wird. Die Möbelschreiner des 18. Jhs. bevorzugten Mahagoni von Cuba, das sehr schön gemasert war.

Mainzer Möbel. Das wichtigste Möbel des Barock ist auch in Mainz der mit Nußbaum furnierte zweitürige Säulenschrank auf Kugelfüßen, häufig mit reich verkröpften Füllungen oder, ähnlich dem → Frankfurter Schrank, mit Hohlkehlen und Wulsten versehen. Im 18. Jh. wird jedoch der → Schreibschrank zum bürgerlichen Prunkmöbel, das in Mainz durch harmonische Schweifung, bewegten Umriß und ornamentale Nußbaummarketerie eine besondere lokale Färbung erhält.
Abb. 107

Manchette. Die Polsterauflage der Armlehnen. Seit Ende des 17. Jhs. bei gepolsterten Sitzmöbeln gebräuchlich.

Marchand, Nicolas Jean (geb. um 1697). Pariser Ebenist. Meister vor 1738. Seine Möbel sind mit subtiler → Marketerie oder mit Lackmalerei ausgestattet. Er arbeitete vor allem für den Marquis de Paulmy, Gouverneur des Arsenal. *Abb. 116*

Marketerie. Aus verschiedenen Hölzern oder anderen Materialien zu Ornamenten oder Bildern zusammengesetztes Furnier, das dem Kernholz des Möbels aufgeleimt wird. Die Technik ist seit dem Mittelalter bekannt, aber verbreitete sich erst, nachdem der Tischler Renner in Augsburg im 16. Jh. eine Maschine zum Feinschneiden erfunden hatte. Im 17. Jh. wurde die Marketerie aus Schildpatt und Messing, die von Boulle zu höchster Vollkommenheit entwickelte Technik, häufig verwendet, daneben aber auch die farbige Holzmarketerie gepflegt, die ihren Höhepunkt im Rokoko erlebte.

Marot, Daniel (um 1663–1752). Bedeutender Architekt, Ornamentzeichner und Kupferstecher, wirkte in Paris, Amsterdam und Den Haag, seit 1686/87 ständig für Wilhelm von Oranien tätig. Neben seinen zahlreichen Bauten hat vor allem sein umfangreiches Ornamentwerk, das u. a. Entwürfe für sämtliche Arten von Zimmereinrichtungsgegenständen, Plafonds, Ziervasen, Stickereien, Tapisserien, Dosen etc. enthielt, großen Einfluß auf die Innendekoration und den Möbelstil des Louis XIV, vor allem in Holland und in England (William-and-Mary-Stil), ausgeübt.

Marquise. Neuere Bezeichnung für eine sehr breite → Bergère, die man im 18. Jh. confident oder tête-à-tête nannte.

Mattern, Carl Maximilian († nach 1770). Bedeutender Ebenist, der 1733 von Schillingsfürst nach Würzburg kam und dort bis 1770 lebte. Für die Würzburger Residenz fertigte er mehrere Prunkmöbel, die sich durch ihre virtuose Einlagetechnik auszeichnen. Da seine Möbel jedoch wegen ihrer gedrückten Proportionen etwas provinziell wirkten, wurde er trotz seiner Fähigkeiten und zahlreicher Gesuche nicht zum Hofschreiner ernannt. Auch das bürgerliche Möbel ist wahrscheinlich von ihm beeinflußt worden, vor allem scheint er den Typ des Würzburger Schreibschrankes, des »Trisurs«, geprägt zu haben.

Matusch (Matouche), Johann. Bekannter Ansbacher Hofebenist, gebürtiger Böhme, der in Paris die Boulle-Technik erlernt hatte und 1702 in Ansbach als Kammerebenist angestellt wurde. Seit 1715 Hofschreinereiinspektor, erstreckte sich seine Ansbacher Tätigkeit bis in die 30er Jahre. Lehrer von Ferdinand Plitzner und Martin Schuhmacher.

Médaillier → Münzschrank.

Meissonnier, Juste Aurèle (1693–1750). Bildhauer, Architekt, Maler und Ornamentzeichner. In Turin geboren, kam jung nach Paris und wurde 1724 zum »orfèvre du roi« ernannt. Schuf im Gegensatz zu dem in Frankreich vorherrschenden Klassizismus einen extremen Rocaillestil, bei dem das Ornament weitgehend abstrahiert und als freies Spiel mit Kurven und Akzenten behandelt wird. Sein umfangreiches Stichwerk umfaßt Entwürfe für alle Details des Innenraums. Für den Pariser Hof, den König von Portugal, die Königin-Witwe von Spanien und den hohen Adel zeichnete er Möbel und ganze Saloneinrichtungen. *Abb. 140*

Menuisier. Französische Bezeichnung für den einfachen Möbelschreiner, den Tischler. Ursprünglich waren in Frankreich die Schreiner in zwei Klassen geteilt, die Stuhlmacher und die Kastenmacher, genauer die menuisiers d'assemblage und die menuisiers de placage et de marqueterie. Seit der Prägung des Begriffes »ébéniste« für den Fertiger marketierter Möbel in der Mitte des 17. Jhs. bezeichnet das Wort »menuisier« nur noch den Hersteller massiven Mobiliars, vor allem der Sitzmöbel, Betten, aber auch der unfurnierten Tische und Schränke. Im 18. Jh. belieferte mitunter ein Menuisier einen Ebenisten mit Kastenmöbeln, die dieser dann furnierte und auf denen beide ihren Stempel anbrachten.

Meuble à deux corps → Armoire à deux corps.

Meuble (à hauteur) d'appui. Im 18. Jh. Bezeichnung für den halbhohen Schrank, der gewöhnlich eine Höhe von etwa 90–120 cm hatte. Vgl. → Bas d'armoire. *Abb. 115, 116*

Meuble d'entre deux. Kommode oder halbhoher Schrank mit einer Anzahl von Fächern zu beiden Seiten, die meist offen sind, jedoch auch manchmal zugleich mit dem Mittelteil durch gekurvte Türen verschlossen werden. *Abb. 170*

Meunier, Etienne. Pariser Menuisier, der in der Mitte des 18. Jhs. in der rue de Cléry eine gutgehende Werkstatt unterhielt, die sich vor allem auf die Herstellung von Bureausesseln spezialisierte. *Abb. 143*

Migeon, Pierre I (geb. um 1670). Stammvater der Pariser Familie von Ebenisten und Möbelhändlern, die im 18. Jh. einen weitreichenden Einfluß ausübten. Pierre I stellte sowohl einfachere als auch sehr luxuriöse Möbel her. Zu seinem Kundenkreis gehörten die bekanntesten Namen des französischen Hochadels.

Migeon, Pierre II (1701–1758). Pariser Ebenist, Sohn und Nachfolger von Pierre I, gehörte zu den Lieferanten des Garde meuble und wurde besonders von der Marquise de Pompadour gefördert. Seine im Kontur etwas schweren, in der Marketerie sowohl einfachen als auch durch Blüten und Blätter reich nuancierten Möbel verstand er mit reizvollen vergoldeten Bronzen elegant zu steigern. Viel technisches Geschick bewies er in der Herstellung von Kombinationsmöbeln. Neben der eigenen Produktion betrieb er einen Handel als Wiederverkäufer und ließ bekannte Künstler für sich arbeiten, so daß sich vielfach sein Stempel neben dem eines anderen Ebenisten auf einem Möbel findet. *Abb. 115*

Migeon, Pierre III (1733–1775). Pariser Ebenist, Sohn und Nachfolger von Pierre II, seit 1761 Meister, wahrscheinlich hauptsächlich als Händler tätig. Für seine eigenen Möbel verwendete er den Stempel seines Vaters, von dessen Arbeiten sich die im späten Louis XV entstandenen Stücke stilistisch unterscheiden lassen.

Mohrmann, Karl (1857–1927). Architekt in Hannover. Schüler und Assistent von Conrad Wilhelm Hase. 1911–13 Rektor der Technischen Hochschule. Schuf Bauten im mittelalterlichen Stil (Stabkirche in Hahnenklee) und gotisierende Möbel für sein eigenes Haus *Abb. 222*

Molitor, Bernard (um 1730 bis nach 1811). Pariser Ebenist deutscher Herkunft, seit 1773 in Paris, Meister 1787. Sein Stil wurde vor allem von seinem berühmteren Zeitgenossen und Landsmann Adam Weisweiler beeinflußt. Er erhielt sowohl vor der Revolution Aufträge von der Krone (seit 1788) als auch 1811 vom Garde Meuble Impériale.

Münzschrank, französisch médaillier. Ein Schrank zum übersichtlichen Verwahren einer Münzsammlung. Im 17. Jh. häufig in Form eines Kabinetts auf tischartigem Untergestell; der Aufbau meist durch zwei Türen verschlossen, hinter denen sich eine Vielzahl flacher Schubladen befand, die oft in zwei Reihen nebeneinander angeordnet waren. Im 18. Jh. ist jedoch der zweitürige dreivierteihohe, fast immer rechteckige Schrank gebräuchlich, der von oben bis unten mit flachen Schüben gefüllt war.

Mutschele, Franz Martin (1733–1804). Bamberger Hofbildhauer, der zahlreiche Altäre, Kanzeln und Grabmale für fränkische Kirchen fertigte, um die Mitte des Jahrhunderts Schnitzmöbel, vor allem Konsoltische, für die Residenz arbeitete und 1760/61 für geschnitzte Lehnsessel bezahlt wurde.

Nadal, Jean (geb. 1733). Pariser Menuisier, stellte um die Mitte des 18. Jhs. elegante Sitze im Stil Louis XV her; verschiedene signierte Arbeiten weisen aber auch klassizistische Schnitzereien und den Einfluß von Delafosse auf, so daß eine Tätigkeit Nadals bis gegen 1770 anzunehmen ist. *Abb. 164*

Nahl, Johann August (1710–1785). Bildhauer und Dekorateur in Berlin. Bestimmte als bedeutendster Mitarbeiter Knobelsdorffs die Eigenart des friderizianischen Rokoko wesentlich mit. Wie sein Vater, der als Geselle Schlüters am Schloßbau Friedrichs I. gearbeitet hatte, war er Bildhauer, kam nach Wanderjahren in Italien und Frankreich 1735 nach Straßburg und nahm bereits 1741 als »Directeur des ornements« nach Knobelsdorff die zweite Stelle im Bauwesen der preußischen Schlösser ein. In der sog. »Goldenen Galerie« des Schlosses Charlottenburg erhob sich gleich zu Anfang die Zusammenarbeit der beiden Männer zu einer vollendeten Leistung des deutschen Rokoko. Für Nahls Ornamentik sind naturalistische Blumenmotive ebenso charakteristisch wie die Verbindung eines Flügels mit einer C-förmigen Kurve. Zu den späten Arbeiten Nahls gehören Marschalltafelzimmer, Konzertzimmer, Zedernholzkabinett und Schlafzimmer im Stadtschloß, Speisezimmer und Konzertzimmer in Sanssouci sowie das Schreibkabinett der Wohnung im Schloß Berlin. Für diese Räume entwarf er auch die Schnitzmöbel, vor allem die Konsoltische und Sitze. 1746 verließ Nahl heimlich Potsdam und begab sich nach Straßburg. Später war er in Bern und Kassel tätig, wo er an der Ausgestaltung von Schloß Wilhelmsthal mitwirkte. *Abb. 149*

Nähtisch. Kleines, häufig in Zierform gebildetes Tischchen mit meist einer unterteilten Schublade. Im späten 18. Jh. in England eingeführt (worktable) und oft mit einem Stoffbeutel garniert, ist es bald im Formenschatz des Kontinents aufgegangen und in Deutschland vor allem im Biedermeier ein beliebtes Möbel geworden. Der französische Vorläufer im 18. Jh. ist der table à ouvrage, der jedoch nicht so ausschließlich der Näharbeit gewidmet war. *Abb. 209, 231*

Nasenschrank. Frankfurter Barockschrank mit vorgezogenen langen wulstartigen Eckfüllungen, den sogenannten »Nasen«. Vgl. → Frankfurter Schrank. *Abb. 74*

Nestfell, Johann Georg (1694–1762). Bedeutendster Ebenist in Unterfranken neben Mattern, stammt aus Oberhessen (Alsfeld) und war seit 1720 Hofschreiner des regierenden Grafen von Schönborn zu Wiesentheid, siedelte 1761 nach Würzburg über. Von ihm stammen außer dem Banzer Chorgestühl, der Altarausstattung in Wiesentheid sowie den Vertäfelungen im Schloß u.a. zwei prunkvolle für das Bruchsaler Schloß gearbeitete Schreibschränke (heute in Schloß Schwetzingen), die, altertümlich im Aufbau, wie das Banzer Chorgestühl reich mit Elfenbein eingelegt sind. Ein Schreibschrank in der Würzburger Residenz zeigt den gleichen Stil.

Neufforge, Jean François de (1714 bis 1791). Architekt und Radierer in Paris. Übte durch seinen ›Recueil élémentaire d'architecture‹ (1757/80) und seine zahlreichen Ornamentstiche einen weitreichenden Einfluß auf das Mobiliar des Louis XVI aus.

Nogaret, Pierre (1720–1771). Stuhlmacher in Lyon. Obwohl in Paris geboren, betrieb Nogaret seine Werkstatt in Lyon. Von allen provinziellen Menuisiers blieb er der bekannteste. Schon zu seinen Lebzeiten waren seine Stühle auch außerhalb Lyons begehrt. Besonders gerühmt wurde seine Schnitzkunst in Buchenholz, das er bevorzugte. *Abb. 144*

Normand, Charles Pierre Joseph (1765 bis 1840). Architekt und Kupferstecher in Paris. Publizierte verschiedene architektonische Lehrbücher und stach für Perciers und Fontaines ›Recueil de décorations intérieurs‹ (1801). Sein Stichwerk ›Nouveau Recueil en divers genres d'ornements‹ (1803) enthält viele Entwürfe für Innendekorationen und Möbel im Empirestil.

Nürnberger Schrank. In der 1. Hälfte des 16. Jhs. in Nürnberg entstandener Schranktyp, im Aufbau dem Süddeutschland verbreiteten spätgotischen zweigeschossigen Kasten mit Sockel, Schubladengurt und Abschlußgesims ähnlich, jedoch betonter in der Trennung von Füllung und Rahmen. Die Rahmenteile sind meist durch das von Flötner inspirierte feine geschnitzte Frührenaissanceornament hervorgehoben, während die Türflügel gewöhnlich ein geschnitztes Mittelfeld erhalten. Vereinzelt kommen auch seitlich Säulen vor, die beide Geschosse zusammenfassen, in der zweiten Jahrhunderthälfte und im Frühbarock mitunter eingeschossige Schränke mit zwei Türen, ferner trifft man auch Kästen mit stumpfem Giebel als Bekrönung. Eine Sonderform stellen die schmalen dreiviertelhohen Schränkchen dar, deren Vorderseite eine Mitteltür oder zwei übereinanderliegende durch ein Gesims getrennte kleinere

Türen besitzt, die seitlich von Pilastern eingefaßt werden. *Abb. 28, 33*

Odiot, Jean Baptiste Claude (1763 bis 1850). Paris. Einer der hervorragendsten Goldschmiede des ersten Kaiserreichs und der Restauration. Seine Hauptwerke stellen die zusammen mit Thomire nach Entwürfen von Prudhon gefertigte silberne Toilettegarnitur für die Kaiserin Marie Luise (1810) und die Wiege des Königs von Rom (1811) dar.

Oeben, Jean François (um 1720–1763). Berühmter Pariser Ebenist. Der in Ebern (Unterfranken) geborene Ebenist nahm in Paris sowohl wegen seiner handwerklichen Fähigkeit und Erfindungsgabe als auch wegen seiner Beziehungen zu anderen namhaften Möbelkünstlern eine hervorragende Stellung ein. 1749 heiratete er die Tochter des Ebenisten François Vandercruse; 1751 trat er in die Werkstatt von Charles Joseph Boulle (jüngster Sohn von André Charles Boulle) ein, nach dessen Tode er wahrscheinlich auf Empfehlung seiner Gönnerin, der Marquise de Pompadour, 1754 »ébéniste du roi« wurde. Bei ihm lernten Riesener und Leleu, und mit Carlin und Caffiéri verband ihn eine enge Zusammenarbeit. 1760 erhielt Oeben den Auftrag für das nach seinem Tode von Riesener vollendete bureau du roi, »das reichste Möbel der Übergangszeit, das bedeutendste französische Möbel überhaupt« (Feulner). Als erster verwendete er wieder geradlinige Formen und schuf damit den sog. »Übergangsstil« (Transition). Während er zunächst Blumenmarketerien als Dekoration wählte, bevorzugte er später geometrische Muster, die er mit einem doppelten Band aus Ebenholz und hellem Holz faßte. Am meisten schätzte man jedoch seine Möbel wegen ihrer hohen technischen Qualitäten und der oft komplizierten Inneneinrichtung mit mechanischen Vorrichtungen und Geheimfächern.
Abb. 110, 124, 131, 186

Oeben, Simon († 1786). Pariser Ebenist. Meister 1764. Jüngerer Bruder von Jean François Oeben, nach dessen Tode er erster Ebenist der Manufacture des Gobelins wurde. Seine Arbeiten sind wegen ihrer großen Ähnlichkeit und gleichen technischen Vollkommenheit häufig mit denen seines berühmteren Bruders verwechselt worden, besitzen jedoch oft sehr eigene originelle Profile.

Oppenort, Gilles Marie (1672–1742). Architekt, Zeichner und Kupferstecher in Paris. Der bedeutendste Ornamentkünstler der Régence. 1692–1699 in Italien, danach ständig im Dienst des Herzogs Philipp von Orléans, seit 1715 Direktor der königlichen Manufakturen und Intendant der königlichen Gärten. In seinem umfangreichen Zeichnungs- und Stichwerk finden sich u.a. Vorlagen für alle Zweige des Kunsthandwerks, besonders auch für Innendekorationen und Möbel, denen er durch die Verquickung von Ornament und naturalistischen Motiven äußerst lebendige Züge verleiht.

Palisander → Rosenholz.

Paravent (spanische Wand). Aus mehreren hochrechteckigen, durch Scharniere verbundenen Feldern bestehende zusammenlegbare Stellwand.

Percier, Charles (1764–1838). Pariser Architekt. Gehört mit Pierre Fontaine, mit dem er von 1794–1814 zusammenarbeitete, und Jacob-Desmalter, dem die Ausführung des größten Teils ihrer Möbelentwürfe übertragen wurde, zu den eigentlichen Schöpfern des Empirestils. Sein Hauptwerk ist der zusammen mit Fontaine herausgegebene ›Recueil de décorations intérieurs‹

(1801). Nach 1814 war Percier künstlerisch nicht mehr tätig. Vgl. → Fontaine.

Pergo, Franz († 1629). Bildschnitzer aus Großbrunn (Grandfontaine) bei Pruntrut. Arbeitete im Stil der südfranzösischen Spätrenaissance eines Hugues Sambin. Seit 1593 in Basel nachweisbar, wo er am Chorgestühl des Münsters beteiligt war. Bekannt sind seine Zimmervertäfelung und ein Büfett aus dem Bärenfelsenhof in Basel von 1607, außerdem wird ihm der 1617 datierte Prunkschrank des Remigius Fäsch zugeschrieben, der schon deutlich barocke Elemente aufweist (beide im Historischen Museum Basel).

Pfeilerschrank (Pfeilerkommode) → Chiffonnière.

Pichler, Johann Adam († 1761). Bildhauer. 1709–1715 in Paris ausgebildet, Leiter der von Kurfürst Max Emanuel gegründeten »französischen Hofkistlerei« in München, die die Schnitzarbeit der Vertäfelungen und Möbel für den Hof zu fertigen hatte und bis zu 80 Gesellen beschäftigte. Zunächst unter Effner, seit den 30er Jahren unter Cuvilliés an der Ausstattung von Schleißheim, Nymphenburg und der »Reichen Zimmer« der Residenz beteiligt. *Abb. 121*

Pied de biche → Geißfuß.

Pietra-dura-Einlagen (pietra dura = harter Stein). Aus Marmorplättchen zusammengesetzte Intarsie. Die seit der Mitte des 16. Jhs. vor allem in Florenz und Turin zum Schmuck von Antependien, Grabplatten, Tischplatten etc. gepflegte Technik erfreute sich zu Anfang des 17. Jhs. bei den Prunkmöbeln deutscher Fürstenhöfe (München, Kassel, Braunschweig) großer Beliebtheit. *Abb. 63, 82*

Pilaster = Wandpfeiler.

Pineau, Nicolas (1684–1754). Bildhauer, Dekorateur und Zeichner in Paris. Durch seine Ornamentstiche von Einfluß auf die Innendekoration vor allem des frühen Louis XV; er gilt als der Erfinder des asymmetrischen Ornaments.

Pistorini, Antonio Francesco. Baumeister und Innenarchitekt aus Bologna (?), unter Kurfürst Ferdinand Maria seit den 50er Jahren des 17. Jhs. am Münchner Hof tätig. Leitete u. a. die Ausstattung der päpstlichen Zimmer in der Residenz (1665/67).

Plitzner, Ferdinand (1678–1724). Bekannter fränkischer Ebenist des frühen 18. Jhs. Erlernte bei Matusch in Ansbach die Boulle-Technik und errichtete 1706 beim Oberstallmeister des Kurfürsten Lothar Franz von Schönborn, Hans Georg von Rotenhan, in Eyrichshof seine Werkstatt. Außer den Spiegelkabinetten arbeitete er Möbel für die Schlösser Gaibach und Pommersfelden und wurde der Schöpfer des fränkischen Régencemöbels, das in der Silhouette noch ganz französisch ist und eine besonders feine Marketerie aufweist.

Poudreuse. Neuere Bezeichnung für »toilette« (→ Toilettetisch).

Psyche. In ein Rahmengestell eingefügter Standspiegel, der im Empire und Biedermeier allgemein verbreitet war und seine klassische Form mit plastisch gebildeten Trägern durch Percier und Fontaine (1801) erhielt.

Purpurholz, auch »amarante« und »bois violet« genannt, wird hauptsächlich in Brasilien und Französisch-Guinea gefunden. Von Natur aus braun, färbt es sich, wenn es der Luft ausgesetzt wird, schnell purpurn.

Raab, Johann Valentin. Würzburger Kunstschreiner, beteiligt an der Möbelausstattung der 1808–1812 für den Großherzog Ferdinand von Toskana durch Salin de Monfort neu eingerichteten Zimmerfluchten in der Würzburger Residenz. *Abb. 208*

Reineck (Reinecke), Johann Martin (1714–1783). Sohn eines Schreiners in Magdeburg, seit 1736 Hofschreiner der Grafen zu Solms in Laubach/Oberhessen. Mehrere durch ihre Marketerie und Einlegearbeit ausgezeichnete Möbel haben sich im Laubacher Schloß erhalten.

Reizell (Reitzel), François († 1788). Pariser Ebenist deutscher Herkunft. Meister 1764. Arbeitete seit 1773 vor allem im Auftrage des Prinzen von Condé für das Palais Bourbon sowie die Schlösser von Chantilly und Villegénis.

Rheydt, Melchior von. Schreiner und Schnitzer in Köln. Tätig zwischen 1590 und 1624. Hauptmeister der → Kölner Intarsienmöbel.

Ribband back chair. Englischer Stuhltyp des 18. Jhs., dessen durchbrochene Rückenlehne mit zarten, welligen, verschlungenen, oft zwischen Voluten aufgehängten, naturalistisch geknitterten Bändern geschmückt ist. Das Motiv wurde wahrscheinlich von Bérain-Stichen angeregt und vor allem von Thomas Chippendale in seinem ›Director‹ (1754) ausführlich variiert. *Abb. 157*

Riemenschneider, Tilman (um 1460 bis 1531). Der berühmte Würzburger Bildhauer hat mit seinem 1506 im Auftrage des Bischofs Gabriel von Eyb für das Rathaus der Stadt Würzburg gefertigten Tisch ein hervorragendes Beispiel des nach architektonischen Prinzipien aufgebauten Möbels geschaffen. *Abb. 22*

Riesener, Jean Henri (1734–1806). Der berühmteste Pariser Ebenist deutscher Herkunft (Geburtsort Gladbeck/Westfalen) arbeitete zunächst in der Werkstatt von Jean François Oeben, dessen Witwe er 1767 heiratete. 1768 Meister, wurde er 1774 Hofebenist als Nachfolger Gilles Jouberts, der ihm durch einen Vertrag sein Geschäft und seinen Kundenkreis abtrat. Bis 1784 war er fast ausschließlich Lieferant für die königlichen Schlösser. Auch nachdem das Garde Meuble de la Couronne Benemann ihm vorzog, vergab Marie Antoinette weitere Aufträge an ihn. Sein Hauptwerk ist das bureau du roi Louis XV, das er, nachdem schon Oeben drei Jahre daran gearbeitet hatte, nach dessen Tode bis 1769 fertigstellte. Den Typ des Rollbureaus hat Riesener später häufiger wiederholt, daneben aber auch alle anderen Arten von Prunkmöbeln geliefert, Sekretäre, Pult-, Schreib- und Toilettetische, bureaux plats, Kommoden, encoignures, Schmuckkabinette u.a., bei denen er oft durch ganz neue Lösungen überrascht. Wie Oeben bevorzugt er eine weitgehend mechanisierte Einrichtung, eine sorgfältige → Marketerie (sowohl mit Figuren und Blumen als auch mit geometrischen Mustern, vor allem mit einfacher Rautenaufteilung) und hervorragenden Bronzeschmuck. Seine Möbel zeichnet eine ungewöhnliche Eleganz aus, die er durch geschickte Proportionierung, klaren Aufbau und gewählte Verteilung der Verzierungen sowie einen meist linearen fein abgestuften Umriß erreicht. Trotz einer gewissen Schwere wirken alle seine Möbel durch Vielteiligkeit oder Einfachheit aufgelockert und leicht und gehören zum Besten, was die Möbelkunst des 18. Jhs. geschaffen hat. *Abb. 124, 167, 168, 177, 184*

Ringelink (Ringering), Heinrich († 1629). Bildschnitzer, vielleicht aus Westfalen gebürtig, seit 1583 in Flensburg, geht um 1626 nach Kopenhagen. Neben Gudewerdt der bekannteste schleswig-holsteinische Möbelschnitzer der Spätrenaissance, der auch Kanzeln, Taufbecken und Altäre für Kirchen arbeitete. In den vier reich gerahmten Frontfeldern seiner Truhen sind fast immer religiöse Szenen unter Arkaden dargestellt, die auch, in anderer Anordnung, seine Schränke (vom Typ der → Schenkscheibe) schmücken. Die Vertikalgliederung betont er durch Hermen. Seine Schnitzerei ist etwas derb provinziell und hat nicht die Feinheit der Arbeiten Gudewerdts. Möbel von Ringelink besitzen die Museen in Berlin, Flensburg, Schleswig und Oslo. *Abb. 67*

Risenburgh, Bernhard II van († 1765/66). Berühmter Pariser Ebenist, dessen Stempel »B.V.R.B.« erst seit kurzem identifiziert ist. Entstammt einer holländischen Ebenistenfamilie. Sein Vater Bernard I kam Ende des 17. Jhs. nach Paris, wurde vor 1722 Meister und starb 1738. Bernard II ist kurz vor 1730 Meister geworden. Seine Werkstatt wurde nach seinem Tode zunächst von seinem Sohn Bernard III fortgeführt, der sich jedoch seit 1786 ausschließlich als Bildhauer betätigte und 1800 starb. Die Werke van Risenburghs gehören zu den besten Möbeln des Louis XV. Den meist einfachen Aufbau wußte der Meister durch eine ausgezeichnete Blumenmarketerie oder durch Lackfassung wirkungsvoll zu nuancieren. Die Gliederung besorgt fast immer ein brillant ziselierter Bronzebeschlag aus Rocaillen und C-Schwüngen, der sorgfältig auf das Holz abgestimmt ist. Die großartigste Möbelgarnitur Risenburghs, sechs Kommoden und zwei encoignures, gehörte zum Bestand des Dresdener Schlosses. Außer den abgebildeten Stücken sind zahlreiche mit »B.V.R.B.« signierte Möbel auf die bekanntesten Sammlungen verteilt. *Abb. 123*

Rocaille (von roc = Fels). Asymmetrisches, muschelförmiges, von bizarren felsenartigen Gebilden begleitetes Ornament, das wichtigste Dekorationsmotiv des Rokoko.

Roentgen, Abraham (1711–1793). Berühmter Kunstschreiner, Vater von David Roentgen. 1711 als Sohn eines Tischlers in dem heute nach Köln eingemeindeten Mülheim geboren; 1731–1738 Lehrjahre in Rotterdam, Den Haag, Amsterdam und London, wo er den Grafen Zinzendorf kennenlernte; 1738 trat er der Herrnhuter Brüdergemeinde bei und ließ sich in Marienborn (Oberhessen) nieder. Nach Fehlschlag eines Missionsauftrages richtete er 1740 in Herrnhag bei Büdingen seine Werkstatt ein. Verbindungen der Herrnhuter zu den Adelsgeschlechtern der Wetterau (Solms, Ysenburg) sicherten seinen Absatz. Beträchtliche Ausweitung hat die Werkstatt erst seit 1750 durch die Übersiedlung nach Neuwied bei Koblenz bekommen, wo Roentgen u. a. prunkvolle Möbel für den Kurfürsten von Trier, Johann Philipp von Walderdorf, fertigte. Seit 1761 war der Sohn David (nach vierjähriger Lehrzeit) als Geselle in der Werkstatt tätig, die bereits damals Möbel ins Ausland lieferte und mehrere fürstliche Kunden betreute. David übernahm schließlich 1772 die Führung ganz, nachdem er schon seit Ende der 60er Jahre großen Einfluß auf die Produktion hatte. Bis 1785 war aber der Vater Abraham noch tätig. Er zog sich dann nach Herrnhut (Sachsen) zurück, wo er 1793 starb.

Die Möbel Abraham Roentgens sind meist gedrungen und schwer, jedoch äußerst kraftvoll in ihrem Aufbau. Sie verleugnen nicht den Einfluß des englisch-holländischen Formenschatzes, der sich in der tief herabgezogenen Zarge und den stark geschweiften »Cabriole legs«, beim Sitzmöbel in der Verwendung von → »claw and ball foots« dokumentiert. Die frühen Arbeiten sind meist mit Obstbaumholz (Kirsche) furniert, teilweise auch massiv gearbeitet, besitzen nur spärliche Schnitzereien und Beschläge, sind aber häufig mit einer sehr feinen Bandeinlage aus Messing versehen, die durch Muscheln oder kleine Tierchen, teilweise aus graviertem Perlmutter, bereichert wird. Erst nach 1750 entstehen die edleren Marketerien mit geometrischen Mustern, Blumen und Bildern (unter Verwendung von Elfenbein und Perlmutter) sowie die Rahmung durch prachtvollen Bronzebeschlag. Die eigentümliche gedrungene Form der frühen Möbel ist aber, selbst wenn sie bereits etwas verschliffen erscheint, den Arbeiten der 60er Jahre eigen geblieben. *Abb. 111, 119, 125, 135*

Roentgen, David (1743–1807). Der berühmteste deutsche Kunstschreiner. Sohn von Abraham Roentgen. Geboren in Herrnhag (Oberhessen); trat vermutlich 14jährig als Lehrling in die inzwischen nach Neuwied übergesiedelte Werkstatt seines Vaters ein, in der sein Einfluß zu Ende der 60er Jahre außerordentlich wuchs, bis ihm 1772 die Leitung vollständig übertragen wurde. Roentgen wußte den Absatzkreis international zu erweitern. 1774 unternahm er seine erste Reise nach Paris, der 1779 eine Vorstellung bei Hof und der Verkauf kostbarer Möbel sowie 1780 die Einschreibung als maître-ébéniste der Pariser Zunft folgten. Brüssel, Berlin und Petersburg waren die anderen Stationen, die durch Einrichtung von Tochterwerkstätten in Paris, Berlin und wahrscheinlich auch in Petersburg ihre Bekrönung fanden. Friedrich Wilhelm II. ernannte ihn 1791 zum Geheimen Kommerzienrat und diplomatischen Agenten am Niederrhein. Bei Fürsten und Künstlern stand Roentgen in gleich hohem Ansehen, wie aus zahlreichen literarischen Quellen überliefert ist. Nachdem seit 1795 die Produktion in Neuwied durch die französische Besetzung zum Erliegen gekommen war und Roentgen große Teile des Inventars nach Kassel, Gotha und Altenkirchen gerettet hatte, starb er 1807 auf einer Reise in Wiesbaden.

Die frühen Arbeiten David Roentgens, etwa seit 1770/75, sind leichter und eleganter im Umriß als die des Vaters. Der Intarsienschmuck, Blüten, Federn, Schreibgeräte, Briefe und dergleichen, die meistens an Bändern aufgehängt erscheinen, ein Motiv, das Roentgen besonders gern verwendete, sind sorgfältig in konturierte Felder gebettet, Rahmen und Aufbau dadurch klar überschaubar. Seit etwa 1770 wird die kostbare Bildintarsie eine Spezialität der Roentgen-Werkstatt, die durch die Entwürfe des Malers Januarius Zick eine außerordentliche Frische und Natürlichkeit erhielt. Unter französischem Einfluß schuf Roentgen wahrscheinlich erstmalig 1778/79 reine Louis-XVI-Formen, denen er durch eigene Profile und Kanelierung eine »Neuwieder« Note gab, die, besonders nach Einführung des Mahagonis, in Deutschland weite Nachahmung fand. In den folgenden Jahren wurden vor allem Roentgens Schreibtische berühmt, die oft mit hohen Aufsätzen ausgestattet sind, wahre Denkmäler, Architekturen im Raum, die wohl den Wünschen ihrer Auftraggeber entgegenkamen. In den feinen Details und ihren Mechanismen, die wie die früheren Beispiele zum Teil der Mitarbeit des Uhrmachers Peter Kinzing zu verdanken sind, überragen sie das übrige deutsche Möbel ihrer Zeit bei weitem. *Abb. 125, 127, 182*

Rollbureau → Zylinderbureau.

Rollwerk. Aus gerollten und ineinandergezogenen Bändern gebildetes, plastisch und räumlich wirkendes Ornament, das sich in der Hochrenaissance und im Manierismus (2. Hälfte des 16. und Anfang des 17. Jhs.) aus dem flachen Beschlagwerk als wichtigstes Dekorationsmittel für Rahmenfüllungen entwickelte.

Rosenholz, auch Königsholz oder Palisander genannt; ist grobkörnig und von unterschiedlicher Härte, manchmal schwarzbraun gestreift, schwarz oder von einem dunklen Purpurbraun. Diese Arten kommen vor allem aus Brasilien und den Westindischen Inseln, eine weit hellere lieferte Indien.

Roussel, Pierre I (1723–1782). Gehörte zu den bekanntesten Ebenisten seiner Zeit. Seit 1745 Meister, erweiterte er seine Werkstatt aus kleinen Anfängen zu einem großen Unternehmen, das von 1775–1780 zahlreiche Aufträge vom Prinzen von Condé für das Palais Bourbon und das Schloß Chantilly erhielt. Nach seinem Tode führte seine Frau das Geschäft mit den beiden Söhnen Pierre-Michel und Pierre II unter Verwendung des alten Stempels weiter. Die Arbeiten des Vaters sind besonders für den Übergang vom Louis XV zum Louis XVI bemerkenswert. Sie umfassen eine Vielfalt von Möbeltypen, die durch ihre hohe handwerkliche Qualität und oft reiche Ausschmückung auffallen, bei der schon früh Trophäen, Landschafts- und Ruinenmotive sowie geometrische Flächenmuster verwendet wurden.

Rumpp, Johann (1702–1755). Kunstschreiner und Zeichner in Augsburg, gebürtig aus Kirchheim unter Teck. Meister 1739. Publizierte zahlreiche Möbelentwürfe (bei dem Verleger Martin Engelbrecht in Augsburg), die für das bürgerliche Mobiliar des frühen Rokoko in Süddeutschland charakteristisch sind.

Sambin, Hugues (um 1515/20–1601/02). Dijoner Architekt und Holzbildhauer, 1549 Meister bei der Zunft der Menuisiers. Von großem Einfluß auf das südfranzösische Möbel der Spätrenaissance, besonders der Zentren Dijon und Lyon. Bedeutender Theoretiker durch sein »Oeuvre de la diversité des termes« (1572), die wichtigste Quelle für das figurale Schnitzwerk. Er ist der Vertreter des reich mit Figuren geschmückten Mobiliars, das sich durch seine Überladenheit mit phantastischen Hermen, Karyatiden, Menschen mit tierischen Formen u. a. von dem feineren Möbel der Ile de France unterscheidet.

Sang, Johann Heinrich Balthasar (geb. 1723). Glasschneider, gebürtig aus Weimar. Seit 1747 Hofglasschneider beim Herzog Carl von Braunschweig. Arbeitete zusammen mit Thomas Körblein in der Braunschweiger Hofspiegelfabrik. Ein Spiegelschrank (1751/52) im Herzog-Anton-Ulrich-Museum Braunschweig und eine Spiegelstanduhr (1754/55) im Landesgewerbemuseum Stuttgart sind als seine Möbelarbeiten belegt. *Abb. 17*

Satinholz. Hat seinen Namen von dem satinartigen Glanz seiner Oberfläche. Es ist ziemlich hart, feinkörnig, hellgelb oder hellbraun und findet sich in Mittel- und Südindien, an der Koromandelküste und auf Ceylon. Einfacher ist eine Art, die auf den Westindischen Inseln wächst.

Sauermann, Heinrich (1842–1904). Möbelfabrikant in Flensburg. Gründete 1869 eine Möbelfabrik und machte 1876 seine Vorbildersammlung heimischen Kunsthandwerks zum Grundstock des Flensburger Gewerbemuseums, an dem er seit 1877 als Leiter einer Fachklasse für Tischler, Drechsler, Tapezierer und Stuhlmacher tätig war. Holländische und friesische Möbel des 17. Jahrhunderts bestimmten den Charakter seiner eigenen Entwürfe. Großen Erfolg hatte er 1888 in München mit seinem „Nordfriesischen Zimmer" (Nordiska Museet, Stockholm), 1893 in Chicago mit einem „Holsteinischen Zimmer" (Golden Gate Parc Museum, San Francisco) und 1900 in Paris mit dem „Niederdeutschen Zimmer" (Städtisches Museum, Flensburg). *Abb. 219*

Saunier, Claude-Charles (1735–1807). Bekannter Pariser Ebenist, erhielt zwar schon 1752 seine Meisterpapiere, ließ sie aber erst 1765 eintragen, um das Geschäft seines Vaters übernehmen zu können. Sehr schnell gelang ihm der Anschluß an das Louis XVI, das ihm vor allem Zylinderbureaus und Konsoltische von delikater Eleganz verdankt. Charakteristisch für ihn sind die Wirkungen, die er geschickt aus dem Gegensatz von hellen zu dunklen Hölzern bezog.

Schall, Jörg Adam. Bamberger Bildhauer, dessen mit seinem Bruder Valentin gemeinsam betriebene Werkstatt 1769/70 mehrere geschnitzte Konsoltische für Schloß Pommersfelden lieferte, die sich durch ihren extremen Naturalismus, die Verwendung von Tieren, Baumstrünken, Zweigen, Blättern und Beeren als Schmuckmotive, auszeichnen.

Schall, Valentin. Bamberger Bildhauer des 18. Jhs., Bruder des Jörg Adam Schall. Von ihm sind 1763/64 Arbeiten für Schloß Seehof archivalisch belegt.

Schapp → Hamburger Schrank.

Schenkschive (Schenkscheibe) → Lüneburger Schrank.

Scherenstuhl (Scherensessel) → Faltstuhl.

Schinkel, Karl Friedrich (1781–1841). Berlin. Der bedeutendste deutsche Architekt der Romantik. Schüler von Gilly. Nach seiner Italienreise (1803/05) widmete er sich zunächst mehr der Malerei und war seit 1810 in der Oberbaudeputation in Berlin tätig. Seit 1816 Ausführung der eigenen großen Staatsbauten: Neue Wache (1817/18), Schauspielhaus (1818/21), Museum (1824/30). Daneben zahlreiche Kirchen, Verwaltungs- und Wohnbauten, durch die das Bild Berlins wesentliche Akzente erhielt. Für die Innendekoration und Möbelkunst sind vor allem die Bauten, Umbauten und Ausgestaltungen der Schlösser für die königliche Familie von Bedeutung, die Schinkel auf der Höhe künstlerischen Könnens zeigen. In der Umdeutung antiker und gotischer Motive, dem Bestreben, Schönheit und Zweckmäßigkeit zu verbinden, erreichte er eine Zartheit und Verhaltenheit, die zum wesentlichen Ausdruck des preußischen Neuklassizismus wurde. *Abb. 215, 216*

Schlecht, Benedikt. Würzburger Hofschreiner, nachweisbar 1720–1774. Fertigte außer der Bauschreinerei zahlreiche Möbel für die Würzburger Residenz; so wird er 1751 und 1764 für Dutzende einfacher Sessel und 1766 für einen »Kasten mit Postament« bezahlt.

Schleunig, Johann Georg (geb. um 1715). Bildhauer, Dekorateur und Formgießer, arbeitete 1728–1762 für den Hof in Bayreuth und wurde wahrscheinlich auch für geschnitzte Möbel herangezogen. Offenbar besorgte er die Möbelschnitzereien für die Werkstatt der Gebrüder Spindler, da er 1762 wie diese nach Berlin übersiedelte.

Schlott, Franz Anton (um 1696/97 bis 1736). Hofbildhauer in Bamberg. Außer verschiedenen Altären für fränkische Kirchen fertigte er um 1734 einige der braungefaßten und teilvergoldeten Konsoltische im Südflügel der Würzburger Residenz.

Schmidt, Johann Michael. Schnitzer und Dekorateur des 18. Jhs. in München. Arbeitete unter Cuvilliés an der Einrichtung der Kurfürstenzimmer der Residenz (1760/63).

Schnegg, Johann (1724–1784). Bildhauer, gebürtig aus Imsterberg (Tirol), kam um 1745 nach Bayreuth, heiratete hier 1749 die Tochter des Bildhauers J. G. Ziegler und übernahm dessen Werkstätte. War seit 1749 für die Einrichtung des Bayreuther Schlosses tätig. Von ihm stammen einige Konsoltische, die sich durch die kräftigen Kurven und Schwingungen ihrer Stützen auszeichnen. Ein offenbar speziell von Schneggs Werkstatt verwendetes Ziermotiv sind die kleinen Vogelschwingen, die auch nach 1760, als Georg Dorsch der Werkstatt vorsteht, die Zargen der Konsoltische zieren. Schnegg ging 1761 nach Berlin und stand bis 1769 im Dienste Friedrichs d. Gr. Nach abenteuerlicher Flucht kehrte er nach Tirol zurück, wo er in Arzl bei Imsterberg starb. Außer Möbelschnitzereien umfaßt sein Oeuvre zahlreiche Skulpturen.

Schnell, Martin (um 1675 bis um 1740). Bedeutender Lackkünstler, gebürtig aus Stade, arbeitete um 1703–1710 in Berlin, wohl in Verbindung mit Dagly, wurde 1710 zum sächsischen Hoflakkierer in Dresden ernannt, belieferte die königlichen Schlösser und die Paläste des Adels (vor allem das Japanische Palais, Schloß Pillnitz und die Brühlschen Schlösser) mit Lackmöbeln. Vorübergehend um 1712 auch als Lakkierer für die Meißener Porzellanmanufaktur tätig. Seit 1731 in Warschau nachweisbar, wo er um 1740 starb. Seine Möbel, besonders die Schreibschränke, sind in ihrer Form von englischen Vorbildern beeinflußt. Für seine Lackarbeiten bevorzugte er ostasiatischen Dekor. *Abb. 105*

Schöll (Scholl), Georg Christoph (1720 bis 1805). Ansbach-Bayreuther Hofkabinettbildhauer und Vergolder, der u. a. 1776 die Vertäfelung des Audienzzimmers in der Ansbacher Residenz fertigte und von dem zwei frühklassizistische Tische desselben Raumes stammen.

Schreibkasten → Kabinett.

Schreibschrank. Aufsatzschrank mit kommodenartigem Unterteil, im allgemeinen mit drei Schüben und meist zweitürigem, von einem Giebel bekröntem Aufsatz, dessen Inneres wie ein Kabinett mit Schließfächern und Schüben oder mit einfachen Regalbrettern ausgestattet ist. Zwischen beide Teile schiebt sich ein von einem Pultdeckel verschlossener Sekretär mit kleinen Schubläden und Fächern. Der herabgeklappte Deckel dient als Schreibplatte. Der Schreibschrank übernimmt im 18. Jh. die Aufgabe des Kabinetts und entlehnt diesem auch seine Form. Die frühesten Beispiele aus dem Anfang des 18. Jhs. entstanden in England, von wo der Typ sich bald über Holland und Deutschland verbreitete. Vor allem in Mainz und Würzburg ist er zum bürgerlichen Prunkmöbel ausgebildet worden, hat aber auch in anderen Kulturzentren eigene Ausformungen erhalten.
Abb. 105, 106, 107, 108, 171, 173

Schuhmacher, Martin (1695–1781). Kunstschreiner, Schüler von Johann Matusch in Ansbach. Seit 1720 dort nachweisbar und in den 30er Jahren Nachfolger seines Lehrers als Hofebenist, ab 1737 ständig für den Hof beschäftigt. Arbeitet seit 1756 mit seinem Vetter Ludwig Michael Schuhmacher zusammen. Wahrscheinlich hat Schuhmacher einige Jahre in England, vielleicht auch in Frankreich gelebt, da seine Möbel in ihren Proportionen Anklänge an den frühen georgianischen

Stil verraten. Auffallend sind außerdem die Verwendung von Mahagoni und anderen dunklen Edelhölzern (Palisander) sowie die englisch anmutenden Bronzebeschläge. Fränkisch dagegen ist die feine Einlage, bei den frühen Möbeln ganz ornamental (meist mit Ahorn), seit Mitte des Jahrhunderts auch mit Blumen und Figuren, wobei er wieder stärker das hellere einheimische Nußbaumfurnier verwendet.

Schuman, André. Pariser Ebenist deutscher Herkunft (geboren in Großgörschen/Sachsen), wurde 1779 maîtreébéniste; nach 1787 wird sein Name nicht mehr erwähnt. Außer dem Sekretär in der Wallace-Collection, der eine gediegene Arbeit im Louis XVI darstellt, ist von ihm nur noch ein Spieltisch mit seiner Signatur bekannt.

Schwanhardt, Hans († 1612). Nürnberger Kunstschreiner, der nach Neudörfer angeblich der Erfinder der → Flammleiste ist.

Schwerdfeger, Johann Ferdinand, von etwa 1760–1798 in Paris nachweisbar. Meister 1786. Einer der berühmten Ebenisten deutscher Herkunft, die Marie Antoinette bevorzugte. Für sie schuf er 1788 den prächtigen Schmuckschrank, den die Stadt Paris der Königin zum Geschenk machte. Er ist, wie andere Möbel seiner Werkstatt, von eigenartig prunkhafter Schwere und zeichnet sich durch seine handwerkliche Qualität aus.

Secrétaire à cylindre → Zylinderbureau.

Secrétaire en armoire, auch »secrétaire à abattant« genannt. Hochrechteckiger Schreibschrank, dessen Unterteil meistens durch zwei Türen verschlossen, mitunter auch mit Schüben versehen ist. Den Mittelteil füllt eine vertikale Verschlußklappe, die nach Heruntergeklappt als Schreibplatte dient und zahlreiche kleine Schübe und Fächer freigibt, über denen eine breite flache Schublade den Aufbau beschließt. Für diesen Sekretär haben vor allem Oeben und Riesener seit etwa 1760 die klassische Form gefunden, die noch im Empire und Biedermeier gebräuchlich war, zu dieser Zeit jedoch häufig durch Aufsätze prunkvoll erweitert wurde.
Abb. 110, 111, 167, 168, 169, 170, 177, 202, 203, 204

Secrétaire en pente. Pultschreibtisch mit schräger Verschlußklappe, die heruntergeklappt als Schreibplatte dient. Der durch diese Klappe verschlossene Aufbau ist meist mit kleinen Schubladen und offenen Fächern ausgestattet und in der Mitte oft mit einem Geheimfach versehen. Dieser seit etwa 1730 in Frankreich entwickelte Typ wird heute vielfach als »secrétaire en dos d'âne« (mit Eselrücken) bezeichnet. Im Louis XV wandte man auch den Ausdruck »secrétaire à abattant« (der aber gleichzeitig auch den »secrétaire en armoire« charakterisiert) auf diese Schreibtischart an, während man ihn im Louis XVI auch als »secrétaire à tombeau« bezeichnete. Eine seltenere Abart ist der »secrétaire en double pente« mit zwei gegenüberliegenden Verschlußklappen.

Sekretär → Secrétaire en armoire → Secrétaire en pente.

Sené, Jean Baptiste Claude (1748 bis 1803). Bekannter Pariser Menuisier, Sohn von Claude I und Bruder von Claude II, die dieses Handwerk ebenfalls erfolgreich betrieben. 1769 Meister und seit 1785 Hoflieferant. Neben Jacob, dem seine Arbeiten an Qualität und Eleganz der Ausführung nicht nachstehen, ist er der Schöpfer der Louis-XVI-Sitze. Die Rückenlehnen seiner reichen Möbel sind meistens mit einer Trophäe, Figur oder einem anderen Schmuckmotiv bekrönt, außerdem versucht er, durch eine leichte Bewegung von Armlehne zu Armstütze harmonisch überzuleiten. Als seine Hauptarbeit gilt das Bett Marie Antoinettes in Fontainebleau. *Abb. 193*

Serre-papier → Cartonnier.

Servante → Abstelltisch, Aufwärter. Im 18. Jh. Wandtisch mit Marmorplatte und zusätzlichem Stellbrett zwischen den Stützen. Das Empire versteht darunter ein offenes schrankhohes Gestell, meist mit Spiegelrückwand, in das mehrere Regale oder Tabletts eingebaut sind.

Settee. Einem kleinen Sofa entsprechender, meist gepolsterter Doppelsitz mit Rücken- und Armlehnen, der sich in England zu Ende des 17. Jhs. entwickelte, vor allem aber seit Anfang des 18. Jhs. verbreitet war.
Abb. 160, 238

Sgabello (italienisch) = Schemel.
Abb. 56

Sheraton, Thomas (1751–1806). London. Englischer Cabinet-maker und berühmter Möbelzeichner. Zunächst als einfacher Arbeiter in seiner Heimatstadt Stockton-upon-Tees tätig, wandte er sich um 1790 nach London, wo er 1791 sein Stichwerk ›The Cabinet maker's and Upholsterer's Drawing Book‹ herausgab, das seinen Ruf manifestierte (2. Auflage 1794; 3. Auflage 1802; deutsche Ausgabe von G. T. Wenzel, Leipzig 1794). Als Praktiker war Sheraton seitdem nicht mehr tätig. Gegenüber Hepplewhite schließt er sich deutlicher französischen Vorlagen an, die er vereinfacht und zu etwas kühler Vornehmheit entwickelt. Seine Stuhlrücken sind fast immer rechteckig, mit einem Rahmen aus gekehlten schmalen Stäben und durchbrochenen Verzierungen in Vasen- und Lyraform in der Mitte. Dünn und zierlich sind auch Armlehnen und Beine, so daß die Sitze außerordentlich leicht erscheinen. Eine ähnliche Sprödigkeit kennzeichnet auch seine übrigen Möbeltypen.
Abb. 187, 196, 197

Side-board (side-table) = Anrichtetisch, Kredenztisch.

Soest, Albert von → Albert von Soest.

Spindler, Johann Friedrich († nach 1793). Kunstschreiner. Betrieb mit seinem jüngeren Bruder Heinrich Wilhelm die bedeutende Werkstätte in Bayreuth, die von etwa 1754 bis 1762 zahlreiche Möbel für die Ausstattung des Neuen Schlosses fertigte, die sich durch ihre Eleganz, hervorragende Marketerie und Bronzefassung auszeichnen und auf französische Schulung schließen lassen. 1762 siedelte die Werkstatt nach Berlin über, um an der Einrichtung des Neuen Palais in Potsdam mitzuwirken. Die außerordentlich prunkvollen Kommoden, Schränke und Tische lassen die enge Zusammenarbeit mit Kambli erkennen. Kamblis Bronzeschmuck bildet den Rahmen für die sehr farbige Marketerie (unter Verwendung von Schildpatt, Perlmutter, Silber und Elfenbein) mit Blumenvasen und Blumengehängen, die das Möbel geschickt gliedert und den Kubus oft ganz aufzulösen scheint. Nach diesen Meisterwerken muß man die Spindler zu den bedeutendsten deutschen Ebenisten zählen. *Abb. 133, 153*

Stipo (italienisch) = Schrank.

Stobwasser, Johann Heinrich (1740 bis 1829). Berühmter Lackkünstler. Leiter der von seinem Vater Sigmund (1717 bis 1776) 1763 in Braunschweig gegründeten Lackwarenfabrik, deren Erzeugnisse, vor allem Dosen, Teekannen, Teebretter, Schatullen und Möbel, wegen ihrer Qualität auch im Ausland sehr gefragt waren. Nach seinem Tode blühte vor allem der Berliner Zweig der Firma, der unter der Leitung von Stobwassers Schwager Jean Guérin 1772 gegründet worden war.

Stoer, Lorenz († nach 1620). Augsburger Maler, gab 1567 ein Musterbuch (Holzschnitte) für Intarsien mit perspektivischen Gebäuden heraus (›Geometria et Perspectiva. Hierjnn Etliche Zerbrochne Gebew, den Schreinern jn eingelegter Arbeit dienstlich‹).

Stollenschrank. In Flandern und im Rheinland verbreitetes Hausmöbel der Spätgotik zum Verwahren und Anrichten des Tafelgeschirrs. Im Aufbau dem französischen Dressoir verwandt, doch meist einfacher in seiner äußeren Erscheinung. Der kastenförmige, ein- oder zweitürige Aufsatz wird von vier hohen Eckstollen getragen, die auf einem profilierten Podest stehen. Sonderform → Erkerschrank. *Abb. 27*

Strohmayer, Lienhart († 1568). Augsburger Kunstschreiner, seit 1538 Bürger. Fertigte u.a. 1555 für Kaiser Karl V. ein prunkvolles Schreibkabinett, dessen Fassade kunstvoll in eine minuziöse Architektur aufgelöst ist. Auch für andere Höfe und Fürsten, für Frankreich, die Niederlande und Italien hat Strohmayer ähnliche überladene Möbel gefertigt.

Suttmeier, Gertt († 1568). Lüneburger Ratstischler, 1534 Bürger. Fertigte von 1564–1567 die Vertäfelung des Ratszimmers, dem bis 1584 durch Albert von Soest die vier reich mit Figuren geschmückten Türen hinzugefügt wurden.

Syrlin d. Ä., Jörg. Berühmter Ulmer Bildschnitzer, nachweisbar zwischen 1449 und 1491, von dem der 1465 gefertigte Schrank des Ulmer Museums mit reicher Rahmenschnitzerei signiert ist, der zugleich als das früheste datierte Beispiel dieses doppelgeschossigen, auf den Gegensatz von glatten Füllungen und geschnitztem Rahmen abgestellten spätgotischen Schranktyps gilt. Die Hauptwerke Syrlins sind Chorgestühl (1469/74) und Dreisitz (1468) im Ulmer Münster. *Abb. 6*

Table à café. Zierliches, leicht transportables, meist rechteckiges Tischchen auf vier Stützen, häufig mit einer kleinen Schublade ausgestattet, dessen Deckplatte aus Lack, Marmor oder Porzellan besteht. Ein solches Tischchen, das seit dem Louis XV bekannt ist, diente mitunter auch als Frühstückstischchen (table à déjeuner).

Table à ouvrage → Table en chiffonnière.

Table à thé → Teetisch.

Table en chiffonnière. Leicht transportables Tischchen mit einer oder mehreren kleinen Schubladen unter der Deckplatte und einem Tablett zwischen den Beinen. Diese Tischchen waren im Louis XV sehr verbreitet und erfüllten vielerlei Zwecke, dienten hauptsächlich als Arbeitstischchen für Damen (table à ouvrage). Im Louis XVI sind sowohl Deckplatte als auch Zwischentablett häufig mit einem Gitterrand versehen, um das Herabfallen der Utensilien zu verhindern. *Abb. 132*

Tablier. Schurzförmig herabhängende und häufig durch Schmuck (Kartusche, Mascaron etc.) betonte Mitte der → Zarge.

Tabouret. Niedriger gepolsterter Hokker auf vier kurzen Beinen, die mitunter durch Sprossen verfestigt sind. *Abb. 148*

Teetisch. In England entwickelter Typ, für den in der 2. Hälfte des 18. Jhs. die

Dreifußstütze charakteristisch ist. In dieser Form ist er auf dem Kontinent vielfach nachgebildet, häufig aus Mahagoni, in Frankreich (table à thé) zuweilen mit Porzellanplatte.
Abb. 136, 138

Tête-à-tête. Neuere Bezeichnung für → Marquise.

Thomire, Pierre Philippe (1751–1843). Berühmter Goldschmied und Bronzebildhauer. Sohn eines Ziseleurs und Schüler der Académie de Saint Luc, arbeitete zunächst unter Pajou und Houdon; 1783 trat er die Nachfolge von Duplessis in der Porzellanmanufaktur von Sèvres an, seit 1784 findet sich sein Name häufig in den Rechnungen des Garde Meuble de la Couronne, vor allem lieferte er Bronzen für Möbel, u. a. von Benemann und Schwerdfeger. Seit etwa 1800 verlegte er sich auf die Herstellung von Tafelaufsätzen, Kandelabern, Vasen, Uhrengehäusen, Feuerböcken etc. aus vergoldeter Bronze, die seinen Namen berühmt machten. Von Napoleon erhielt er bedeutende Aufträge. Für die Stadt Paris fertigte er 1810 (zusammen mit Odiot) die »Toilette de l'Impératrice« als Hochzeitsgeschenk für Marie Luise und 1811 (ebenfalls mit Odiot) die Wiege des Königs von Rom, beide nach Entwürfen von Prudhon. 1823 zog er sich zurück. Seine Firma, die zeitweise 700 bis 800 Arbeiter beschäftigte, bestand bis nach 1850.

Thuyaholz oder gelbe Zeder. Ein ziemlich weiches, engkörniges, aber schwammiges Holz mit auffallend gefleckter Maserung, am Stamm von einem hellen Braunrot, das später nachdunkelt. Es wächst in Nordamerika.

Tilliard, Jean Baptiste I (1685–1766). Berühmter Pariser Menuisier und Lieferant für das Garde Meuble de la Couronne während der ersten Hälfte der Regierungszeit Ludwigs XV. Besonders bekannt waren seine Stühle für die Gemächer der Königin und für Chambre und Kabinett des Königs in den Jahren 1737–1739.

Tilliard, Jean Baptiste II († 1797). Pariser Menuisier, Meister 1752. Sohn des Jean Baptiste I, führte das Werk seines Vaters mit dessen Stempel fort, ohne jedoch durch besondere selbständige Neuschöpfungen hervorzutreten. Für seine einfacheren, um die Jahrhundertmitte entstandenen Sitze sind die gefälteten Palmetten am Ansatz der Beine charakteristisch. *Abb. 145*

Toilettetisch. Neben der einfachen »toilette«, einem simplen Tisch, der ringsum mit Spitzen oder Vorhängen verkleidet war und auf dem man Spiegel, Dosen und andere Toiletteutensilien verteilte, einem im ganzen 18. Jh. gebräuchlichen Möbel, entwickelte sich im Louis XV der feinere, »toilette de campagne« genannte Typ, bei dem die Mitte der Deckplatte, die auf der Innenseite mit einem Spiegel verkleidet war, zurückgeklappt werden konnte, während die beiden übrigen Teile zur Seite geschlagen wurden, um darauf Pinsel, Puderdose und dergleichen abzustellen. Gegen Ende des Jahrhunderts gab es jedoch auch Tische, deren ganze Deckplatte als Spiegel aufgestellt werden konnte. Daneben bildeten sich viele Sonderformen, fast immer rechteckig, doch mitunter sogar mit herzförmigem Grundriß, die meist mit vielfach unterteilten Schubfächern ausgestattet sind, teilweise auch als kombinierte Toilette- und Schreibtische oder als Toilette- und Lesetische eingerichtet waren. Bei der »toilette d'homme« ist gegen Ende des 18. Jhs. der Spiegel auf einer Marmorplatte so hoch angebracht, daß der Besitzer sich davor stehend selber rasieren konnte.
Abb. 187, 228

Topino, Charles. Pariser Ebenist. Meister 1773. Spezialisierte sich auf kleine Tische jeder Form und Ausführung, die er vor allem für den Handel arbeitete. Gleich zahlreichen anderen weniger bedeutenden Meistern dieser Epoche verband er Stilmerkmale des Louis XV und des Louis XVI zu gefälliger Eleganz. In seinen Marketerien verteilte er häufig Blumen- und Blattarrangements sowie allerlei Geräte, Tassen, Körbchen, Flaschen u. a. auf hellem Grund. *Abb. 185*

Tricoteuse (tricoter = stricken). Kleiner Arbeitstisch, dessen Deckplatte oder Tabletts kastenförmig gebildet bzw. von niederen Galerien gerahmt werden, damit die Strickutensilien nicht leicht herunterfallen können. *Abb. 188*

Tripod-table. Das englische Gegenstück zu den zahlreichen Ziertischen des französischen Rokoko ist ein Tischchen auf einem Schaft mit drei oder vier geschweiften Füßen. Die Platte ist rund oder viereckig, oft unverhältnismäßig groß und umklappbar.

Tulpenholz. Erinnert wegen seiner hellen Färbung, die rot gemasert ist, an rot-weiß gestreifte Tulpen. Das ziemlich harte und dicht gekörnte Holz kommt aus Brasilien und Peru.

Überbauschrank. In Köln im späten 16. Jh. entwickelter Schranktyp mit schmalerem, zurückgesetztem Oberteil, dessen vorkragendes Abschlußgesims von Pfeilern, Säulen oder Figuren getragen wird. Häufig auch als Büfett, Kredenz oder Aufbauschrank bezeichnet. *Abb. 31*

Ulmer Fassadenschrank. Vor allem in der Spätrenaissance und im Frühbarock war Ulm eines der bedeutendsten Möbelzentren Süddeutschlands. Zu lokaler Berühmtheit gelangte der Ulmer Fassadenschrank, dessen prunkvolle Schauwand im 16. Jh. besonders reich mit farbigen Hölzern eingelegt wurde. Im Barock verzierte man die zweigeschossigen Nußholzschränke prunkvoll durch architektonische Motive, glatte und gedrehte Säulen auf Konsolen, schmale Nischen auf den Seitenfeldern, Blendrahmen und Bekrönungen auf den Türflügeln und einem meist dreiteiligem hohen Aufsatz. In die schmalen Gesimse wurden fast immer Schubladen eingefügt. *Abb. 6, 76, 77*

Unteutsch, Friedrich. Kunsttischler und Ornamentzeichner in Frankfurt a. M., tätig Mitte des 17. Jhs. Bekannt durch sein Stichwerk ›Neues Zieratenbuch den Schreinern ... sehr dienstlich‹, in dem er das Knorpelwerkornament reich variiert. *Abb. 77*

Vallois, Nicolas (1738 bis gegen 1800). Bildhauer, der in der 2. Hälfte des 18. Jhs. in Paris arbeitete und in den Jahren vor der Revolution Aufträge von Garde Meuble erhielt. Wurde 1784 Hofbildhauer und Lehrer an der Akademie in Kassel. Beteiligt an der Innenausstattung von Schloß Wilhelmshöhe. *Abb. 191*

Vandercruse, Roger, französisch Lacroix oder Delacroix genannt (1728 –1799). Bekannter Pariser Ebenist, Meister seit 1755. Signierte seine Möbel »R. LACROIX« oder »R.V.L.C.« (Roger Vandercruse La Croix). Drei seiner Schwestern waren mit Pariser Ebenisten verheiratet, davon die älteste mit Jean François Oeben und nach dessen Tode mit Riesener. Auch seine Möbel stehen in Marketerie und Bronzen denen Oebens nahe. Besonders die kleinen Tischchen zeichnen sich durch die Gefälligkeit der Form und ihren subtilen Schmuck aus. Als einer der ersten verwendete er Zitronenholz mit Ebenholzeinlagen, doch verzierte er seine Möbel auch mit Lack, Vernis oder Sèvres-Porzellan.

Vargueño. Nach dem Hauptherstellungsort Vargas benannter spanischer Typ des Kabinetts. *Abb. 37*

Veilleuse. Sofaform des Rokoko, deren Rückenlehne auf der einen Seite höher ist als auf der anderen. Veilleusen wurden immer paarweise aufgestellt und symmetrisch zu beiden Seiten des Kamins gruppiert. *Abb. 164*

Vernis Martin. Der Name leitet sich ab von den Brüdern Martin, Paris (Guillaume † 1749, Etienne Simon † 1770, Julien † 1782 und Robert † 1765), die östliche Lacke kopierten und aus dem als Chipolin bekannten Lack einen Speziallack entwickelten, der in verschiedenen Farben geliefert wurde. Am bekanntesten war der grüne Vernis Martin.

Voyeuse. Stuhl, auf dem man rittlings saß und dabei die Arme auf der hohen, mit einer Auflage ausgestatteten Lehne verschränken und so bequem Karten- und andere Spiele beobachten konnte. Der Typ ist seit Mitte des 18. Jhs. in Gebrauch.

Vredeman de Vries, Jan (Hans) (1527 bis nach 1604). Architektur- und Ornamentzeichner, geboren in Leeuwarden, arbeitete von 1549–1570 hauptsächlich in Antwerpen, danach in verschiedenen deutschen Städten und in Prag. Von weitreichender Bedeutung durch seine zahlreichen Architekturperspektiven und Ornamentstiche, deren Hauptdekorationselemente Rollwerk und Groteske sind. In seinen Möbelvorlagen half er einen strengen Schreinerstil heranbilden, der nicht nur für Flandern und Holland, sondern ebenso für Norddeutschland, England und Skandinavien vorbildlich war.

Vredeman de Vries, Paul (1567 bis nach 1630). Architektur- und Ornamentzeichner, geboren in Antwerpen, Sohn, Schüler und Mitarbeiter des Jan. Für die Möbelkunst ist besonders sein Stichwerk ›Verscheyden Schrynwerck‹ (Amsterdam 1630) durch die zahlreichen Entwürfe für Türen, Büfetts, Schränke, Truhen, Tische, Betten etc. von Bedeutung.

Wagner, Johann Peter (1730–1809). Bedeutender Würzburger Bildhauer, dessen Skulpturenstil in ganz Franken nachgeahmt wurde. Nach dem Tode von Johann Wolfgang van der Auvera (1756) wurde er dessen Nachfolger, heiratete 1759 die Witwe und führte zusammen mit Lukas van der Auvera seine Werkstatt fort. Seit 1759 arbeitete er auch für die Innenausstattung der Residenz, an Möbeln hauptsächlich Konsoltische. Sie zeigen in diesen Jahren den weichfließenden Spätstil des Rokoko und die allmähliche Rückbildung der Rocaille zu akanthusartiger Form. Blattgehänge und Blattmuster in den Füllungen der Beine sind frühe Stilmerkmale des Louis XVI.
Abb. 141, 201

Weishaupt, Bartholomä († 1581). Augsburger Kunstschreiner. Lieferte 1562/68 »sehr künstliche Schränke« an Philipp II. von Spanien.

Weisweiler, Adam (geb. um 1750). Bekannter Pariser Ebenist. Gebürtig wahrscheinlich aus Neuwied, wo er in der Werkstatt David Roentgens lernte, ließ sich vor 1777 in Paris als freier Handwerker nieder und wurde 1778 maître-ébéniste. Er lieferte hauptsächlich an den Kaufmann Daguerre, durch dessen Vermittlung eine beträchtliche Anzahl seiner Möbel in die königlichen Schlösser kam. Seine Arbeiten, oft etwas zu schwer und unproportioniert, sind typisch für den Stil des späten Louis XVI, am bekanntesten seine

dreitürigen Kommoden. Statt Marketerie bevorzugte er beste japanische Lacktafeln und sehr reiche Bronzen, gelegentlich auch Porzellanauflagen.
Abb. 169, 188

Wellington chest. Englische Pfeilerkommode des 19. Jhs., deren Schubladen durch seitlich angebrachte, vertikal schwenkbare Klappleisten zentral verschlossen werden können. Angeblich eine Erfindung des Herzogs von Wellington (1769–1852). *Abb. 224*

Werner, L. J. Pariser Ebenist des Empire, von dem das Musée des Arts décoratifs einen Sekretär und eine Kommode besitzt, bei denen wieder einheimische Hölzer (Nußbaum) in Verbindung mit strengem Bronzeschmuck verwendet sind.

Whatnot. Etagerenartiges Gestell mit vier Eckpfosten, häufig auf Rollen, mitunter mit einer oder mehreren Schubladen. Seit etwa 1800 in England in Gebrauch. *Abb. 222, 223*

Wichmann, Friedrich. Bildhauer und Inhaber einer Möbelmanufaktur in Kassel. Lieferte 1810/11 einen Schreibtisch und zwei Blumentische für Jérôme Bonaparte auf Schloß Wilhelmshöhe.

Wielemans von Monteforte, Alexander (1848–1911). Wiener Architekt. Entwarf für verschiedene seiner Bauten, so für den Wiener Justizpalast (1874–81), auch die Ausstattung sowie Einzelmöbel. *Abb. 621*

Window-stool → Fenstersofa.

Windsor-Stuhl. Gegen Ende des 17. Jhs. in England entwickelter Stuhltyp mit sattelförmigem Sitz aus Rüster, vier Beinen aus Buche oder Esche, halbrunder Rückenlehne aus Taxus, die gleichzeitig als Armstütze vorgezogen ist, und federnden Rundstäben oder ausgeschnittenen Brettern als Füllung der Lehne. *Abb. 154*

Wolff, Christoph (1720–1795). Pariser Ebenist. Wie bei fast allen seinen deutschen Landsleuten in Paris, zeigte sich die Begabung des Ebenisten (Meister 1755) sowohl in seiner soliden Schreinerarbeit als auch in der Beherrschung der mechanischen Einrichtung seiner Möbel, die sich oft vielfältig verwandeln lassen. Für seine geschmackvollen Marketerien verwendete er gern Blumen- und Landschaftsmotive.

Wörflein, Johann Georg. Bildhauer. Als Gehilfe Biarelles 1736/44 für die Inneneinrichtung der Ansbacher Residenz tätig und seit 1752 sein Nachfolger als Hofbildhauer. Wird bis 1769 als »Designateur« im Ansbacher Adreßkalender geführt.

X-Füllung. Von etwa 1450–1550 bei den flandrischen und norddeutschen, besonders rheinischen Eichenmöbeln neben dem Faltwerk am häufigsten benutztes Schmuckmotiv. Es besteht aus zwei sich x-förmig berührenden oder kreuzenden Hohlkehlen, die von Rundstäben begleitet werden. Die Enden sind oft bandartig eingerollt; der Grund ist häufig mit Ranken, Blättern oder Maßwerkformen ausgefüllt.

Zarge. Schmale Hängekante beim Möbel, z.B. unter der Tischplatte, als unterer Abschluß von Schränken und Kommoden oder als Zierleiste um die Sitze von Stühlen, Sofas usw.

Zebraholz → Koromandelholz.

Ziegler, Johann Georg (um 1707 bis 1749). Seit 1740 Bayreuther Hof- und Kabinettbildhauer, der wahrscheinlich die Konsoltische des Alten Schlosses Eremitage angefertigt hat, die mit ihren schweren, teigigen Rocailleformen etwas provinziell wirken. Seine Werkstätte wird nach seinem Tode von Johann Schnegg weitergeführt.

Zylinderbureau (secrétaire à cylindre; Rollbureau). Schreibtisch, der durch einen häufig als Jalousie eingerichteten Halb- oder Viertelzylinder verschlossen wird. Die frühesten in Deutschland und Österreich nachweisbaren Beispiele aus der Mitte des 18. Jhs. sind als flacher Schreibtisch gebildet, über den sich der Rollverschluß als Halbzylinder legt. Beim Öffnen versenkte sich der Verschluß zwischen Rückwand und Schubkastenteil (vgl. Abb. 128).

Der erste Sekretär mit Aufsatz und Zylinderverschluß ist offenbar das berühmte bureau du roi Louis XV von Oeben, das Riesener 1769 vollendete und dessen Mechanismus angeblich von Graf Kaunitz angeregt worden sein soll (daher wird dieser Typ auch als bureau à la Kaunitz bezeichnet). Bei diesem Prunkmöbel wie auch bei den zahlreichen später entstandenen Rollbureaus bewirkt das Zurückschieben des Zylinders gleichzeitig ein Vorrücken der Schreibtischplatte. Das Zylinderbureau erfreute sich noch im Empire großer Beliebtheit.

Abb. 124, 127, 128, 171, 182

Literaturverzeichnis

Allgemein

Aronson, Joseph: The Encyclopedia of Furniture. 2. Aufl. London 1970.
Bauer, Margrit/Märker, Peter/Ohm, Annaliese: Europäische Möbel von der Gotik bis zum Jugendstil. Museum für Kunsthandwerk, Frankfurt a. M. 1976.
Egger, Gerhart: Beschläge und Schlösser an alten Möbeln. München 1973.
Ferber, Elfriede: Ullstein-Möbelbuch. Berlin 1969.
Feulner, Adolf: Kunstgeschichte des Möbels. 3. Aufl. Berlin 1930.
Gloag, John: A Social History of Furniture Design. New York 1966.
Havard, Henry: Dictionnaire de l'ameublement et de la décoration depuis le XIIIe siècle jusqu'à nos jours. 4 Bände. Paris o. J.
Hayward, Helena: World Furniture. New York 1965.
Hinckley, F. Lewis: A Directory of Antique Furniture. New York 1953.
Hinz, Sigfrid: Innenraum und Möbel von der Antike bis zur Gegenwart. Berlin 1976.
Honour, Hugh: Meister der Möbelkunst von der Renaissance bis heute. München 1972.
Joy, Edward: Furniture. London 1972.
Kaesz, Gyula: Möbelstile. Leipzig 1976.
Klatt, Erich: Die Konstruktion alter Möbel. Stuttgart 1961.
Lunsingh Scheurleer, Th. H.: Catalogus van Meubelen en Betimmeringen. Rijksmuseum, Amsterdam 1952.
Meier-Oberist, Edmund: Kulturgeschichte des Wohnens im abendländischen Raum. Hamburg 1956.
Molesworth, H. D./Kenworthy-Brown, John: Meisterwerke der Möbelkunst in drei Jahrhunderten. München 1972.
Müller-Christensen, Sigrid: Alte Möbel vom Mittelalter bis zum Biedermeier. 3. Aufl. München 1954.
Praz, Mario: Die Inneneinrichtung von der Antike bis zum Jugendstil. München 1965.
Prochnow, Dieter/Fahrenkrog, Rolf: Schönheit von Schloß, Schlüssel, Beschlag. Ratingen 1966.
Ramsay, L. G. G./Comstock, Helen: The Connoisseur's Guide to Antique Furniture. London 1969.
Schafflützel, Hans: Die Nutzhölzer in Wort und Bild. Zürich 1946.
Scherer, Christian: Technik und Geschichte der Intarsia. Leipzig 1891.
Schmidt, Robert: Möbel. 7. Aufl. Braunschweig 1953.
Schmitz, Hermann: Das Möbelwerk. Die Möbelformen vom Altertum bis zur Mitte des 19. Jahrhunderts. 4. Aufl. Berlin 1942.
Wanscher, Ole: Möbelkunst. Ästhetik und Entwicklung historischer Möbel-Typen. Hamburg 1963.
Watson, F. J. B.: Furniture. Wallace Collection Catalogues. London 1956.

Belgien

Philippe, Joseph: Le mobilier liégois. Moyen-Age – XIXe siècle. Liège 1962.
Philippe, Joseph: Meubles, styles et décors entre Meuse et Rhin. Liège 1977.
Schönen, Paul: Aachener und Lütticher Möbel des 18. Jahrhunderts. Berlin 1942.

Deutschland

Ahrens, Fritz: Meisterrisse und Möbel der Mainzer Schreiner. Mainz 1955.
Arps-Aubert, Rudolf von: Sächsische Barockmöbel. Berlin 1939.
Behme, Theda: Schlichte deutsche Wohnmöbel. München 1928.
Danziger Barock. Frankfurt a. M. 1909.
Falke, Otto von: Deutsche Möbel des Mittelalters und der Renaissance. Stuttgart 1924.
Fuhse, Franz: Vom Braunschweiger Tischlerhandwerk – Stobwasserarbeiten. Braunschweig 1925.
Greber, Josef M.: David Roentgen, der königliche Kabinettmacher aus Neuwied. Neuwied 1948.
Himmelheber, Georg: Biedermeier Furniture. London 1973.
Huth, Hans: Abraham und David Roentgen und ihre Neuwieder Möbelwerkstatt. Berlin 1928 (und spätere Ausgabe).
Huth, Hans: Möbel von David Roentgen. Darmstadt 1955.
Huth, Hans: Friderizianische Möbel. Darmstadt 1958.
Kreisel, Heinrich: Möbel von Abraham Roentgen. Darmstadt o. J.
Kreisel, Heinrich: Fränkische Rokokomöbel. Darmstadt 1956.
Kreisel, Heinrich: Die Kunst des deutschen Möbels. 3 Bände (Band 3 bearbeitet von Georg Himmelheber). München 1968–1973.
Massolino, Giovanni/Portoghesi, Paolo: La seggiola di Vienna. Turin 1975.
Möller, Liselotte: Der Wrangelschrank und die verwandten süddeutschen Intarsienmöbel des 16. Jahrhunderts. Berlin 1956.
Redlefsen, Ellen: Katalog der Möbelsammlung. Städtisches Museum, Flensburg 1976.
Schade, Günther: Deutsche Möbel aus sieben Jahrhunderten. Leipzig 1966.
Schmitz, Hermann: Deutsche Möbel des Barock und Rokoko. Stuttgart 1923.
Schmitz, Hermann: Deutsche Möbel des Klassizismus. Stuttgart 1923.
Schönen, Paul: Aachener und Lütticher Möbel des 18. Jahrhunderts. Berlin 1942.
Schwarze, Wolfgang: Antike deutsche Möbel. Wuppertal 1975.
Stengel, Walter: Alte Wohnkultur in Berlin und in der Mark. Berlin 1958.
Sturm, Heribert: Egerer Reliefintarsien. München – Prag 1961.
Zweig, Marianne: Wiener Bürgermöbel aus der Theresianischen und Josefinischen Zeit. Wien 1922.
Zweig, Marianne: Zweites Rokoko. Wien 1924.

England

Aslin, Elizabeth: Nineteenth Century English Furniture. London 1962.
Austen, Brian: Englische Möbel im Lauf der Jahrhunderte. München 1975.
Brackett, Oliver: English Furniture Illustrated. London o. J. (dreisprachig).
Coleridge, A.: Chippendale Furniture. London 1966.
Edwards, Ralph: Georgian Furniture. Victoria and Albert Museum, 2. Aufl. London 1951.
Edwards, Ralph: English Chairs. Victoria and Albert Museum, 3. Aufl. London 1970.
Edwards, Ralph/Jourdain, Margaret: Georgian Cabinet Makers. 2. Aufl. London 1955.
Ellwood, G. M.: Möbel und Raumkunst in England 1680–1800. 3. Aufl. Stuttgart 1913.
Fastnedge, Ralph: Sheraton Furniture. London 1962.
Gonzales-Palacios, Alvar: Europäische Möbelkunst. England. 2 Bände. München 1975.
Hackenbroch, Yvonne: English Furniture in the Irwin Untermyer Collection. London 1958.
Harris, John: Regency Furniture Designs 1803–26. London 1961.
Hayward, John F.: Tables. Victoria and Albert Museum, 2. Aufl. London 1968.
Hayward, John F.: English Desks and Bureaux. Victoria and Albert Museum, London 1968.
Hughes, Bernard and Therle: Small Antique Furniture. 6. Aufl. London 1970.
Jourdain, Margaret: Regency Furniture. London 1965.

Joy, E. T.: The Country Life Book of Chairs. London 1967.
Joy, E. T.: Chippendale. London 1971.
Joy, Edward: Dictionary of British 19th Century Furniture Design. Woodbridge 1977.
Lowe, John: Möbel von Chippendale. Darmstadt o. J.
Macquoid, Percy: A History of English Furniture. 4 Bände. London 1923.
Macquoid, Percy/Edwards, Ralph: The Dictionary of English Furniture. London 1954.
Musgrave, C.: Adam, Hepplewhite and other Neo-Classical Furniture. London 1966.
Musgrave, C.: Regency Furniture. London 1965.
Roe, F. Gordon: Victorian Furniture. London 1952.
Symonds, R. W.: Furniture Making in Seventeenth and Eighteenth Century England. London 1955.
Symonds, R. W.: Veneered Walnut Furniture 1660–1760. London 1956.
Symonds, R. W./Ormsbee, T. H.: Antique Furniture of the Walnut Period. New York 1947.
Symonds, R. W./Whineray, B.: Victorian Furniture. London 1962.
Thornton, Peter: English Cabinets. Victoria and Albert Museum, London 1972.
Ward-Jackson, Peter: English Furniture Designs of the Eighteenth Century. London 1958.
Wills, Geoffrey: English Furniture 1550–1760. Enfield 1971.
Wills, Geoffrey: English Furniture 1760–1900. Enfield 1971.
Wolsey, S. W./Luff, R. W. P.: Furniture in England. The Age of the Joiner. London 1968.

Frankreich

Algoud, Henri: Le mobilier provençal. Paris o. J.
Devinoy, Pierre: Le siège français du moyen-age à nos jours. Paris 1948.
Devinoy, Pierre/Janneau, Guillaume: Le meuble léger en France. Paris 1952.
Gauthier, J.: La connaissance des meubles régionaux français. Paris 1952.
Gauthier, J.: Le mobilier des vieilles provinces français. Paris 1954.
Gonzales-Palacios, Alvar: Europäische Möbelkunst. Frankreich. 3 Bände. München 1976.
Jeanneau, Guillaume: Le meuble d'ébénisterie. Paris 1974.
Jeanneau, Guillaume: Les ateliers parisiens d'ébénistes et de menuisiers aux XVIIe et XVIIIe siècles. Paris 1976.
Ledoux-Lebard, Denise: Les ébénistes parisiens (1795–1875), leurs oeuvres et leurs marques. Paris 1965.
Nicolay, Jean: L'art et la manière des maîtres ébénistes français au XVIIIe siècle. 2 Bände. Paris 1956.
Ricci, Seymour de: Louis XIV und Régence. Raumkunst und Mobiliar. Stuttgart 1929.
Ricci, Seymour de: Der Stil Louis XVI. Mobiliar und Raumkunst. Stuttgart 1913.
Salverte, Comte François de: Le meuble francais d'après les ornemanistes (1660–1789). Paris 1930.
Salverte, Comte François de: Les ébénistes du XVIIIe siècle, leurs oeuvres et leurs marques. 3. Aufl. Paris 1934.
Stratmann, Rosemarie: Der Ebenist Jean-François Oeben. Heidelberg 1971.
Tardieu, Suzanne: Meubles régionaux datés. Paris 1950.
Verlet, Pierre: Le mobilier royal français. Meubles de la Couronne conservés en France. 2 Bände. Paris 1945 und 1955.
Verlet, Pierre: Les meubles français du XVIIIe siècle. I. Menuiserie. II. Ebénisterie. Paris 1956.
Verlet, Pierre: Möbel von J. H. Riesener. Darmstadt 1955.
Viaux, Jacqueline: French Furniture. London 1964.
Watson, F. J. B.: Louis XVI Furniture. London 1960.

Holland

Jonghe, Ch. de/Vogelsang, W.: Holländische Möbel und Raumkunst 1650 bis 1780. Stuttgart o. J.
Lunsingh Scheurleer, Th. H.: Catalogus van Meubelen en Betimmeringen. Rijksmuseum, Amsterdam o. J.
Lunsing-Scheurleer, Th. H.: Van Haardvuur tot beeldscherm. Vijf eeuven interieur – en meubelkunst in Nederland. Leiden 1961.
Sluyterman, K.: Huisraad en Binnenhuis in Nederland in vroegere eeuven. S'Gravenhage 1975.

Italien

Baccheschi, Edi: Mobili italiani de Rinascimento. Milano 1964.
Baccheschi, Edi: Mobili intarsiati del sei e settecento in Italia. Milano 1964.
Bode, Wilhelm: Die italienischen Hausmöbel der Renaissance. Leipzig 1902.
Morazzoni, Giuseppe: Il mobile genovese. Milano 1949.
Morazzoni, Giuseppe: Mobili veneziani laccati. Milano 1954.
Morazzoni, Giuseppe: Il mobile veneziano del settecento. 2 Bände. Milano 1958.
Schottmüller, Frida: Wohnungskultur und Möbel der italienischen Renaissance. Stuttgart 1921.
Schubring, Paul: Cassoni. Truhen und Truhenbilder der italienischen Renaissance. Leipzig 1915.
Tinti, Mario: Il mobile fiorentino. Milano–Roma o. J.

Portugal

Sandão, Arthur de: O Mõvel pintado em Portugal. O.O., o. J.

Rußland

Lukomski, G. K.: Zarskoje Sselo. Innenräume und Möbel. Berlin 1924.
Lukomski, G. K.: Mobilier et décoration des anciens palais impériaux russes. Paris 1928.
Russian Furniture in the Collection of the Hermitage, Leningrad 1973.

Skandinavien

Böttiger, J.: Kønigl. Hofschatullmakaren och Ebenisten Georg Haupt. Stockholm 1901.
Clemmensen, Tove: Danske Møbler. København 1946.
Clemmensen, Tove: Møbler paa Clausholm, Langeso og Holstenshuus. København 1946.
Clemmensen, Tove: Danish Furniture of the Eighteenth Century. Copenhagen 1948.
Hellner, Brynolf: Svenska Møbler. Stockholm 1948.
Lagerquist, Marshall: Rokokomøbler signerade av ebenister och schatullmakara i Stockholm. Stockholm 1949.

Spanien

Byne, Arthur: Spanish Interiors and Furniture. New York 1969.
Domenech (Galissa), Rafael/Bueno, Luis Perez: Spanish Furniture. New York 1964.
Feduchi, Luis: Estilos del mueble espanol. Madrid 1969.
Hardendorff Burr, Grace: Hispanic Furniture. New York 1941.
Lozoya, Marques de: Muebles de Estilo Espanol. Barcelona 1962.

Fotonachweis

AMSTERDAM
 Rijksmuseum, Abb. 20, 35, 42, 50, 54, 58, 60, 61, 70, 85, 87, 89, 90, 91, 104, 125, 142, 143, 164, 169, 184
BERLIN-CHARLOTTENBURG
 Staatliche Schlösser und Gärten zu Berlin, Abb. 120, 203, 215
BRAUNSCHWEIG
 Heidersberger, Abb. 97
BRÜSSEL
 Archives centrales iconographiques d'Art National, Abb. 10
FLENSBURG
 Städtisches Museum, Abb. 44, 219
FLORENZ
 Alinari, Abb. 43, 48
FRANKFURT AM MAIN
 Museum für Kunsthandwerk, Abb. 7, 8, 17, 19, 23, 33, 40, 49, 51, 52, 53, 55, 56, 65, 68, 75, 77, 83, 86, 88, 92, 100, 105, 107, 122, 126, 135, 149, 150, 157, 161, 172, 174, 180, 195, 196, 197
FRANKFURT AM MAIN
 Historisches Museum, Abb. 74
HAMBURG
 Museum für Kunst und Gewerbe, Abb. 11, 12, 29, 45, 64, 69, 71, 73, 98, 99, 136, 173, 221
HAMBURG
 Kunsthandlung F. K. A. Huelsmann (Foto Ralph Kleinhempel), Abb. 152
HAMBURG
 Beatrice Frehn, Abb. 220
KÖLN
 Rheinisches Bildarchiv, Abb. 9, 15, 27, 30, 31, 151, 194
KÖPPERN
 Martel Hulliger, Abb. 134
KOPENHAGEN
 Kunstindustrimuseet, Abb. 171, 216
LONDON
 Victoria and Albert Museum, Abb. 13, 26, 37, 38, 39, 41, 59, 62, 78, 96, 103, 106, 137, 138, 139, 154, 155, 156, 158, 159, 160, 178, 179, 187, 198
LONDON
 Wallace Collection, Abb. 114, 116, 147, 166, 167, 170, 183, 186, 188, 189, 190, 191, 200
LONDON
 Sothebys Belgravia, Abb. 223, 224, 225, 226, 227, 228, 229, 230, 232, 233, 234, 238
LÜBECK
 Museen der Hansestadt Lübeck, Abb. 205, 214, 217, 235, 236, 237
LÜNEBURG
 Museum, Abb. 3
MARBURG/LAHN
 Foto Marburg, Abb. 5, 102
MÜNCHEN
 Bayerische Verwaltung der staatlichen Schlösser, Gärten und Seen, Abb. 63, 82, 110, 113, 121, 123, 127, 131, 192
MÜNCHEN
 Bayerisches Nationalmuseum, Abb. 16, 32, 36, 46, 57, 66, 207, 218
MÜNCHEN
 Kunsthandlung Fischer=Böhler, Abb. 101, 111

NÜRNBERG
  Germanisches Nationalmuseum, Abb. 28, 67, 72, 129, 182
OSLO
  Kunstindustrimuseet, Abb. 2
PARIS
  Musée des Arts décoratifs, Abb. 4, 14, 24, 25, 47, 93, 94, 95, 112, 115, 144, 145, 146, 185, 193, 199, 211, 212, 213
PARIS
  Archives photographiques, Abb. 80, 84, 117, 124, 168, 175, 176, 181
PARIS
  Giraudon, Abb. 79, 81, 130, 132, 140, 148, 163, 165, 206
SALZBURG
  Landesbildstelle, Abb. 1
SCHLESWIG
  Schleswig-Holsteinisches Landesmuseum, Abb. 209
ULM
  Museum der Stadt Ulm, Abb. 6, 76
WIEN
  Österreichisches Museum für angewandte Kunst, Abb. 162, 204, 210
WÜRZBURG
  Mainfränkisches Museum, Abb. 108
WÜRZBURG
  Leo Gundermann, Abb. 22, 109, 118, 119, 128, 133, 141, 153, 201, 202, 208
ZÜRICH
  Schweizerisches Landesmuseum, Abb. 18, 21, 34

Keysers Handbücher

Unentbehrlich für Kunst- und Antiquitätensammler bleiben die ungekürzten Originalausgaben:

1. **Keysers Kunst- und Antiquitätenbuch Bd. I**
   512 Seiten, über 200 Abb.
2. **P. Meister, H. Jedding, Das schöne Möbel**
   392 Seiten, über 600 Abb.
3. **Keysers Kunst- und Antiquitätenbuch Bd. II**
   415 Seiten, über 380 Abb.
4. **H. Seling, Jugendstil – Der Weg ins 20. Jahrhundert**
   z. Zt. vergriffen
5. **I. Schlosser, Der schöne Teppich**
   336 Seiten, über 220 Abb.
6. **A. Seling, Keysers Antiquitäten-Lexikon**
   328 Seiten, über 480 Abb.
7. **S. Wechssler-Kümmel, Schöne Lampen, Leuchten, Laternen**
   360 Seiten, über 200 Abb.
8. **M. Meinz, Schönes Silber**
   352 Seiten, über 460 Abb.
9. **Le Corbeiller, Alte Tabakdosen aus Europa und Amerika**
   392 Seiten, über 700 Abb. (z. Zt. vergriffen)
10. **Keysers Kunst- und Antiquitätenbuch Bd. III**
    495 Seiten, über 300 Abb.
11. **R. Goepper, Kunst und Kunsthandwerk Ostasiens**
    480 Seiten, über 250 Abb.
12. **B. Deneke, Bauernmöbel**
    408 Seiten, über 300 Abb.
13. **H. Wellensiek, Antiquitäten im Bild**
    448 Seiten, über 600 Abb.
14. **H. Jedding, Europäisches Porzellan Bd. I**
    504 Seiten, über 1000 Abb.
15. **H. Kühn, Erhaltung und Pflege von Kunstwerken und Antiquitäten Bd. I**
    484 Seiten, über 180 Abb.
16. **M. Wallis, Jugendstil**
    260 Seiten, 150 Abb.
17. **B. Austen, Englische Möbel im Lauf der Jahrhunderte**
    240 Seiten, 190 Abb.
18. **J. Mackay, Kunst und Kunsthandwerk der Jahrhundertwende**
    320 Seiten, über 360 Abb.
19. **Antiquitäten – Restaurieren und Erhalten**
    248 Seiten, über 170 Abb.
20. **C. Schack v. Wittenau, Die Glaskunst**
    344 Seiten, rd. 400 Abb.

Ergänzende Farbbildbände:

H. J. Hansen, Sammeln macht Spaß
272 Seiten, rd. 340 vornehmlich vierfarbige Abb.

Stille Museen – Spezialsammlungen und Fachmuseen
244 Seiten, rd. 400 vornehmlich vierfarbige Abb.

Neu ab Herbst 1977:

Keysers Sammlerbibliothek
Je ca. 190 Seiten, rd. 180 Abb.

U. Scheid, Photographica sammeln
H. Eckstein, Der Stuhl
J. K. Kube, Militaria der deutschen Kaiserzeit
L. Dewiel, Kleine Antiquitäten

Keysersche Verlagsbuchhandlung München